우리는 어떤 세상에 살기를 원하는가? I

아르민 퐁스 지음/정유성 옮김

국립중앙도서관 출판시도서목록(CIP)

우리는 어떤 세상에 살기 원하는가?. 1 / 아르민 퐁스 엮음 ; 정유성
옮김. -- 파주 : 한울, 2005
    p. ; cm. --

원서명 In welcher Welt wollen wir leben? : Nationalstaat und
Demokratie in Zeiten der Globalisierung, Band 1
원저자명 Pongs, Arimin
ISBN 89-460-3325-8 03330

331.5-KDC4
306-DDC21   CIP2004002321

Armin Pongs

WELT RISIKO LAGE

In welcher Welt wollen wir leben?

Nationalstaat und Demokratie
in Zeiten der Globalisierung

Band 1

DILEMMA
VERLAG

In welcher Welt wollen wir leben?

Nationalstaat und Demokratie in Zeiten der Globalisierung Band 1
by Armin Pongs

Ethel 96

에텔 퐁스(1954~2002)를 추억하며
그 가없는 사랑에 감사하며

나는 모든 사람이 서로 사랑하고 존중받는 세상에 살기 원합니다. 또 모두가 자유롭게 움직이며 자신의 꿈에 따라 삶을 살아갈 수 있는 세상에 살기 원합니다. 나는 사람들이 봉사하며, 함께 웃고 울고 노래하며 춤추는 세상에 살기 원합니다. 나는 이런 꿈과 바람이 실현될 수 있도록 시간과 공간이 허용되는 그런 세상에 살기 원합니다.

에텔 퐁스

한국어판 서문

　우리는 지금 미국 정치학자인 벤자민 바버에 따르면 '새로운 무질서'의 세계에 살고 있다. 우리가 살고 있는 세상에 일어나고 있는 심대한 변화에 즈음하여 국제적 국가사회는 오늘날 새로운 도전에 직면하고 있다. 예컨대 체르노빌 원전사고나 9.11 테러사건, 그리고 IMF 위기 등은 국가사회가 공동으로 대응해야만 감당할 수 있는 새로운 변화 과정의 상징이다. 최근 벌어진 이런 역사적 사건들로 인해 우리는 국민국가 틀 안에서의 정부 역할을 비롯한 기존의 정치행태, 경제방식, 인간의 공동생활에 대해 근본적으로 다시 생각하게 되었다.

　이러한 위기의 시대에 세상의 앞날을 걱정하고 토론하는 자리에서조차 어떤 대륙들은 아직도 배제된다. 이것은 세계의 정치 및 경제 지도자들의 편협한 시각 탓이 크다. 인류의 현안이나 미래발전을 다룰 때 아프리카나 아시아 대륙은 처음부터 빠져 있기 일쑤다. 서구 정치 지도자들은 제3세계의 상황에 매우 무지하다. 이들은 서구 중심적인 '문화적 눈가리개'에 가려 새롭게 대두하는 미래의 갈등을 제대로 보지 못한다. 하지만 세계 곳곳의 위협적인 갈등요소를 심각하게 인식하고 이에 대한 정치적 대응에 부심하지 않으면 평화나 안정은 상상도 하기 어렵다.

　문제를 더욱 어렵게 하는 것은 최근 점점 더 벌어지고 있는 유럽과 미국의 간극이다. 이를 두고 로버트 케이건은 '화성에서 온 미국인'과 '금성에서 온 유럽인'이라는 유명한 비유를 들기도 했다. 1982년 영국의 인류학자인 매리 더글러스가 문화에 따라 위기상황에 대처하는 방식이 다른 점을 다룬 책 『위기와 문화』에서 이미 지적했던 내용이다. 울리히 벡 또한 미국과 유럽의 문화에 따른 위기인식과 대응방식의 차이에 대해 "유럽인들이 기상변화나 환경오염, 유전자 조작기술 등을 통해 세상이 위협받고 있다고 생각하는 반면, 미국인들은 국제 테러리즘이야말로 가장 심각한 위협이라고 확신하고 있다"라고 말했다. 이쯤에서 우리는 "문화적 차이에서 오는 위기인식의 차이 때문에 위기상황에 대한 상호이해와 공동대응이 더욱 힘들어질 것인가?"라고 묻지 않을 수 없다.

한국은 어떨까? 한국독자들은 이 책을 읽고 어떤 의견과 시각을 가지며 또 어떤 결론을 내릴까? 이 책에서 다루고 있는 다양한 분석과 주장에 대해 한국독자들의 건설적인 비판과 적극적인 반응을 기다리며 아울러 한국어판 출간의 큰 기쁨을 전한다.

2004년 12월 21일
저자 아르민 퐁스

돌아보며

2001년 늦여름, 뮌헨에서 뉴욕 JFK 공항으로 가는 델타항공 DL 41편, 보잉 767 기종 비행기 안. 저녁 무렵이 되자 기내식이 나온다. 그라탱과 닭, 다채로운 샐러드, 마른 빵에다 후식은 티라미수와 구다 치즈. 가장 일반적인 서구식 식단이다. 아마 우리가 비행기를 탄 바이에른의 에르딩 공항이나, 갈아탔던 테네시의 녹스빌 공항 주방에서 대량으로 만들어 은박지에 싼 것이리라.

지난번에 『당신은 어떤 세계에 살고 있는가?』라는 책을 낸 후, 같은 주제로 일련의 강연, 그리고 전시회를 가졌다. 문화 사이의 경계가 사라지고, 국가는 다양해져가며, 사회는 해체되고 있다. 이제 그 어느 것도 확연히 분류하고 고정된 틀로 규정하기 어렵게 된 것이다. 뉴욕행 비행기 안에서 내가 먹은 기내식 식단처럼 말이다. 거기에 곁들인 포도주가 어디 산(産)인지 우리는 알 수 없다. 캘리포니아, 프랑스, 칠레 또는 남아프리카산? 지구화가 이만큼 진전된 오늘날에는 어떤 물건이 어디 산이며, 누가 어디 출신인 것이 크게 문제되지 않는다.

"우리는 어떤 세상에 살기 원하는가?" 이것이 바로 내 새로운 책과 작업의 화두다. 그래서 우리는 지금 우리가 살고 있는 세상에 대해 설득력 있는 주장을 편 사람들을 찾아나선 것이다. 나는 아내 에텔과 비행기의 이코노미 클래스 좌석에 나란히 앉아 뉴욕, 프린스턴, 이타카, 뉴헤이번, 보스턴, 케이프 코드 등에서 갖게 될 인터뷰 일정을 점검하는 중이다. 베네딕트 앤더슨, 리스터 서로우, 이마누엘 월러스틴, 클리포드 기어츠, 아그네스 헬러 등 다음 책의 주인공이 될 많은 사람을 만나게 될 것이다. 9월 9일의 결혼기념일을 뺀 나머지 날은 인터뷰 계획으로 꽉 차 있다. 뉴욕에 도착할 때까지 얼마 남지 않은 비행시간 동안 좀 쉬기로 마음먹고 좌석 등받이를 뒤로 젖힌 채 창밖으로 노을을 바라본다. 문득 내 영국 친구가 쓴 노래 한 곡이 떠오른다. 그 중 한 소절이 귓속에 머물러 끊임없이 맴돈다.

> 나는 레닌이 시계 위에 서 있는 것을 보았다네.
> 블라디미르 이리치 울리아노프(Vladimir Ilich Ulyanov).
> 내 사증(査證)을 보게. 나는 꼭 그처럼 생겼다네.
> 미국이 날 받아준 것이 신기하기만 하네.

존 왓츠라는 친구의 「좋은 비(Good Rain)」라는 노래에 나오는 한 구절이다. 몇 해 전 이 곡을 처음 들었을 때 도대체 왜 레닌이 나오는지가 궁금했다. 그러자 그는 여권을 꺼내 사진을 보여주었는데, 놀랄 만큼 레닌과 꼭 닮아 있었다. 그런 꼴로도 녀석이 '무한한 가능성의 나라'에 입국이 허락된 게 신기했다. 그건 그렇고 녀석은 어떻게 미국이란 나라에서 시계 위에 선 레닌을 보았을까? 노래 구절은 그런 내용이 아니었던가? 공산권에서 온 입국자들에 대해 미국 이민국이 보이는 정신분열적인 반응만 생각해도 있을 수 없는 일이다.

"뉴욕에서 레닌 동상을 봤다니까."

녀석이 말했다.

"레닌 동상이라니, 그것도 뉴욕에서?"

"그래, 바로 붉은 광장에 있는 어떤 건물의 옥상에 서 있다니까!"

"뭐라고? 붉은 광장? 야, 그건 모스크바에 있잖아!"

난 놀라서 물었다.

"뉴욕에도 붉은 광장이 있어."

존은 웃으면서 말했다.

뉴욕에 레닌 동상이라니? 얼토당토않은 소리다. 벌써 50년도 더 전에 공산주의자 사냥꾼으로 유명했던 매카시 상원의원이 그런 것들을 싹 없애지 않았던가? 아무리 냉전시대가 끝났다고 하지만 뉴욕의 레닌 동상은 상상하기 어려운 일이다. 내 눈으로 직접 확인해봐야겠다고 마음먹었다.

케네디 공항에 내리자 시보레 승용차를 빌려 맨해튼으로 향했다. 전면에 우뚝 솟은 무역센터 쌍둥이 건물이 복잡한 거리와 빌딩 숲 속에서도 길잡이가 되어주었다. 브루클린 다리를 넘어 맨해튼으로 들어섰다. 월 스트리트와 무역센터 쪽으로 길을 틀어 소호의 마천루 숲을 지나 이스트휴스턴 가(街)로 향했다. 존 왓츠의 말에 따르면 바로 그 길 끝에 붉은 광장이 있어야 했다. 1킬로미터쯤 가서 차를 멈추었다. 길을 잘못 든 건가 하는 의심이 들었다. 아무리 둘러봐도 광장 같은 것이라곤 눈에 띄지 않으니 말이다. 옆에 앉았던 아내가 차창을 내리고 지나가던 행인에게 손짓을 했다. 비쩍 마르고 색이 짙게 들어간 뿔테 안경을 쓴 사람이 우리 차로 다가왔다. 길게 땋아내린 머리를 미국국기 문양의 머리띠로 묶은 모습이 마치 1960년대 우드스탁 시절의 느낌을 풍기는 사람이었다. 치아가 몹시 상했는데, 위 송곳니가 다른 이보다 두 배는 큰 데다 비쭉 나

와서 아랫입술 밖으로 나올 정도였다. 그는 손가락으로 평화의 상
징을 만들어 보이며 인사를 했다. "안녕, 어디서 왔어요?" 아주 명
랑하게 인사하면서 그는 우리 렌터카 번호판을 훑어보았다. "뮌헨
에서 왔어요." 내가 대답했다. "뮌헨이요?" 그는 다시 물었다. "여
기서 얼마나 걸려요?" 그가 지리적인 거리가 아니라 시간적인 거리
를 묻기에 나는 대답했다. "열다섯 시간이요", "열다섯 시간이요?",
"우린 독일에서 왔지요", "독일이요? 독일은 소련의 위성국 아닌가
요?" 우리는 어리둥절해서 그를 쳐다보았다. "저 사람은 우리가 구
동독에서 온 걸로 생각하나봐⋯⋯." 원래 길을 물어보려던 게 생각
나 초조해진 아내가 웅얼거리더니 내 대신 물었다. "저기, 붉은 광
장으로 가는 길 아세요?" "붉은 광장이요? 그는 한동안 생각하더니
대답했다. "아, 붉은 광장을 찾고 있군요. 그렇다면 제대로 온 거예
요. 여기서 이스트휴스턴 가로 죽 가세요. 두 블록 지나서 왼쪽으로
붉은 색 건물이 보일 거예요, 바로 거기에요."

그에게 고맙다고 인사하고 가르쳐준 대로 이스트휴스턴 가를 따
라 동쪽으로 더 가봤다. 몇 백 미터를 지나자 고층 아파트 건물 옥
상에 제법 큰 동상이 보였다. 건물은 해롤드 로이드가 만든 무성영
화를 연상시키는 시계탑 옆에 있었다. 좀더 자세히 살펴보기로 하
고 붉은 광장 건물로 들어서자, 입구에서 아파트에 사는 주민 한
사람을 만났는데 친절하게도 옥상까지 직접 안내를 해주었다. 13층
까지 승강기를 타고 간 다음, 그곳에서 둥그렇게 난 층계를 올라가
니 옥상이었다. 거기엔 과연 키가 6미터가 넘는 레닌 동상이 서 있
었다. 공산주의 이데올로기의 상징이 말이다. 레닌은 오른 팔을 들
어올려 도시의 실루엣 속에서도 우뚝 솟아 햇빛에 반짝이는 3킬로
미터쯤 떨어진 무역센터 쌍둥이 빌딩을 향해 인사를 하는 듯이 보
였다. 거기에 지난 70년간 구소련과 동맹국의 길잡이 노릇을 했던

레닌이 서 있었다. 젊은 시절 이미 러시아에 사회주의 혁명을 실현시킬 것을 맹세했던 레닌, 혁명의 도정(道程)에서 반대를 결코 용납하지 않았던 레닌, 별 고민 없이 노선을 바꾸고 테러를 지시하고, 무기를 통한 혁명의 수출을 지원했던 그 레닌 말이다. 권력욕에 사로잡힌 레닌의 행태를 지금 미국 정부의 그것과 비교하는 것은 무리일지 모른다. 그렇지만 어떤 형태의 이데올로기든지 지금과 같이 다양하고 상호의존적인 세계에서는 득보다 해가 된다는 사실만은 분명하다. 이데올로기란 유토피아 실현을 모색하는, 인간구원의 기대가 아닌가? 그리고 흔히 이데올로기에 바탕을 둔 정책은 현실에는 어두운 위험성을 가지지 않는가? 테러리스트들의 파괴적 행동은 도그마적인 이데올로기의 파괴력이나 그에 따른 보복공격으로 막을 수 없지 않았던가?

안내해준 주민은 그 동상이 구소련의 조각가인 피터 게라시모프의 작품이라고 알려주었다. 놀랍게도 동상은 1990년대 초 여기에 설치되었다는 것이다. 지난 1991년 12월 구소련 붕괴 이후 이런 종류의 동상들이 숱하게 철거되었는데, 그 중 하나가 여기까지 온 것이다. 이 글을 쓰고 있는 지금도 그 동상은 여전히 거기 서 있지만, 레닌이 인사를 하던 무역센터 건물은 더 이상 존재하지 않는다. 그 동상을 사진에 담았던 때, 그러니까 2001년 9월 5일에 내가 어찌 불과 엿새 뒤에 그 사진이 역사적인 것이 되리라 예감했겠는가? 이 사진을 실은 것은 결코 레닌이 상징했던 이데올로기를 기리고자 하는 뜻에서가 아니다. 이 사진은 현재 세계 어디서건 찾아볼 수 있는 전(全) 지구적인 모순들을 상징한다. 이 책은 머지않은 장래에 더 이상 어떤 이데올로기에 종속되지 않은, 자유롭고 성숙하며 판단력을 갖추고 자의식이 가득한 인간들이, 서로 만나고 사귀고 민주주의와 평화, 그리고 정의의 원칙에 따라 함께 형성해가는 세계에서 살게 되리라는 희망과 믿음을 담고 있다. 이데올로기 같은 것은 필요 없고, 인류복지를 위한 상호협력에 의해 움직이는 그런 세계 말이다.

감사하며

이 책은 많은 시간과 수고를 들인 작업의 결과다. 나는 우선 아내 에텔의 죽음에 애도를 표해주고 시간을 내어 내 곁에서 나를 지켜준 모든 분들께 감사드린다. 누구보다도 내 아들 알레한드로 니에바가 그렇다. 이렌 왓츠, 메르체데스 아가냐, 크리스티네 겔라흐, 마리나 네아스쿠, 메흐틸데 팔, 니콜 자우어, 유디트 슈나우벨, 이레나 빌헬름 등도 잊을 수 없다. 존 왓츠, 엘렉산더 비간트, 크리스토프 호프바우어 등은 물론이고 내 동생 우베 퐁스에게도 감사한다. 사랑하는 루시 왓츠에게도 고맙다. 그뿐만 아니라 시간을 내주고 인터뷰에 응해준 이 책에 나온 모든 분들께 감사드린다. 비단 인터뷰 대상으로서가 아니라 많은 분들과 좋은 만남, 친교를 누릴 수 있었고, 이들을 통해 내 삶이 풍요로워졌다. 또 작업 중 여러 실습 요원들에게 신세를 많이 졌다. 그들은 인터뷰 텍스트를 정리하고 타이핑해주었다. 팀 브라운, 이리나 드보르작, 크리스티안 에를렌, 모리츠 헤르만, 나디아 힐비히, 율리아 크라머, 앙케 쿠체라, 카트린 슈바이거, 그리고 리나 슈타빙테 등이다. 내 벗 라이너 켈러스와 내 학교 동창인 바바라 슈미츠, 마리아 힌츠, 피에로 살라베 등에게는 내용에 관한 자문뿐 아니라 문체를 다듬는 일 등으로 신세를 많이 졌다. 앙케 토마스는 책표지 기획과 레이아웃 작업의 기초를 도와주었다. 시간과 수고를 들여 책표지와 레이아웃 작업을 마무리해주었을 뿐 아니라 주제 관련 전시회 작업을 기획해준 카트린 슈미트에게 특별히 고마움을 표한다.

　나는 이 책을 2002년 6월 26일, 오랜 그리고 어려운 병고 끝에 세상을 떠난 아내 에텔에게 바친다. "사랑하는 당신, 마음으로 당신에게 늘 감사합니다, 당신은 늘 내 영감(靈感)의 닻이요, 내 이상의 돛으로 남을 것이라오, 사랑합니다!"

2003년 6월 26일
아르민 퐁스

들어가며

세계화 시대의 국민국가와 민주주의

우리는 엄청난 변화의 시대에 살고 있다. 정보통신 기술의 발달과, 자본시장의 개방을 통해 국제적인 상호작용은 극도로 활발해져 기존의 국가 형태나 경제방식, 노동시장, 그리고 인간의 집단생활 등에 심각한 영향을 미치고 있다. 하지만 밀접하게 연관된 두 기념일, 즉 9월 11일과 11월 9일이 아니었으면 이와 관련된 많은 변화와 발전이 일어나기 어려웠을지도 모른다.

1989년 11월 9일 공산주의 체제의 보루요, 냉전과 유럽 분단의 상징이던 베를린 장벽이 무너졌다. 이와 함께 시작된 구(舊)소련과 동구권 공산주의 정권의 몰락으로 미국과 그 동맹국들은 가장 첨예한 이데올로기의 대립 상대를 잃었을 뿐만 아니라, 수십 년 동안 적대시했던 숙적을 잃었다. 이데올로기에 따른 세계의 이분법적 분열, 국가간 집단 형성의 시대가 종말을 고한 것이다. 2001년 9월 11일 뉴욕에서는 미국 경제 권력의 상징인 무역센터 쌍둥이 빌딩이 테러 공격으로 무너졌다. 보복상대는 쉽게 정해졌고 그 전략도 순식간에 개발되었다. 이제 서방세계의 이데올로기적인 표적은 이슬람 근본주의의 탈을 쓴 국제 테러리즘이 된 것이다. 이때부터 새로운 이데올로기 대립의 시대가 시작된 것이 아닌가 하는 우려의 목소리가 커지고 있다.

이 두 사건은 오늘날 우리가 살고 있는 세상의 대표적 징후(徵候)라고 할 수 있다. 이 사건들만큼 우리 시대의 기회와 위기를 웅변하고 있는 것은 없기 때문이다. 베를린 장벽의 붕괴 이후 유럽을 비롯한 세계 전반에 충만했던 평화로운 시대에 대한 희망과 기대는, 미국 무역센터와 국방성 건물에 대한 테러와 그 보복으로 벌어진 아프가니스탄과 이라크에 대한 공격과 전쟁 때문에, 미래가 여전히 전쟁과 대립으로 점철될 것이라는 우려로 바뀌고 있다. 미국 대통령 조지 W. 부시는 테러 공격 직후에 그 범인과 배후를 밝히고 엄단할 것임을 언명했다. 문제는 그 적의 실체가 아직 확연하게 드러나지 않은 데 있다. 테러 집단을 적발해내기가 쉽지 않은 만큼 그저 몇몇 국가들을 배후로 지목했다. 테러 공격은 소련과의 냉전을 통해 유지되었던 '악의 세력'에 대한 적대적 정책노선을 새롭게 등장시켰다. 이 노선에 따르면 미국의 경제 및 정치적 이해에 거스르는 국가들은 '악의 축'이라는 범주로 분류된다. 국제 테러리즘이 전쟁행위의 빌미가 된 것이다. 악의 축으로 지목된 이라크나 이란, 북한과 테러 집단의 연계는 입증되지 않았지만 미국은 주권 국가의 내정에는 간섭하지 않는다는 국제법의 기본조차 무시한 채, 이 노선에서 출발한 이른바 예방전쟁 전략에 따라 테러리스트들을 지원하거나 은닉한 국가들이라는 명목으로 군사적 공격을 감행하기에 이르렀다.

국제사회에 등장한 새로운 위협에 대응하기 위해 고안된 예방전쟁 전략은 결국 정반대의 결과를 낳았다. 이 전략은 원래 냉전 시대를 상징했던 전쟁억제 및 방어 전략이 시대착오적이 되자 이를 대신해서 나온 것이다. 하지만 정작 미국정부는 국제간 합의를 자신들의 이익과 합치될 때만 인정하는 태도를 보여, 세계평화와 국제사회의 법적 근거를 뒤흔들어 놓고 말았다. 지구촌에 자신의 의지를 관철시키기 위해, 미국은 한때 스스로 앞장서서 마련했던 세계 국가사회 내 다자간 협력과 국제법 원칙에 위배되는 행동을 서슴거리지 않고 있다. 이를 통해 국제관계의 무질서를 해소하기는커녕 오히려 방조하고 있는 것이다. 미국은 결국 지금까지 자신의 권위와 강점을 정당화해주었던 체제를 스스로 파괴하고 있는 중이다.

이 전략은 국가들 사이에 상호불신을 증폭시키며 적대감마저 갖게 하여 국가간 갈등이나 지역간 분쟁을 야기하는 등 세계사회의 위험성을 더욱 첨예하게 만들 뿐이며, 법이 아닌 강자의 권리가 횡행하도록 할 뿐이다. 아직 세계가 국민국가들로 구성되어 있기는 하지만 기술과학의 발달에 힘입어 자본, 상품, 정보가 국경을 넘어 교통한 지 오래며, 이에 따라 국민국가간 경계는 더욱 느슨해졌다. 예를 들어 방사능에 오염된 구름이나 전염병은 어느 특정 국경에서 멈추지 않는다. 당연히 개별 국가의 정치력은 그 한계에 봉착했다. 그간의 엄청난 문명변화 속도에 미치지도 못하며, 기존의 구태의연한 제도들로는 그 대비조차 제대로 하지 못한다. 지구화를 통해 국경을 초월해가는 과정에서 국민국가의 틀이 아직 완전히 해소된 것은 아니지만, 국가로서는 세계경제체제가 역동적으로 발전하며 일으키는 문제들을 개별적으로 해결하기가 점점 더 어려워진다. 전 지구적으로 연결된 발전 과정을 국민국가의 틀 안에 제한된 역량만으로 감당하기란 불가능하기 때문이다.

역사를 돌이켜보면 국민국가 자체가 비교적 최근에 만들어진 체제라는 사실도 새삼 눈에 띈다. 고전적 국민국가 체제는 18세기 말 프랑스 혁명과 미국독립을 계기로 형성되기 시작했으며, 정치적인 구질서를 타파하고 지구촌 곳곳으로 파급되었다. 국민국가란 결국 기존의 봉건제를 무너뜨리고, 모든 인구집단의 개인적 자유를 보장하려는 목표를 추구했던 정치운동의 산물이다. 국민국가 형성 과정에서 새로운 정치·문화적 배경이 생성되었고, 그 안에서 신민(臣民)은 시민(市民)으로 거듭 났다. 국가라는 추상적인 이념 공동체에 소속감을 가짐으로써 서로 낯선 사람들끼리 연대의식을 가지게 된 것이다. 이렇게 점진적으로 태동한 국가의식을 통해 비로소 사회통합의 새로운 형태, 그리고 변화된 정치적 결정구조가 가능해졌다.

국민국가, 또는 민족국가는 두 가지 요소로 구성된다.[1] 하나는 민족이요 또 다른 하나는 국가다. 민족은 의식적이나 인위적으로 형성된 공동체로서 특정한 이데올로기나 역사적 신화 없이는 존립이 불가능한 단위다. 민족은 일단 공동의 출신배경이나 특정 가치에 대한 암묵적인 합의를 바탕으로 결속한 사람들의 집단으로 정의할 수 있다. 언어, 문화, 또는 역사의 공유의식이 그 결합의 요건이라고 할 수 있다. 하지만 이것이 반드시 민족을 구성하는 유일한 요건이라고 할 수는 없다. 이를 갖춘 언어 공동체나 종교집단이라고 해서 꼭 민족이라는 구성체로 결합하지는 않기 때문이다. 민족이라는 추상적 개념은 이들을 집단으로 결속시킬 수 있는 물적 토

---

1) 이 책의 중심주제인 근대 국가형태로서의 '네이션 스테이트(nation state/ Nationalstaat)'는 '민족국가' 또는 '국민국가'로 번역했다. 이 두 개념은 조금씩 그 의미가 다르지만 맥락에 따라 혼용되기도 한다. 이런 용례에 따라 여기서도 굳이 구분하기 어려운 맥락에서는 주로 국민국가로, 특별한 경우에는 민족국가로 혼용하기로 한다(옮긴이).

대, 곧 국가의 기초가 존재할 때 형성된다. 국가란 특정 영토 안에서 대내외적으로 정당한 권력을 독점적으로 행사하며, 그에 합당한 제반 수단을 보유한 제도적 조직을 말한다. 민족과 국가의 차이점을 달리 설명하면 이렇다. 민족이라는 틀 안에서는 정서적으로 근접한 사람들이 만난다. 한편 국가에는 각자의 이해와 이에 따른 고려에 의해 공동으로 무언가를 달성하려는 사람들이 모인다. 국민국가는 그러므로 민족의 형성과 국가의 형성이라는 과정이 병행되며, 그 과정이 교차하는 데서 건설된다.

프랑스나 영국과 같은 고전적 국민국가들은 기존의 영토 안에 존재했던 국가의 틀 안에서 형성되었다. 이 경우 국가적 정체성이란 보편적 성격을 띠며 이를 위해 일종의 '주동기(Leitmotiv)'로 작용하는 문서 및 가치에 기초를 둔다. 이를테면 프랑스는 자유·평등·박애, 미국은 생활권·자유권·행복추구권 등이 그것이다. 반면에 독일이나 이탈리아는 오랫동안 분열된 상태에 있던 지역이, 주로 종족적인 뿌리의식과 연관되어 인위적으로 만들어진 민족의식이나 민족감정에 기반을 두고 형성된 국가들이다.

또 다른 형태의 국민국가들은 제2차세계대전 이후의 식민지 시대에 자의적으로 구획된 경계를 바탕으로 생겨났다. 기존 식민지 경계는 그 이전에 있었던 종족과 같은 자연적인 경계와는 무관하게 식민 지배 세력의 이해에 따라 함부로 구획된 것으로, 이렇게 만들어진 국가에서 국민들이 소속감을 갖기는 어려울 수밖에 없다. 많은 국가들은 이런 점 때문에 해방 이후에도 적지 않은 곤란을 겪고 있다. 정반대의 경우가 바로 이스라엘인데, 오랜 이동과 분산을 겪고 나서 고대에 민족국가를 형성했던 땅에 다시 국가를 세웠다.

가장 최근에 관찰할 수 있는 새로운 유형의 국민국가는 이른바 동구권 몰락 이후 형성된 국가들이다. 구소련 지역에서만 열다섯 나라, 구유고연방 지역에서는 다섯 내지 일곱 나라가 새로 생겨났다. 또 구(舊)체코슬로바키아는 두 나라로 분리됐다. 구소련이라는 대제국의 분할 결과, 주로 종족을 기준으로 새로운 국가들이 형성되었다. 이렇게 종족 및 민족을 중심으로 분할되어 형성된 국가에서는 종종 인종청소와 같은 부작용도 나타났다.

오늘날 세계는 다양한 단위로 서로 연대하며 결합하는 추세지만, 동시에 국민국가 형성 과정을 통해 분화하기도 한다. 현재 185개의 국민국가가 존립하고 있지만, 정치적 분할 또한 진행 중이다. 아직 나라를 세우지 못하고 있는 쿠르드족이나 팔레스타인족과 같은 민족도 있는 반면 중국처럼 많은 민족을 포괄하는 국가도 있다. 물론 머지않은 장래에 중국에서도 민족 단위의 분할 과정이 진행될 것이다.

국민국가 형성 및 발전 과정에서는 경제활동을 중앙으로 집중하고 외부와 경계를 짓는 일이 무엇보다 중요하다. 아울러 국민들에게는 조국에 대한 충성과 희생이라는 의무를 부과하여 내부적으로 결속을 공고히 한다. 현존하는 많은 국민국가들은 전쟁의 산물이다. 이미 500여 년 전에 페르디난트와 이사벨라는 에스파냐라는 국가의 깃발 아래 무어족을 축출하는 전쟁을 벌인 바 있다. 미국은 1776년 독립전쟁의 결과로 탄생했고, 독일 또한 1870~1871년 프로이센-프랑스 전쟁을 통해 독립국가를 결성했으며, 이스라엘은 1948년 아랍 제국들과의 전쟁을 겪고 수립되었다. 이런 사례는 셀 수 없이 많다.

사실 오늘날 한 국가의 존립이 다른 적대적인 국가들에 의해 위협받는 경우는 예외적이라고 할 수 있다. 위협의 종류가 달라진 것이다. 예를 들어 상품과 노동력, 정보 등의 교류가 확산되고 촉진됨에 따라 상품과 자본 그리고 무기가 세계를 무대로 교통하면서 테러리스트들이 국가의 존립을 위협할 수 있는 상황이 조성된 것이 그렇다. 그러나 이 새로운 위협에 적절하게 대응하기 위한 개별 국가 차원의 방책이나 국가간 협력 방안은 제한적일 수밖에 없다. 이렇게 국민국가의 행동 능력이 제한되고 주권 자체가 공동화(空洞化)되는 현상에 직면하자, 민주주의 정부형태를 탄생시킨 공화주의 헌법원칙에 대한 근본적인 질문이 제기된다. 민주주의 법질서에 바탕을 둔 국가는 이념상, 국민의 자유의지 표출에 의해 정당성을 획득한 체제이다. 민주주의는 국민이 정치권력 행사에 참여하는 것을 보장한다. 민주주의는 국민국가의 틀 속에서 형성되었고, 대부분의 국민국가는 민주주의를 통해 정당성을 획득했다. 지난 200년간 이러한 이중적 구조가 유지되어왔지만, 이제 민주주의 자체가 미래를 기약하기 어려울 만큼 심각한 위기에 봉착했다. 왜냐하면 실제 권력이 점점 더 대중, 곧 '데모스(demos)'가 아닌 소수 집단의 손에 들어간 지 오래됐기 때문이다. 민주적 의사결정의 장이 대의 민주주의의 상징인 의회에서 탈(脫)국가적인 차원으로 속속 이행하고 있다. 민주주의가 국가의 경계를 넘어서면서 민주적 의사결정 과정과 이에 따른 정치적 참여 및 소속감이 약화되고, 그 결과 국민의 의사결정 능력 자체가 약화될 위험이 커진 것이다. 우리가 살고 있는 시대의 많은 문제는 지구화 과정과 밀접하게 연관되어 있다. 예를 들어 실업률 증가, 생활비용 증대, 사회복지 감소 등의 문제가 그렇다. 그렇다고 지구화 자체가 아직 새로운 현상은 결코 아니다. 예전부터 해외무역은 국제교역의 출발점이었으며, 근대로 들어서면서 국제간 철도망의 건설을 촉진하기도 했다. 다만 새로운 것은 지구화의 속도와 그에 따른 위험성의 증가다. 인간, 상품, 그리고 아이디어까지 점점 더 많이, 빠른 속도로, 아주 간편하게 엄청난 거리를 이동한다. 지구화라는 개념 자체도 단일하거나 일관성이 있는 것이 아니라 모호하기 짝이 없다.[2] 그래서 기든스는 이를 인도 신화에 나오는 '자가나트(Jagannath)' 수레에 비유한다. 이 괴물과 같은 수레는 길에서 부딪치는 모든 상대를 깔아버리며 걸림돌도 모두 부숴버린다. 지금 벌어지고 있는 지구화의 진행을 생각해보면 아주 적확한 비유가 아닐 수 없다. 기후나 환경재난, 국민국가와 민주주의의 위기, 자본의 논리만 죽어라고 좇아 안락의 섬으로 도피하려는 사람들을 보면 더욱 실감이 난다. 인류가 스스로 촉발하고 촉진한 지구화라는 과정에 대해 더는 통제할 수 없는 상황에 처했으니 말이다. 인간과 자연이 동시에 위협받고 있는 형국이다.

이제 이러한 위험성과 위기에 어떻게 대처해야 할지 머리를 맞대고 의논해야 할 때다. 무엇보다도 중요한 것은 지구화가 주로 특정 이해집단 중심으로 진행되며, 대다수 사람들은 이를 통해 고통받고 있는 현실에 대한 인식과 비판의식이다. 특히 경제적 지구화의 영향으로 점점 더 많은 사람들이 주변화되고 있다는 사실만 보더라도 통제 불능의 세계시장에 어떤 조처든 취할 필요가 있다. 비록 부작용을 아주 없앨 수는 없더라도 적어도 그 과정을 통제하고 규제할 수 있도록 해야 한다.

이제 우리 시대의 근본적 물음들에 응답해야 할 때다. 세계의 미래가 어떠할지 누가 무슨 근거로 결정을 내릴 수 있는가? 이 물음에는 누가 답할 것인가? 개별 국가의 국민들, 또는 초국가적 기관의 구성원들은 여기에 얼마나 참여할 수 있는가? 결정권자들은 누가 통제할 것인가? 정의와 참여라는 가치를 미래에는 어떻게 실현

---

2) 지구화(globalization)라는 개념은 이렇듯 아주 다양하게 쓰이고 해석 또한 다기하다. 따라서 그만큼 번역하기도 어렵다. 아무튼 여기서는 특별한 맥락에서만 세계화, 또는 국제화라고 번역하고 일반적으로는 지구화로 번역하는 것을 원칙으로 한다(옮긴이).

할 수 있을까? 개인의 상상력과 역량을 마음껏 펼칠 수 있는 생활 공간을 어떻게 창출할 수 있을까? 어떻게 해야 사회적 약자의 권리는 지키고, 사회적 강자들이 연대와 지원에 나서도록 할 수 있을까? 우리는 어떤 세상에 살기 원하는가?

나는 이러한 물음들에 응답하는 데 도움을 얻기 위해 이 책에 실린 사람들과 인터뷰를 가졌다. 인터뷰 대상은 우리가 제시한 주제 영역과 관련된 저작을 통해 선정했다. 그뿐만 아니라 다양한 문화권의 전문가들이 발언할 기회를 갖도록 배려했다. 이런 뜻에서 각 인터뷰 앞에 인터뷰 대상자들이 속한 국가와 문화에 대한 간단한 소개를 넣어, 개별 민족국가들의 다양한 형성 과정과 역사적 배경을 참고할 수 있도록 했다. 각 전문가들의 사상과 배경과의 관계를 분명히 밝히려고 한 것이다. 그 뒤에는 각 전문가들의 자세한 생애사와 더불어 개인의 신상 및 해당 국가와의 관계에 대해 표준화된 설문을 바탕으로 자신의 국가에 대한, 그리고 소속감에 대한 의견을 짧게 물었다. 이는 각 인터뷰 대상자들의 기본적인 국가관, 민족관을 상호비교하기 위한 것이다. 설문에 이어 캐묻는 인터뷰에서는 대상자들이 민족국가와 민주주의에 지구화가 어떤 영향을 미치고 있는지에 대해 자신들의 생각과 핵심적인 주장을 자세하게 피력할 기회를 주었다. 주제와 관련된 각 인터뷰 대상자들의 저작 목록은 독자들이 이들의 의견을 좀더 소상하게 알 수 있도록 하는 안내이다.

"우리는 어떤 세상에 살기 원하는가?"라는 질문에 알파벳순으로 가장 먼저 등장하게 된 불가리아 태생의 일리아 트로야노프는 이렇게 대답한다. "이런 질문에 간단하게 대답하려 들면 흔히 막연하고, 상투적인 이야기로 끝나기 쉽다. 물론 나 개인적으로는 세상이 지금보다는 더 평등하고, 친환경적이며, 인간의 상호 연대성에 바탕을 둔 것이 되기를 바란다. 하지만 구체적으로 그런 세상은 어떤 모습인가? 분명한 것은 몇몇 선택받은 사람들에게만 이득이 되고 지구촌 전반에는 그다지 도움이 되지 않는 현존 체제, 그러니까 우리가 현재 지구화주의(Globalismus), 신자유주의, 후기 자본주의 등으로 지칭하는 그런 체제와는 다른 세상이어야 한다는 것이다."

독일을 대표하는 지식인 울리히 벡은 같은 질문에 현존하는 국민국가 중심의 정치적 틀은 전 지구적인 차원으로 개편되어야 한다고 대답한다. "고대에는 민주주의가 오로지 지역적인 차원에서만 가능했다. 그것이 국민국가의 탄생과 더불어 민족단위의 민주정치로 확산된 것이다. 다음 단계는 이러한 민주주의 원칙이 전 지구적, 초(超)국가적 차원으로 이전하는 것이다."

영국의 티모시 가튼 아쉬의 의견은 이렇다. "국민국가가 민주적 절차에 따라 합의에 도달할 가능성은 점차 낮아지고 있다. 국민국가는 국제적인 협력체제 안에서나 세계시장 안에서 그 지위와 자주성이 약화되고 있는 실정이다. 하지만 국민국가가 아직도 인권이나 시민권, 그리고 나아가서 사회 및 환경의 기준 등 현대문명의 성과를 보장하고 그 가치를 관철시킬 수 있는 유일한 기관인 것도 사실이다."

이스라엘 국적인 나탄 스나이더가 이스라엘로 이주하려고 결심했을 때, 그는 민족이라는 대의(大義)보다 개인성의 가치가 더 존중받는 나라로 가기를 바랐다고 한다. 이를테면 소비와 여흥, 여가 그리고 자아실현 같은 것들이 그것이다. 하지만 "이런 가치들을 이스라엘에서 찾을 수는 없었다"라고 그는 고백한다.

일본의 유명한 경영 컨설턴트인 오마에 겐이치는 자본의 자유로운 이동과 무역장벽의 철폐 등에 힘입어 세계경제의 지구화가 가속화되리라는 의견을 가지고 있다. "이러한 발전은 국민국가의 주권과 독립이라는 개념을 구태의연하게 만들고, 대신 국가간 상호의

존성을 더욱 강화한다. 상품과 기타 생산요소들의 자연스러운 교통이 확산됨에 따라 국가간의 경계란 점점 더 시대착오적인 것이 되고 있다. 그러니 민족적 정체성이란 언어적인 잔재 말고는 이미 몰락하는 세상의 구태의연한 질서의 상징일 뿐이다."

룩셈부르크 출신의 귀 키르슈는 어떤 형태든 새로운 이데올로기의 출현 가능성에 대해 경고한다. 그러면서 진정한 개방세계를 갈망한다. "그 개방세계는 다양한 언어들을 배우고 익히며, 그리고 다양한 정체성과 함께 살아갈 것을 요구한다."

그 이웃나라인 네덜란드 출신인 사스키아 사센은 지구화 현상에 대해 아주 비판적이다. 전 지구적인 투자와 재정의 흐름은 몇몇 강력한 다국적 기업의 손에 경제적 통제를 집중시킬 뿐이며, 이들은 모든 결정 과정을 독점하고 일반법칙을 무시하며, 자기들만의 법칙을 만들 뿐이다. 그리고 이들의 이해는 세계시민과 환경의 이해와 대립한다."

요제프 하슬링거의 지구화 비판은 주로 유럽연합의 민주주의 결손부분에 대한 것이다. 오스트리아 출신인 그는 자기 나라 역사 및 자기 연출에 의해 만들어진 의심스럽기 짝이 없는 민족적 정체성을 비판적으로 성찰한다. 그러면서 그 감춰진 상처를 드러내고, 망각된 부분을 지적하며, 침묵된 부분을 기억하려고 노력한다.

그동안 유럽연합 확장을 위해 몸 바쳐온 폴란드의 야누슈 라이터는 자기 나라가 지난 200년 동안 그 이전의 역사에 비해 이른바 '의지에 의한 민족형성'의 전통을 이어가지 못했다고 평가한다. "지난 16~17세기, 아니 그보다 더 늦은 시기까지는 다른 곳에서 태어나고 다른 언어를 가진 사람들도 의지만 있으면 이 민족공동체에 편입될 수 있었다. 하지만 그 이후, 특히 19세기에 들어서면서 폴란드는 일종의 민족적 운명공동체가 되었다. 위기와 억압이 이들을 결속시켰던 것이다. 하지만 그런 민족적 위기의 시기는 지나간 지 오래다."

이 책의 마지막 장을 장식한 벤자민 R. 바버는 현 미국정부에 대해 매우 비판적인 견해를 피력하면서 오늘날 세계의 분열상을 "성전(聖戰)과 맥도널드 지배세상(McWorld)의 대립"이라고 상징적으로 표현한다. 국민국가가 서로 다른 이상이나 노선 때문에 충돌하거나 쇠퇴하는 경향이 있지만 민주주의 원칙을 포기해서는 안 된다고 강조한다. "우리가 역사발전의 분기점에 와 있다는 것은 부정할 수 없지만, 지금 여기에서 지역, 민족, 그리고 국제적 차원의 민주주의를 실현하는 것이야말로 가장 중요한 과제다. 그래야만 진정한 문화적 다원주의라는 가치가 실현될 수 있는 새로운 행동의 틀을 만들 수 있기 때문이다."

이 책은 결코 국민국가가 정체 형성을 위한 기억의 중심에 서야 한다는 주장을 하려고 쓴 것이 아니다. 오히려 민족적 과거를 비판적으로 성찰하고 새로운 지구적 정체성을 형성하는 데 도움을 주기 위하여 쓴 것이다. 그러니 그 내용 또한 단순히 이 책 제목인 "우리는 어떤 세상에 살기 원하는가?"라는 질문에 대한 응답을 넘어설 것이다. 비록 세상에 대해 서로 다른 이해와 시각이 공존하고 그 해석이 분분하다고 할지라도 우리는 62억의 인구가 사는 지구, 바로 이 하나뿐인 세상에 살고 있다는 사실을 잊어서는 안 될 것이다. 그 삶이 값진 것이 되기를 함께 희망하자.

2003년 10월 28일
뮌헨에서 아르민 퐁스

차례

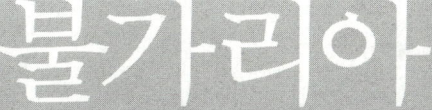

불가리아

일리아 트로야노프

국민국가의 여정

    불가리아의 최대 국경일인 3월 3일은 1878년, 500년에 걸쳐 불가리아를 지배했던 오스만 투르크의 지배를 종식시킨 러시아-터키 전쟁을 기념하는 날이다. 불가리아의 역사는 칸 아스파루크 주도의 투르크계 불가르인들이 슬라브인들과 연합하여 비잔틴 제국과의 전쟁에서 두 차례나 승리한 후 최초의 왕국을 건설한 681년부터 시작된다. 여기에는 불가르족과 기타 슬라브 7족이 가담하는데, 불가리아 왕국은 새로 이주해온 투르크어를 사용하는 불가르족과 슬라브족, 그리고 이 지역 원주민인 트라키아족 등으로 구성된다. 9세기에 이 세 종족은 융합되기 시작했고, 슬라브어가 기존의 언어들을 누르고 단일한 지배언어가 된다.

    불가리아 역사에서 결정적인 역할을 한 것은 역시 864년에 칸 보리스 1세가 도입한 기독교, 곧 그리스 정교다. 비잔틴 제국의 종교적 영향 아래 들어가게 된 것은 무엇보다도 정치적인 의미가 큰데, 이를 통해 비교적 발전된 국가형태를 취할 수 있게 되었기 때문이다. 이때부터 불가리아는 슬라브 문화의 요람으로, 특히 슬라브 언어 및 문자의 산실로 발전하게 된다. 중세 유럽에서는 대부분 라틴어나 희랍어 문자를 썼던 데 반해, 수도승 키릴(Kyrill)과 메토드(Method)가 주도하여 교회 슬라브 알파벳의 원형을 발명하고 여기서 현대 키릴문자가 발전한다.

    불가리아 왕국이 위세를 떨치며 문화적인 전성기를 구가한 것은 시메온 왕(839~972)의 치세(治世) 동안이다. 이후 제국은 분열하기 시작하는데, 이미 971년에 동불가리아가 비잔틴 제국에 편입되고,

1081년에 불가리아인 살인자라는 별명까지 붙은 비잔틴 제국의 황제 바실레이오스(Basileios) 2세에 의해 불가리아는 제국에 완전히 복속(服屬)되고 만다. 왕국은 제4차 십자군 원정대가 비잔틴 제국을 정복하는 1186년에 가서야 잠시 부활하지만, 그리 오래 가지 못하고 오히려 1396년에 오스만 투르크의 침입으로 그 치하에서 향후 500년 이상 고통받게 된다.

19세기에 들어서야 주로 이상주의, 사회주의, 무정부주의 등의 영향 아래 민족의식이 싹트고 독립운동이 시작된다. 1877~1878년에 일어난 러시아-터키 전쟁을 마무리한 산스테파노 조약으로 비로소 오스만 투르크의 지배에서 해방되지만 여전히 부분적인 민족국가 건설에 만족해야 했다. 베를린 회의 결과 북불가리아는 독립 영주국이 되지만, 남불가리아는 여전히 오스만 투르크의 지배 아래 머물게 되었기 때문이다. 아무튼 1879년 소집된 국민회의를 통해 바텐베르크 가문의 알렉산더 공을 제후로 선출하고 최초의 민주헌법을 제정하는 등 입헌군주국 불가리아를 건설한다. 하지만 친(親)러시아 세력의 지지를 받은 군 장교들의 쿠데타로 알렉산더 공이 쫓겨나고 작센-코부르크-고타 가문의 페르디난트 왕자가 왕이 된다. 왕은 1908년에 불가리아 독립을 선언하고 1909년 4월 러시아의 도움으로 터키를 비롯한 열강의 인정을 받게 된다. 그러나 불가리아는 그 민감한 지정학적 위치 때문에 20세기 초까지 많은 전쟁과 분쟁에 연루된다. 예를 들어 1912년 그리스, 세르비아, 몬테네그로 등과 함께 발칸 연합을 결성하고 제1차발칸전쟁을 통해 터키의 영토 상당 부분을 장악하기도 한다. 하지만 연합세력의 분열로 곧 제2차발칸전쟁이 일어나자 지난 전쟁에서 얻은 영토의 대부분을 다시 잃는다. 이어 제1차세계대전이 발발하자 1915년 동맹국에 가담하여 세르비아와 루마니아 정복에 나선다. 페르디난트 왕은 제1

차세계대전 패전과 그에 이은 베르사유 조약의 결정에 따라 왕위에서 물러나고 대신 그 아들인 보리스 3세가 왕이 된다.

제1차세계대전 종전과 제2차세계대전 개전 사이에 불가리아의 지배세력이 된 이른바 자본계급 주도의 민주주의 체제는 대중의 신뢰를 얻지 못하는 등 심각한 위기에 빠진다. 예를 들어 토지개혁 등 농업개혁 정책을 추진했던 스탐볼로프 수상내각이 1923년 거듭된 장교들의 쿠데타로 무너진 것과 같은 것이다. 위기상황이 계속되자 보리스 3세는 권위주의적인 독재정치로 맞서다가 당연한 귀결로 제2차세계대전의 발발과 함께 주축국(主軸國)에 가담한다. 1943년 그의 죽음과 함께 미성년자인 왕자 시메온을 내세운 임시정부가 구성된다.

1944년 9월 9일 소련군이 불가리아를 점령하자 조국 전선당이라는 이름의 공산주의 정권이 들어선다. 공산당 서기장이며 후에 수상이 되는 디미트로프의 주도 아래 어떤 정치적 반대세력도 허용하지 않는 전형적인 소련 위성국의 공산정권이 모든 권력을 장악한다. 1989년 동구권 전반의 몰락에 이르기까지 불가리아는 가장 충실한 소련의 심복으로 인민 공화국 체제를 유지한다.

전반적 동구 민주화와 독재자 지브코프의 죽음으로 비로소 불가리아의 민주화는 시작된다. 1990년 불가리아 공산당이 권력에서 물러나고 그해 4월에 당명을 불가리아 사회당으로 바꾼다. 모처럼 자유선거에 의해 1990년 제헌회의가 소집되고 다음 해 새로운 헌법이 제정된다. 하지만 경제적 개혁 과정은 그리 순탄하지 않아 1996년과 1997년 사이 엄청난 인플레와 은행도산을 동반한 심각한 경제위기에 처하기도 한다. 그 이후 코스토프 수상 주도 아래 활발한 개혁을 단행했고 유럽연합 가입을 추진하기 시작한다. 하지만 여전히 열악한 경제상황 등을 이유로 유럽연합 가입에 실패하고,

2001년부터 구(舊)왕가의 시메온 작스코부르고츠키 전(前) 왕이 수상으로 선출된다. 불과 선거 두 달 전에 민족운동당을 결성하고 선거에 나선 그가 의회 절대 과반수에 약간 못 미치는 성과를 얻어 새로운 불가리아의 희망으로 등장하게 된 것이다.

개인신상

▶ 당신의 출신은?

"내 눈을 잘 보세요. 중앙아시아 타타르족의 전형적인 눈매를 찾아볼 수 있지요?" 1965년 8월 23일 불가리아 소피아에서 태어난 일리야 마리노프 트로야노프는 이렇게 자신의 출신을 상징적으로 묘사한다. 취학 연령이 되던 1971년, 그는 부모를 따라 서방으로 이주해왔다. 당시만 해도 위험하기 짝이 없었고, 또 그의 일생에 큰 영향을 주는 이주를 어떤 연유로 부모가 결심했는지를 물었다. "당시 망명객, 피난민들이 대개 그랬듯이 우리 부모도 이른바 '개인의 행복 추구권'을 찾아 넘어온 겁니다. 이런 권리는 당시 새로운 거짓으로 이전의 거짓을 덮어 강변하기만 했던 불가리아에서는 도저히 추구할 엄두도 낼 수 없었거든요" 그는 부모를 따라 당시 유고연방을 지나 이탈리아를 거쳐 독일로 온다. 독일에서 정치적 망명을 신청한 그의 가족은 당시 동구권에서 온 사람들에게 대부분 부여되는 망명권리를 얻는다.

1년 뒤 기술자인 아버지가 직업상 케냐로 가게 되자 가족 모두 따라서 이주한다. 중간에 3년간 독일에 산 것 말고는 1972년부터 1984년까지 나이로비에 살면서 독일학교에 다닌다. 그러던 중 열여섯 살 되던 해 불가리아 말로 읽고 쓰는 것을 배우기로 마음먹는다. "말은 할 줄 알았죠. 어려서부터 집에서 불가리아어를 썼으니까요. 그렇지만 학교 들어가기 직전 떠나오는 바람에 읽고 쓸 줄은

몰랐어요. 그래서 고향에 계시는 할머니께 불가리아어로 된 고전작품 하나를 보내달라고 부탁했죠. 그러면서 엄마, 아빠에게서 읽고 쓰는 걸 배운 거예요."

그는 고등학교 졸업 후 몇 달 파리에 머물다가 1984년부터 독일 뮌헨의 루드비히 막시밀리안 대학에서 법학과 인류학을 공부하기 시작한다. 그 때쯤 이민국에서 트로야노프 일가의 독일국적 신청을 받아주겠다는 연락이 온다. 신청서에 독일문학에 관심이 있다고 썼던 그에게 담당 관리는 독일작가 렌츠(Lenz)에 대해 아는 대로 말해보라고 한다. 그러자 그는 덤덤하게 되물었다고 한다. "렌츠요, 물론이죠! 그런데 어떤 렌츠를 말씀드릴까요? 헤르만 렌츠, 지크프리트 렌츠, 아니면 야콥 미하엘 라인홀트 렌츠?" 당연히 그 대답은 담당관리를 만족 내지 감동시켰고 트로야노프는 독일국적을 얻게 된다.

그 후 몇 년 동안 아프리카를 두루 여행하고 1989년에 출판사를 차린다. 출판사 이름도 '키릴과 메토드'로 짓는다. 잘 알려진 대로 이들은 처음으로 성서를 그리스 어에서 슬라브 어로 번역한 사람들이고 키릴 문자의 발명자들이다. 3년 뒤에는 아프리카 문학 전문 출판사인 마리노사(社)를 세운다. 그러면서 『아프리카에서』, 『동 아프리카의 경이로운 자연세계』, 『태양의 지킴이들(Hüter der Sonne)』 등 아프리카에 대한 책들을 함께 만든다. 그 밖에도 여러 권의 아프리카 문학책을 번역하고 출판하던 끝에 1990년대 중반 소설가로 등단한다. 1995년 7월에 오스트리아 클라겐푸르트에서 열린 유명한 잉게보르크 바흐만 상 소설 경연에 소개되어 관심을 모은 작품이 포함된 『세상은 크고, 구원은 어디든 있다』라는 첫 장편소설을 1996년에 발표한다. 그 주된 내용은 피난, 망명, 여행, 놀이, 그리고 자유와 먼 곳에 대한 동경의 상징인 바다의 이미지 등이다. 일종의 가족소설과 사회연구의 혼합체인 이 작품에 이어 다음 해에는 인터넷 추리소설 『아우토폴(Autopol)』을 낸다. 민주화가 시작된 1990년대 초 이래 여러 차례 불가리아에 드나들면서 체험한 내용을 담은 기록소설 형식의 『개들의 시간(Hundezeiten)』은 불가리아의 사이비 민주화 과정을 '다원주의 놀이'라고 조롱하는 내용을 담고 있다. "나름대로 자세히 연구하고 조사해본 끝에 불가리아의 권력구조나 소유관계는 아직도 전체주의적인 지배 상태에 머물고 있다는 것을 확인할 수 있었습니다. 공산정권의 지배는 사람들의 정서에 상흔을 남기고 있을 뿐 아니라, 당 지도부가 자본주의 상층부로 진화하는 수준에까지 이르렀단 말입니다."

1998년 트로야노프는 반려자인 카트린 시몬과 함께 삶의 새로운 도전을 위해 인도 뭄바이로 이주한다. 그 후 2001년에 인도에서의 체험을 담은 소설 『악마의 벽에 사두(Sadhu)』를 발표한다. 인도에서의 삶을 통해 그는 "동양에서 자신의 정서와 영혼의 유사성을 발견했다"라고 털어놓는다. 도대체 어디를 고향으로 느끼느냐고 물었더니, 그는 대답했다.

"잠꼬대를 할 때 어떤 때는 불가리아어로, 어떤 때는 독일어, 또는 영어로 하지요. 노래를 할라치면 도어즈(Doors) 노래쯤 돼야 하고요. 존경하는 인물은 우리 삼촌부터 시작해서 인도에서 만난 구루님, 그리고 바쿠닌, 카비르(Kabir), 크리스토 보테브(Christo Botew), 하피즈(Hafiz)에서 예수와 마호메트까지고요. 누구든 내 이런 다양한 출신성분을 한마디로 요약해줄 수만 있다면 난 거기 모든 충성을 바칠 수 있을 것입니다."

| 대표작들 |

Illija Trojanow. 1993, *In Afrika. Mythos und Alltag Ostafrikas*(아프리카에서:
　　　동 아프리카의 신화와 일상), München: Marino Verlag.
_____. 1996, *Die Welt ist groß und Rettung lauert überall*(세상은 크고 구원은
　　　어디든지 있다), München: Karl Hanser Verlag.
_____. 1999, *Hundezeiten. Heimkehr in ein fremdes Land*(개들의 시간: 낯선
　　　땅으로의 귀향), München: Karl Hanser Verlag.
_____. 2003. *An den innern Ufern Indiens, Reiseerzählungen*(인도 내면세계의
　　　피안: 여행기), München: Karl Hanser Verlag.

▶ 당신의 미래는?

"내 미래는 역시 내 출신과 관계가 있죠." 이렇게 운을 뗀 트로
야노프의 대답이 이어진다. "4년 전만 해도 난 인도에 대해 무지했
어요. 하지만 이제 라가(Raga), 지타(Gita), 가네슈(Ganesh), 카비르(Kabir),
가야트리 만트라(Gayatri Mantra)가 없는 삶을 상상할 수조차 없어요.
단일경작이 농업에 큰 재난을 가져오듯이 단일문화는 사회적으로
큰 재난이에요. 그러니까 적어도 한 가지는 분명해요. 나는 아직 가
보지 못한 곳으로 끊임없이 나아갈 겁니다."

　그의 소설 제목처럼 세상은 크고, 구원은 어디든 있다. 트로야노
프는 어디서든 나름대로 잘 살 수 있다는 믿음 하나로 더 큰 세상
으로 나아가려 한다. "내 안에는 어디서나 적응을 잘하는 카멜레온
의 피가 흐르거든요."

　그는 요즘 쓰고 있는 소설의 주인공인 리차드 F. 버튼(Richard F.
Burton) 경과 같이 스스로 세상을 주유(周遊)하는 모험가다. 숱한 여
행기와 함께 『아라비안나이트』와 『카마수트라』를 서구에 처음으로
소개한 버튼처럼 트로야노프도 늘 여행 중이다. 두 달 동안 탄자니

아를 걸어서 통과하는가 하면 다마스커스, 바로다, 트리에스트 등지에 몇 달이고 머물다가 메카와 메디나로 성지순례를 나선다. 최근 그는 소설 말고도 인도의 저술가인 란지트 호스코트(Ranjit Hoskote)와 함께 형태와 그림, 관습, 언어적 표현 방식 등을 바탕으로 문화 발전의 보편적 역사를 담은 작품을 작업 중이다. 그는 2003년 여름에 다시 남아프리카의 케이프타운으로 이주했다. "세상은 크고 구원은 어디든지 있다"라는 그의 좌우명에 따라서.

짧게 묻기

▶ 가장 '불가리아적'인 것은?

질문 자체가 벌써 민족적 특성이 있다는 것을 전제하고 있는데, 그것은 민족국가 자체의 인위성을 고려하면 아주 문제가 많은 거예요. 다만 나 개인적으로 불가리아라고 하면 부모님과 내가 겪은 사회화 과정, 그런 데서 온 개인사가 떠오릅니다. 그렇지만 이것은 모두 어디까지나 개인적인 것일 뿐 일반화할 수 있는 건 아니에요. 예를 들어 내가 좋아하는 후식인 '바클라바(Baklava)'가 가장 '불가리아'적이라고 말한다면, 다른 불가리아 사람들은 그것은 터키나 그리스의 것이라고 이의를 제기할 겁니다. 그러고 보니 가장 불가리아적인 것은 불가리아어밖에는 없는 것 같군요.

▶ 당신의 불가리아 사람으로서의 특성은?

솔직히 민족적 정체성은 적어도 내게는 아무런 의미가 없습니다. 난 민족적 정체성이라고 남들이 걸치는 의심스럽기 짝이 없는 회색 외투를 색깔이 다양한 겉옷으로 바꾼 것이 너무 좋아요. 내 소설 주인공들은 스스로 정한 정체성이 있을 수 있다는 믿음으로 나를 유혹해요. 상상 속의 한 고향에서 다른 고향으로 마음대로 움직이면서 유동적인 정체성을 만드는 거죠. 잠정적인 공동체 속의 실존이라고나 할까요.

▶ 불가리아의 존립근거는?

그건 아마 상징적으로 말하자면 '피와 쇠'일 겁니다. 민족국가로서의 불가리아는 본디 칸 시대부터 유래한 유목민 지배집단의 주도로 생성되었죠. 현대적 국가형태를 갖출 때까지 비잔틴 제국 지배 아래 200년, 오스만 투르크 지배 아래 500년을 보냈어요. 근대화 과정에서 자유주의적인 민족주의자들은 벨기에 식 계몽주의 헌정체제를 수입해 근대국가를 세우려 했지만, 여타 서구세력에 의해 강요된 왕정에 의해 실패로 돌아갑니다. 엉터리 공화정과 파시스트적인 독재가 적당히 혼합된 체제로 제2차세계대전까지 가지요. 그 뒤로는 스탈린주의 인민공화국이 들어서고요. 민족국가 불가리아에서 국민들은 늘 신민(臣民)이었을 뿐이에요. 민족국가의 이상(理想)은 적나라한 폭력과 억압 그 이상도 이하도 아니었지요. 물론 이 끊임없는 압제의 책임은 여러 제국주의 세력들도 함께 져야 하지만요.

▶ 불가리아와 다른 국민국가들의 다른 점은?

불가리아의 지배세력, 즉 엘리트들이 염원했던 '불가리아 민족주의'는 민족적 대재난만 여러 차례 불러왔습니다. 제2차발칸전쟁과 제1, 2차세계대전이 그렇지요. 1878년에 오스만 투르크 지배에서 벗어난 이래 냉전이 종식될 때까지 민족주의의 대차대조표는 참담할 뿐입니다. 불가리아라는 국가 자체가 정상적인 국가라면 그 존립과 정당성을 위해 당연히 완수해야 할 기본적인 임무조차 충실하게 수행하지 못했으니까요. 불가리아 사람들은 그동안 대부분 빈곤과 억압 속에서 살아왔어요. 그러니 불가리아라는 나라의 특징은 지배세력의 무책임과 과대망상, 그리고 피지배 세력의 순응과 인내라고나 해야 할까요?

▶ 오늘날 국민국가의 과제는?

　구체적으로 불가리아와 관련해서 이야기해보면 이렇습니다. 기존의 '빛나는 사회주의 미래'라는 환상이 새로운 만병통치약인 '나토와 유럽연합 가입'으로 대치된 것이라고나 할까요? 1989년 민주화 시작 이래 정치, 경제, 사회, 문화적인 상황이 더욱 열악해졌어요. 현재 연간 평균 국민소득은 1,000달러도 채 안 돼요. 그러니 민중들은 실망과 절망에 빠질 수밖에요. 특히 청년층은 교육 수준이나 기술 등을 무기로 새로운 시작이라도 도모해볼 수 있고 외국으로 빠져나가는 것으로 그 절망감을 표출하지요. 지금 불가리아는 다른 가난한 나라들과 마찬가지로 '인간자본'의 유출문제가 심각해요. 요즘 불가리아에서 유행하는 농담을 하나 소개할까요? 학교에서 선생님이 꼬마 이반에게 물었대요. "넌 나중에 자라서 무엇이 되고 싶으니?" 꼬마 이반이 대답하기를 "네, 선생님, 미국사람이요"라고 했대요.
　참담한 내적 정치상황 못지않게 심각한 것은 유럽의 화약고라고 불리는, 복잡하기 짝이 없는 발칸반도에서 이웃나라들과 관계를 어떻게 맺느냐 하는 것이지요. 기존의 민족주의 내지 국수주의적 욕망은 이제 비현실적인 것이 되었고, 그렇다고 공산주의 시대 환상인 '피억압자들의 형제나라'라는 이상도 퇴색한 지 오래에요. 형편이 어려워지자 갑자기 관용적인 민족정책을 도입했어요. 심지어 마케도니아 소수민족의 정체성을 인정하고 언어마저 허용하는 것같이 말이에요. 그동안 민족주의자들에게 큰 골칫거리였던 마케도니아 문제가 적어도 잠정적으로는 해결된 것처럼 보일 정도로 변화가 있기는 하지요.

▶ 국민국가의 앞날은?

국민국가는 곧 없어질 겁니다. 그것은 마치 공룡과 같아서 인간이 감당하기엔 너무 많은 욕심을 부리게 하고, 너무 많은 피를 흘리게 합니다. 민족주의는 획일주의예요. 그러니 당연히 편견이 조장되고, 판에 박힌 사고가 강요되고, 적대할 대상을 지목하게 되지요. 게다가 다른 이들의 희생을 전제로 한 부류 사람들만의 안녕과 행복을 보장하겠다는 것 자체가 비도덕적이지 않나요? 오늘날 우리가 직면하고 있는 엄청난 문제들은 국민국가의 좁은 틀에서는 해결이 어려울 수밖에 없습니다. 오히려 지난 200년 동안 충분히 그 증거를 보아온 것처럼 그 반대지요. 숱한 문제를 일으켰을 뿐입니다. 무엇보다도 전쟁과 테러가 그래요. 20세기에만 1억 이상의 인명이 희생되었어요. 그렇다면 국민국가 다음으로는 어떤 체제가 오겠느냐고요? 글쎄요. 개인적인 생각으로는 초국가적인 단체나 제도의 출현과 함께 지역 단위, 생활세계 차원에서는 시민들의 의사결정권이 강화되는 쪽으로 가지 않을까요?

캐묻기

▶ 불가리아의 전도된 세계: 언뜻 보면 불가리아는 유럽의 끄트머리에
자리한 축복받은 나라 같습니다. 우선 평지가 많고 비옥한 편이라
비교적 온화한 대륙성 기후와 함께 농업의 최적 조건을 갖춘 것부
터가 그렇지요. 제대로 활용하기만 한다면 발칸반도 전체를 먹여
살리기에 충분한 농경면적이 있지 않습니까? 그런데도 불가리아는
자급자족도 하지 못합니다. 공산체제 몰락 이후 불가리아에서 대
체 어떤 일들이 벌어졌기에 이 지경이 되었습니까? 특히 유럽 쪽의
관심조차 끌지 못한 채 나라 전체가 이토록 절망적인 고통에 빠지
게 된 것은 왜인가요?

그것은 지난 1989년 공산체제가 무너지고 나서 제대로 개혁을
하지 못한 데서 연유하지요. 혁명이 지배와 소유관계의 변화를 뜻
한다면 불가리아에서만큼은 그 이름에 값하는 혁명이 일어나지 못
한 겁니다. 그러니까 공산주의와 그 지배체제를 완전히 극복하는
데 실패한 것이지요. 그것은 오히려 더 정당화되었습니다. 왕정체
제와 소련의 점령체제, 그리고 지프코프의 공산 지배체제에 이어
일종의 사이비 전환만 일어난 거예요. 예를 들어 민주적 사법제도
를 도입하고 역사적인 정의를 실현하려고 했지만, 그 기대는 환상
에 지나지 않은 것으로 드러났어요. 당 지배층의 범죄는 처단되지
못했고, 공산 지배체제의 과거도 청산되지 못했으니까요. 민주적
개혁은 당 간부와 관료들이 기득권을 지키기 위해 벌이는 다원주
의 탈을 쓴 장난에 지나지 않았던 거지요. 마지막 당 서기였던 지

프코프는 공식적으로 당 간부들에게 이렇게 말했어요. "일단 엎드려라. 변혁의 물결이 지나갈 때까지. 그러고나면 큰 피해 없이 다시 나설 수 있을 것이다." 지프코프 자신은 민주적 사회주의의 길을 열었다고 떠벌이면서, 인민공화국 수반으로서 무려 32개나 되는 호화스러운 궁전이나 빌라를 가지고 살았던 사람입니다.

▶ 당 간부와 관료들은 전환기에 어떻게 잘 대처할 수 있었나요?

우선 정보력을 갖고 있었지요. 모스크바에서 경고신호가 미리 온 겁니다. 당시 벌어지고 있는 정치 및 경제적 변화가 지배구조 자체를 위협할 수 있다는 경고 말이죠. 소련은 그 때 개방과 참여의 원칙을 분명히 하고 있었죠. 어떤 권력도 영원할 수 없으며 개인의 저항 또한 변화를 일으킬 수 있고, 대중의 분노는 아무리 강건한 권력의 성도 파괴할 수 있다는 인식이 널리 퍼졌던 겁니다. 이 사실에 직면한 당 간부와 관료들은 공산주의 과두 지배세력의 특권과 기득권을 우연이나 대중의 의지에 맡기지 않고 스스로 지키기 위해 안간힘을 썼지요. 당시 위기에 처한 동구권 모두가 그렇지만 불가리아 공산당에게는 두 가지 선택 밖에는 없었어요. 스스로 먼저 개혁을 주도하거나, 아니면 시간이 지나면서 변혁의 물결에 휩쓸리거나 둘 중 하나죠. 그러면서 자연스럽게 개혁을 논의하고, 일당 지배체제를 포기하고 새로운 서구식 민주적 사회주의 정당으로 탈바꿈을 꾀합니다. 먼저 가장 억압적이고 대중의 혐오를 받던 지배체제의 요소들을 감추거나 완화시킵니다. 1989년 가을부터 겨울까지 불가리아 공산당은 심지어 사회주의 이데올로기와 결별을 선언합니다. 과거는 체제의 잘못이지 사람들의 잘못은 아니라고 주장하면서 말입니다. 당시 숱한 당 간부들의 연설 행간을 읽어

보면 그런 내용들이 많아요. 그러면서 과거 청산을 위한 이미지 작업을 하는데, 벌써 1989년 11월 26일에 공산당의 명칭을 불가리아 사회당으로 잽싸게 바꿉니다. 늙고 흉물스런 간부들로 채워졌던 당의 간판도 젊고 역동적인 소련 외교학교 및 미국 대학 출신들로 바꿉니다. 불가리아 사회당은 기존 공산당과 180도 다른 정책, 즉 민주주의 원칙과 국제법을 준수하는 사민주의(社民主義) 색채를 띤 국민정당으로 거듭나겠다는 정책을 내겁니다. 하지만 이런 포장술로만 안 되겠다 싶었던지 또 다른 전술을 구사합니다. 우선 위협이 될 만한 다른 정당이 성장하지 못하게 하는 겁니다. 기존의 정보기구를 동원하여 대중의 불만을 가급적 분산시키지요. 구체적으로는 가능한 모든 정당들의 설립과 유지를 지원하는 겁니다. 그러니 당시 야당이라는 정당들은 거의 모두 이런 방식으로 만들어진 것뿐입니다. 1990년 당시 얼마 되지도 않는 진정한 반체제 인사들은 거의 제 몫을 하지 못합니다. 이러니 외부에는 기존의 당 간부들이 반대세력과 서로 합의하에 민주화 과정을 추구하는 것처럼 보였지요.

▶ 그 때 반체제 세력, 비판세력은 왜 그렇게 힘을 쓰지 못했습니까? 1990년 7월 10일 첫 번째 총선결과 구(舊)공산당이 합법적으로 다시 정권을 잡지 않았습니까?

그 전해 가을, 변혁이 시작되었을 때 반대세력은 전혀 준비가 되어 있질 않았어요. 노선조차 갖지 못한 채 오로지 열정만 가득했지요. 열정이야 금세 사라지는 거잖아요. 그 열정에 사로잡혔다가 깨어보니 이미 때가 늦었죠. 혁명적 정신조차 벌써 퇴색한 겁니다. 그런 바람에 지금 지난 공산정권의 핵심들은 오히려 더 안전하게 권좌에 앉아서 정치며 경제를 통제하는 고삐를 손에 쥐고 있다고 해도 결코 과언이 아니랍니다. 그동안 민주적인 정당정치 안에 자리 잡고 또 그것을 통제하는 방법을 습득한 겁니다. 이 과정이 별다른 마찰 없이 진행된 것을 보면 참 끔찍하다는 느낌이 들어요. 그 방식은 대개 이렇죠. 공산체제에서 혜택을 누린 엘리트들이 사이비 야당을 만들거나, 체계적으로 환경단체든 시민운동단체든 이른바 반체제 집단에 잠입하는 거예요. 그러면서 이들과 함께 다른 야당을 만들거나 이를 통해 비판적이고 민주적인 세력의 결집을 방해하고 분열시키는 전략을 구사하죠. 이렇게 일종의 기습을 당한 순진한 민주세력들은 아직도 위세를 떨치고 있는 기득권 세력에 어떻게 맞서야 할지 망연자실할 뿐이에요. 그러면서도 권력 다툼에는 기를 쓰고 나서죠. 늦은 자가 앞설 것이라는 희망과 기대에 가득 찬 성서적 꿈이 동유럽이라는 냉정한 현실에 부딪치는 겁니다. 결국 늦은 자는 가장 늦은 자가 될 뿐입니다.

▶ 당신은 지금 불가리아 상황을 무기력한 대중을 기생충 같은 지배 세력이 억압하는 형국이라고 묘사한 적이 있습니다. 지배세력이야 그렇다 치고 대중들의 좌절과 무기력감은 어떻게 설명할 수 있을까요?

그건 아마도 수십 년의 전체주의 지배체제가 낳은 산물이 아닌가 싶네요. 사람들은 대부분 가슴 깊숙한 곳에서부터 공포와 불안에 사로잡힌 나머지 심지어 자신들을 억압했던 옛 주인들에게 미리부터 순종하는 형국입니다. 불가리아 역사를 보면 이런 설명이 가능해요. 무려 500년에 걸친 오스만 투르크의 지배에서 벗어났지만 그 잔재가 너무 깊어서 국가고 사회고 명목만 그럴 듯할 뿐 결코 그 내용을 채우지는 못했죠. 예를 들어 무언가를 위해 자신을 희생하고 기여하려면 전제되어야 하는 집단적인 자존감이랄까, 이런 것을 바탕으로 한 국가나 사회가 발전하지 못한 것입니다. 그러니 수동성만 극단적으로 만연되어 누군가 무언가 해주기를 기다릴 뿐입니다. 이게 얼마나 심한지 집안에 전구가 고장 나도, 계단에 개똥이 쌓여도 누군가 와서 고쳐주고 치워주기를 기다린다니까요. 특히 50년의 공산주의체제를 통해 이데올로기적으로 눈가림한 연대의식과 메마른 공동체의 들판에는 폐허와 강퍅의 잡초만 무성한 꼴이지요.

돌이켜보건대 지난 1989년의 변혁이 남긴 유일한 성과는 그것이 폭력적이지 않았다는 점뿐이에요. 사회적 평화의 유지와 평화적인 전환에 대한 열망이 가장 중요한 이슈였거든요. 하지만 결국 그 평화는 엄청난 희생을 요구했고, 아마 많은 세월 동안, 그러니까 몇 년, 아니 수십 년 동안 더 큰 희생이 요구될 겁니다. 한 가지 확실한 것은 바로 이 평화가 당 간부들이 범죄행위를 계속 저지르도록 허용했다는 점입니다. 한마디로 무법천지에요. 당 간부들이 이제는 시장경제라는 너울을 쓴 채 봉건적 수탈을 계속하고 있으니까요.

▶ 도대체 어떻게 그런 일이 일어날 수 있지요? 구체적인 예를 들어 설명해줄 수 있나요?

연줄이 그대로 남아 있으니까 가능한 거죠. 예를 들어 정보국 책임자가 지역 경찰 책임자가 됐어요. 공산주의자들은 사회주의자로 이름만 바꾼 채 기득권층의 이해를 대변합니다. 기업들은 국영에서 형식적으로만 민영화되었지 그 운영자들이 바뀌진 않았어요. 한마디로 지금의 지배층은 예전 그들과 같단 말씀이죠.

▶ 이런 마피아 집단의 범죄가 지속되는 참담한 현실이 구(舊)동구권

모든 나라의 현실인가요? 만약 그렇다면 서방세계는 왜 지금까지 적극적으로 개입하지 않는 거죠?

구동구권 사회의 특수성은 불가리아의 예로 보면 이런 거예요. 우선 공산당의 후예인 당 조직과 구정보기관 세력이 결탁하여 국가기구를 철저히 장악하고 있어죠. 이런 범죄적 인적 집단, 패거리를 아직 다른 개념이 없어선지 흔히 마피아라고 부르죠. 이건 아주 부정확한 개념이에요. 그건 벌써 국가조직과 범죄조직의 구분과 대립을 전제하잖아요. 그런데 이 경우 일종의 공생관계에서 시작된 증식 과정이란 말이지요. 그러니 처음부터 이상하거나 납득하기 어렵거나 할 것도 없고 의심조차 사지 않는 겁니다. 당 간부출신들은 흔히 말하는 마피아 조직과 더불어 전체주의 체제 내에서 '억압적 국가기구' 노릇을 했던 조직을 이른바 '민주사회' 안에서도 갖게 되는 거지요. 마피아들은 그러면서 자신의 합법적 형제조직인 국가를 둥지로 삼아 여전히 대중들을 불안과 공포로 몰아넣으며 권력을 유지합니다. 국가는 국가대로 이들의 발호를 막을 수 있는 유일한 공적인 기구가 바로 자신이라며 정당성을 획득하지요.

▶ 참으로 참담한 현실이 아닐 수 없군요. 어쨌든 그런데도 구동구권에서는 공산주의 체제 붕괴 이후 아직도 이른바 '사유화(Privatisierung)'라는 말은 마법처럼 받아들이고 있는데요. 불가리아의 경우는 어떻습니까?

사유화는 결국 노략질로 드러났습니다. 지금 불가리아는 범죄적 에너지를 가진 사람들에게 엘도라도와 같아요. 전국적으로 밀수, 절도, 사기, 강도, 약탈, 위조 등이 성행합니다. 게다가 경제계 상층부에도 예전 공산체제 기득권층이 대거 틈입해 경제가 결코 건강할 수 없는 상황이지요. 이들은 마피아와 결탁하여 대량 불법거래를 하고 대중의 희생을 담보로 막대한 부를 축적합니다. 국부는 이들 일부 계층의 손에 집중되거나 이들의 해외 계좌로 유출되고요. 정치적으로 새로운 출발을 한답시고 착각에 빠졌던 불가리아라는 나라는 이제 해체위기에 직면하고 만 것입니다. 지역공동체의 이웃 관계든 공장의 노동자들끼리의 관계든 사회계층간 관계든 모든 사회관계망에 분열과 단절이 있을 뿐입니다. 이렇게 공동체적인 사회생활이 사라진 마당에 그저 분절되고 해체된 개인의 역사와 삶의 줄거리만 널브러진 형국입니다. 이제 영토라는 경계 외에는 그 어떤 연계나 결속도 없는 희한한 사회적 형체가 드러난 겁니다. 사람들에게는 더 이상 저항하거나 개혁하기 위해 나설 아무런 힘도 없습니다. 그저 지난 공산주의 시대의 온전했던 세상을 그리워하며 향수에 빠지거나, 영원한 어제의 꿈에 사로잡혀 있는 사람들은 한탄하지요 "그래, 이 모든 것이 그 자유 탓이지!"라고요. 진보주의자들은 반대로 이 모든 것이 자본주의로의 이행 과정에서 필수적으로 나타나는 일시적인 부작용이라고 강변하고요. 그 누구도 과도기가 이토록 깊은 나락으로 떨어질 만큼 오래 가리라곤 예상하지 않았어요. 이제 불가리아는 몇 년 정도가 아니라 수십 년 정도 유럽 전반의 발전 과정에서 뒤처져버렸지요.

▶ 세계 어디서든 모든 나라는 자신의 과거를 청산하고 극복할 과제를 제대로 감당해야 합니다. 불가리아는 어떻습니까?

먼저 지적하지 않을 수 없는 것은 기존 당 관료체제가 자본주의 과두체제로 성공적인 변신을 했다는 사실입니다. 그 결과 전체주의적이었던 공산주의 지배체제를 비판적으로 성찰하고 이를 청산하려는 의지라곤 전혀 없는 보수적인, 아니 반동적인 사고가 나라를 지배하고 있습니다. 공공의 여론도 침묵과 거짓으로 일관하고 있고요. 과거 청산이라…… 그게 어떤 종류가 되었든 처음부터 불가능한 것이, 그 과거가 되어야 할 것이 사적영역이건 공적영역이건 아직 현존하고 있기 때문이에요. 1989년 11월 10일에 시작된 변혁은 일종의 환상이요, 착각이었을 뿐입니다. 오늘날까지 지난 50년 역사에 대한 비판적인 연구나 조사가 진행된 것은 전혀 없어요. 불가리아 공산당에 대해서나 당의 반인류적인 범죄에 대해서나 말이에요. 있다면 겨우 제2차세계대전 즈음에 있었던 파시스트들에 대한 고고학적 연구 정도랄까요. 그것마저도 정치적인 주제들은 회피한 채 막연한 신화적 맥락에서 다뤘을 뿐이지요. 비판적인 자기성찰을 좀 하려고 하면 심한 비판으로 조국의 명예에 먹칠을 해서는 안 된다며 입을 막아요. 모든 것은 그저 오스만 투르크, 소련, 그리고 서방 제국주의자들의 잘못이라는 겁니다.

불가리아에서는 공산 지배체제하에 자행된 그 숱한 범죄에 대한 책임으로 감옥에 간 사람이 단 한 사람도 없어요. 당장 먹고 살기도 어려운 고단한 일상이라는 현실과 그 밖에 그 나물인 언론에 의해 45년간의 공산당의 독재역사는 그만 잊혀져갑니다. 그런 과거는 그저 잊고 묻어버리고 일단락 짓겠다는 분위기에요. 가뜩이나 상처가 아픈데 소금까지 뿌려서 되겠느냐, 그저 상처가 아물 때까지 내버려두자, 이런 거지요. 상처를 드러내지도, 소독하지도, 치료하지도 않겠다는 뜻입니다.

▶ 당신은 불가리아의 정치, 경제, 사회적 현실을 담은 작품의 제목을 『개들의 시간』이라고 붙였습니다. 불가리아의 현재 상황을 요약한

상징인가요?

공산체제가 무너지자 집에서만 살던 개가 갑자기 큰 도시로 나갔어요. 이전에는 그저 양떼나 지키던 시골개가 말이에요. 집에서 기르는 애완견은 불가리아 사람들에겐 낯선 겁니다. 도시에서 범죄가 들끓자 사람들은 불안해졌어요. 끔찍한 강도나 약탈과 같은 범죄에 대한 소문이 꼬리를 물고, 고삐 풀린 언론은 신나게 이를 보도해댑니다. 사람들은 서로가 무서워졌어요. 사람들이 고립되고 인간관계가 나빠질수록 흔히 애완동물에 의존하잖아요. 그러면서 애완견을 구원처럼 여기는 겁니다. 좁은 집에다 크고 작은 개들, 순종 셰퍼드부터 온갖 잡종 개까지 데려다 집안을 채워놓는 거예요. 이제 사람들에 대한 이야기가 아니라 개들에 대한 이야기가 사람들 화제가 됩니다. 책방에는 애완견 기르는 법을 다룬 책이 산처럼 쌓이고요. 그런데 경제상황이 나빠지자 개조차 기르기 어려워집니다. 먹이를 대기도 바쁘고 예방접종이다 뭐다 건사할 여유가 없어지는 거예요. 그러자 개들을 집에서 쫓아내거나 밖에 내다버리게 되지요. 하도 버려진 개들이 많아져서 거리를 뒤덮자 이제 그 대책으로 개들을 잡아서 더 이상 번식하지 못하도록 거세를 해버립니다. 그런데 문제는 이 거세수술을 하는 데만도 10달러 정도의 돈이 드는데, 이건 연금생활자들 한 달 수입의 1/3에 해당해요. 그러니 공공기관이고 개인이고 그나마 여기에 필요한 돈조차 쓸 수가 없다는 이야기죠.

▶ 도시와 농촌의 경제적 격차는 어떻습니까? 농촌생활의 모습은 어때요?

농촌은 들판과 숲 사이에 존재합니다. 그래서 농민들은 자급자족할 수 있지요. 반대로 도시민들은 농촌 없이는 먹고 살수가 없어요. 그러니 도시민들은 농촌에 있는 친척이건 친지건 아는 사람들을 통해 어떻게 해서든 식량이라도 구해보려고 기를 씁니다. 불가리아에는 아직도 집시와 같은 유랑극단이 있어요. 그 왜 곰을 길들여서 놀이를 보여주고, 전통의학을 시술하고 하면서 먹고사는 집단 말이에요. 이렇게 볼 때 불가리아는 아직 지난 세기말에 유명한 이야기꾼인 엘린 펠린스(Elin Pelins)의 이야기에 나오는 전통적인 농촌의 생활방식으로 살고 있다고 볼 수 있어요. 그러다가도 누군가 재수 없어서 관료들에게 당하거나 경찰에게 당하는 일이 생기면 그때는 저 아프리카의 부패정권하에서나 있을 법한 끔찍한 경험을 하곤 하지요.

▶ 불가리아는 일종의 자기잠식 과정 중이라고 당신은 주장합니다. 지난 1989년 이후 약 50만 명의 젊고 교육받은 재능 있는 불가리아 사람들이 서방으로 빠져나갔습니다. 당신 스스로도 당신의 작품 제목인 "세상은 크고 구원은 어디든 있다"라는 원칙 아래 불가리아를 떠나왔고요. 그렇다면 아직 불가리아에 남아 있는 사람들의 기회는 어떤 것일까요?

젊은이들은 무더기로 나라를 떠나 도피하고, 늙은이들은 떼를 지어 죽어서 나라를 떠납니다. 자세한 통계숫자를 알 필요도 없이 장례식에 몇 차례 참석해보면 사정은 분명합니다. 두더지 떼들이 습격한 것처럼 공동묘지마다 새로 조성한 무덤으로 가득하니까요. 그 상황에서 연금생활자가 어떻게 생존할 수 있겠습니까? 쥐꼬리만한 연금으로는 먹을 것을 사느냐, 난방을 하느냐 선택의 기로에

설 수밖에 없지요. 먹을 것을 산다고 해도 날마다 우유 반 리터, 요구르트 반 리터, 빵 한 조각 정도가 고작입니다. 몇 푼 남는다면 불가리아 사람들이 빵에 즐겨 뿌려먹는 양념 정도는 더 살 수 있겠지요. 또는 식품보관의 기술을 고도로 발달시켜야 합니다. 이른 여름부터 늦가을까지 피망을 졸여놓고, 버찌를 끓이고, 당근과 오이, 그리고 푸른 토마토를 조리해서 트로시아라는 음식을 만들어놓고……. 지하실 가득 병에 담은 잼이나 절인 과일을 모아두어야 겨우 겨울을 날 수 있어요. 한때 국가원수였던 셀레프는 이 생존기술에 감탄하여 이런 말을 한 적이 있지요. "우리 민족은 스스로 만드는 통조림 기술로 핵전쟁조차 견뎌낼 수 있을 것이다"라고요. 이렇게 핵전쟁은 견뎌낼지 몰라도, 정작 지금 같은 평화시대를 견뎌내기가 어렵단 말입니다.

▶ 불가리아의 유럽연합 가입은 2007년으로 예정되었습니다. 유럽연합 가입이 불가리아의 마지막 구원일까요? 유럽연합은 물론이고 나토 가입도 예정되어 있는데 이에 대한 불가리아의 기대는 어떻습니까?

공식적으로는 모든 정파가 불가리아의 유럽연합과 나토 가입을 지지하고 있으며, 이를 '역사적 필연성'이라고까지 주장합니다. 하지만 좀더 잘 살펴보면 공산체제의 획일적인 교육을 받았던 세대에게는 거의 본능적인 반미감정이 숨겨져 있기 때문에, 이런 공식적 반응 뒤에는 일종의 과거와 현재의 기회주의적인 성향이 정신분열적으로 작용한다는 것을 알 수 있습니다. 어쨌든 지난 15년 동안 피폐할 대로 피폐해진 국내사정을 고려할 때 모든 정당은 표를 얻기 위해서라도 유럽연합과 나토가입이 유일한 만병통치약이라는 노래를 입을 모아 따라 부를 수밖에 없는 듯합니다. 하지만 정작 가입이 성사되기 전에 서구 쪽에서 그 시기를 늦출 가능성이 높지요. 물론 불가리아가 더 혼란에 빠져 지정학적 위치상 중요한 지역에 위기가 오는 것을 막기 위해 서둘러 가입시켜 유럽에 통합시키려는 변수만 나타나지 않는다면 말입니다. 또 가입이 성사되더라도 지금과 같은 젊은 층의 인력유출이 가속화되면 나라 전체가 공동화될 위험이 더욱 커질지도 모릅니다.

▶ 얼마 전 불가리아 수상이 된 사람은 전 국왕인 시메온 작스코부르고츠키입니다. 그는 55년 동안이나 스페인에서 망명생활을 했습니다. 그가 지난 2001년 수상이 되면서 800일 이내에 국내 경제상황을 획기적으로 개선하겠다는 공약을 내걸었습니다. 이 공약이 실현될 가능성이 있나요?

현 정부 출범 이후 사회관계 개선의 전망은 전혀 보이지 않습니다. 전 국왕이었던 현 수상을 따르는 각료나 자문단들은 대부분 과거 정권의 범죄나 실정(失政)같은 과오에서 자유롭지 못한 사람들이기 때문에 말 그대로 그 밥에 그 나물일 뿐, 설맞이 대청소 같은 새로움이 없어요. 게다가 바로 이전의 코스토프 정권이 선거 전략 차원에서 미루어두었지만 세수감소로 이제는 인상이 불가피한 전기, 수도, 전화요금이나 유가인상과 같은 불안요인이 심각하지요. 게다가 10억 달러에 이르는 해외차관에 대한 상환부담은 이미 외국의 투자금액을 몇 배 상회한 지 오래구요. 그렇다고 앞으로 10년 내 형편없이 적자인 무역수지가 개선될 가능성은 거의 없어 보입니다. 이런 현실을 볼 때 불가리아 사람들 스스로 지난 1989년 변혁이 시작될 때 가졌던 동화적인 환상은 이미 다 퇴색해버리고 만 듯합니다. 지난 몇 차례 대통령 선거의 투표율이 50%를 밑돈 것만 봐도 알 수 있지요. 선거에 참여하지 않는 사람들에겐 실망감, 절망감, 그리고 정치적 무관심과 냉소주의가 만연해 있습니다. 지금 불가리아 국민들은 더 이상 자유와 권리를 위해 싸워 정권으로 하여금 제 몫을 다하게끔 나설 에너지도 잠재력도 상실했다고 봐야 할 것 같아요.

▶ 그렇다면 유럽연합 쪽에서 불가리아에 기대하는 것은 무엇일까요?

유럽연합 확장계획 자체가 처음부터 정치 전략적인 고려에서 시작된 것 아니겠습니까? 이웃 나라들에 대한 연대감에서 시작한 게 아니란 말씀이죠. 예를 들어 그리스는 서구의 잣대에 맞는 대상은 아니었지만, 냉전시대 바르샤바 조약기구의 위협에 대한 남동 유럽 지역의 지정학적, 전략적 고려에서 가입시킨 것이지요. 역시 같은 맥락에서 유럽의 정치적 안정을 희구하는 서구 지도자들이 서둘러 구동구권 국가들의 유럽연합 가입전망을 제시하고 섣부른 약속까지 했습니다. 그렇지만 현재 불가리아의 참담한 경제현실을 볼 때 그 약속은 당분간 지키기 어려운 것이지요. 무엇보다도 서구는 불가리아에서 사회적 정의를 담보한 진정한 민주화 과정이 진행되도록 돕는 임무를 소홀히 했습니다. 그 대신 전의 당 간부들이 주를 이룬, 이윤동기 추구와 국부 팔아먹기에 혈안이 된 이전의, 그리고 새로운 지배세력과 결탁하기에 급급했습니다. 지금 불가리아뿐 아니라 기존 유럽연합 국가들의 사정들을 감안하면 불가리아의 유럽연합 가입은 더욱 요원한 일이 되고 말았다고 하겠습니다.

▶ 지구화가 불가리아에 구원이 될까요?

지구화란 개념부터가 너무 막연하게 쓰이지요. 그것이 상품과 인간의 무제한적인 교류를 뜻한다면 그런 뜻의 지구화란 아직 존재하지 않아요. 세계무역은 잘 알다시피 아직 보호관세, 수입쿼터, 지원정책 등으로 점철되어 있잖아요? 여전히 부당하고 공정하지 못한 세계무역체제에서 미국 같은 강대국은 농업부터 무기 산업에 이르기까지 자신의 이익에 맞으면 스스로는 예외로 하고, 다른 나라들에게만 불리한 조건을 강요하고 있는 실정입니다. 또 제1세계의 기준으로 제3세계 국가들에게는 엄청난 재난이 될 것이 뻔한 협정들을 강요하고요. 가장 단적인 예가 브라질이나 남아프리카 같은 나라에서 에이즈 치료약을 싸게 수입하거나 유사품을 제조하는 것을 서방의 다국적 제약회사들이 금지하는 일이죠.

문화현상으로서의 지구화는 긍정적 측면과 부정적 측면이 모두 있습니다. 한편으로 인류 중 교육받은 엘리트들에게는 영감을 얻고 자신의 정체성을 형성하는 데 자원이 될 엄청난 문화의 보고에 접근할 수 있는 통로가 열리고 있어요. 다른 한편, 음악이 가장 좋은 예가 되겠지만, 강력한 자본과 미디어 권력에 힘입은 주류 문화상품이 모든 시장을 석권하여 각 지역의 다양한 전통문화를 고갈시키는 현상 또한 간과해서는 안 될 것입니다.

▶ 『지구화의 그늘』이라는 책의 저자인 전 IMF 총재 스티글리츠는 이렇게 썼지요. "이론적으로는 IMF가 각 나라의 민주적인 기관들과 협력하고 지원하는 것으로 되어 있지만 실제로는 나라마다 강요에 가까운 정책적 제안을 함으로써 민주적 발전을 저해한다." 당신은 IMF와 같은 국제기구의 서구 출신 자문인력이 하는 역할을 어떻게 평가하십니까?

불가리아 사람들은 아직도 IMF와 같은 국제기구의 역할에 대해 환상을 가지고 있습니다. 사람들은 이 기구들이 선의로 돈을 빌려준다고 믿고 있어요. 그래서 지금의 외채위기에서 쉽게 빠져나올 수 있다고 믿지요. 마치 그 기구 우두머리들은 사람들을 돕지 못해 안달난 사람들인 것처럼 생각해요. 그러면서 불가리아 언론이 기회가 있을 때마다 강조하듯이 일종의 민주화 과정에 대한 반대급부라고나 할까요, 오로지 외국투자만이 불가리아를 나락에서 구할 수 있다고 믿는 겁니다.

먼저 이 서구 나라들이나 은행들이 불가리아에 싹트고 있는 민주주의와 시장경제를 투자를 통해 보호하고 보장해준다는 순진하기 짝이 없는 믿음부터가 어리석은 것이지요. 통계숫자가 말해주듯이 오히려 정반대입니다. 민주화가 진행될수록 외국자본은 빠져나가요. 마치 민주화가 불가리아의 외채 상환능력을 위협하기나 하듯 말입니다. 채권자 측은 늘 가장 확실한 안전장치를 원하는데, 불가리아 같은 나라는 열악한 사회관계나 위축된 경제상황, 게다가 마피아들의 영향력 때문에 그것을 보장해주기 어려운 상황입니다.

▶ 당신 생각으로는 불가리아의 심각한 문제 상황을 극복하고 해결하려면 어떤 조처가 필요하며, 또 가능할까요? 일찍이 1967년 다렌도르프가 독일에 던졌던 유명한 물음에 빗대어 당신에게 묻고 싶습니다. 불가리아에 자유민주주의가 성공하려면 어떻게 해야 합니까, 그리고 경제발전은 어떻게 해야 합니까?

당장 뇌사상태에 빠진 불가리아 경제를 현상 유지하는 데만 매년 수십 억 달러가 듭니다. 에너지와 원료, 생필품 등 가장 기본적인 것만 사들이는 데에 말이에요. 여기다 외채상환 및 이자지불을 위해서도 많은 돈이 필요하지요. 이렇게 근근이 목숨을 유지하는데 필요한 최소한의 비용만 계산해도 매년 약 80~100억 달러 정도에요. 자, 이 정도면 이런 상황에 처한 불가리아 경제를 되살리려면 얼마나 엄청난 액수의 외채나 투자가 요구되는지 대충 상상이 될 겁니다. 그것도 그 투자액이 유용되거나 남용되지 않는다는 전제하에 말이지요. 불가리아는 그 해결책으로 외국투자와 외채 유치를 위해 모든 장벽을 철폐하고 개방하며 민영화를 촉진하는 정책을 취하고 있습니다. 특히 민영화와 사유화는 불가리아 국내 전문가나 외국에서 온 자문인력들 모두가 또 다른 만병통치약으로 선전하고 있지요. 하지만 이 또한 단계적으로, 그리고 점진적으로 해야 하지 않을까요? 특히 다른 구(舊)동구권 나라들의 경험을 보고 배우면서 말입니다.

▶ 불가리아는 다른 구동구권 나라들과 비교할 때 어떤 잘못을 했을까요? 왜 불가리아가 더 낙후되었나요?

글쎄요, 우선 불가리아가 다른 구동구권 나라들, 특히 루마니아나 세르비아, 마케도니아나 알바니아 같은 이웃 나라들에 비해 낙후되었다고 생각하지는 않아요. 오히려 반대죠. 근본적인 문제들은 다 비슷해요. 아무튼 불가리아 상황을 보면 대단히 심각하고, 앞으로도 당분간 그럴 것입니다. 정작 최악의 상황은 앞으로 닥쳐올 겁니다. 지금까지도 불가리아는 참담하고, 자유롭지 못한 시절을 보냈습니다. 하지만 이제 닥칠 시대는 지난 1,300년의 역사 동안 한 번도 없었던 '절망의 시대'가 될지도 모릅니다.

▶ 지금까지 당신이 묘사한 불가리아의 상황은 참담하기 짝이 없는데,

그런데도 당신의 좌우명인 "…… 구원은 어디에든지 있다"에 따라 무언가 희망적인 것이나 믿을 만한 것은 없을까요?

글쎄요, 꼭 그런 희망적인, 믿을 만한 미래에 대한 이야기를 해야 한다면, 차라리 이런 불가리아 속담으로 대신하고 싶네요. "아침을 맞아야 낮이 온다는 것을 알 수 있다"라는 속담 말입니다. 우린 우선 참을성을 가지고 아침이 오기를 기다려야 할 것입니다. 아침이 되어봐야 낮이 올지를 알 수 있겠지요.

독일

울리히 벡

국민국가의 여정

1990년부터 매년 10월 3일은 독일의 통일 기념일이 되었다. 수십 년의 분단을 극복하고 통일을 이룩한 것을 축하하는 국경일이다.

독일은 19세기까지 크고 작은, 그리고 많은 독립적인 국가들로 구성된다. 애국주의적인 통일국가 건설의 꿈은 일단 나폴레옹에 대항했던 해방전쟁으로 표출되지만, 1815년의 빈 회의에서 여지없이 깨지고 만다. 그 결과 독일의 새로운 질서 구성단계에 특수주의적인 원칙이 적용되어, 국민국가 대신 국제협약에 따른 국가연방이 탄생한다. 이른바 '독일연방(der Deutsche Bund)'이 그것이다. 그 때 이미 성장하기 시작한 시민계급의 민족주의자들, 자유주의자들은 그 뒤로도 한참을 메테르니히의 보수반동 체제 아래 억압받고 고통받는다. 프랑스 2월 혁명의 영향으로 1848년에 이르러서야 비로소 독일에서도 최초의 시민혁명이 일어난다. 1848년 독일 3월 혁명의 결과, 최초로 선거에 의한 국민의회가 소집되어 프랑크푸르트의 '파울스(Pauls)' 교회에 모인다. 하지만 내부적으로 사분오열되고 정부체제 구성에 대한 합의조차 실패한 데다 반동세력의 끊임없는 준동에 치어 첫 국민의회는 겨우 1년 만에 자진 해산하고 만다.

독일통일의 길은 1862년에 프로이센의 수상이 된 비스마르크에 의해 다시 열린다. 1866년 독일전쟁의 결과로 1867년에 북독일 연합을 결성하면서 적극 추진된 독일 통일정책은, 1871년의 프랑스-프러시아 전쟁에서 승리함으로써 일단 이른바 '소(小)독일주의' 원칙, 곧 오스트리아를 배제한 통일원칙에 따라 국민국가 건설에 성공한다. 1871년에 파리의 베르사유 궁전에서 프로이센 왕을 황제로 옹립하는 대관식을 거행하면서 통일된 독일제국이 탄생한 것이다.

이렇게 탄생한 '제2독일제국'은 — 중세의 신성로마 독일제국을 제1독일제국으로 볼 때 — 한동안은 비교적 평화로운 시대를 구가하지만, 동시에 뒤늦은 산업혁명에 따른 엄청난 사회변화를 겪는다. 빌헬름 2세가 제위에 오르면서 통일의 산파였던 비스마르크를 낙마시키고 외교적으로 고립정책을 펴기 시작한다. 독일을 유럽대륙의 대제국으로 확장하고 싶은 욕망에 사로잡힌 황제는 적극적인 제국주의 정책을 펴 우선 영국과 불화를 자초하고 발칸지역의 분쟁에 휘말리면서 결국 제1차세계대전을 일으키는 주역이 되고 만다.

미증유(未曾有)의 희생을 낸 전쟁은 결국 독일의 패전으로 끝난다. 1918년 9월 황제가 퇴위하고 종전협상이 마무리되면서 새로운 정치적 전환기를 맞는다. 혁명의 분위기가 고조된 혼란 속에서 제헌의회 소집을 위한 선거가 치러지고 사회민주당이 제1당이 된다. 1919년 8월 11일에는 이른바 바이마르 헌법이 공포되고 대의민주주의 원칙에 따른 공화국이 들어서며 에버트가 초대 대통령에 취임한다.

그러나 바이마르 공화국은 처음부터 엄청난 부담을 지고 출발했다. 승전국들이 베르사유 평화조약에서 영토 할애는 물론 막대한 배상금 지불을 독일에 강요했기 때문이다. 조약의 이러한 내용은 독일이 패전을 현실로 수용하기 어렵게 했고, 정치와 경제상황을 악화시켰다. 공산주의자들의 봉기와 극우세력의 쿠데타 음모가 끊이지 않았고, 배상금 의무는 국가재정을 불안정하게 했으며, 인플레는 상상을 초월한 수준으로 치달았다. 1929년에 밀어닥친 세계경제공황의 여파와 당시 힌덴부르크 정권의 무능으로 독일은 절박한 국가 및 사회위기에 처한다. 결국 1933년 히틀러가 정권을 장악하게 된다. 히틀러와 나치당은 단기간 내에 독일의 첫번째 민주적인 정체였던 바이마르 공화국을 일당지배와 총통 독재체제로 변환시킨다. 이른바 제3제국은 특히 반인간적인 인종주의 사상에 근거하여 유태인을 비롯한 많은 소수집단을 '민족의 적'이라는 이름으로 단죄한다. 유대인 학살, 대규모 이주, 고문, 비인간적 대우 등 인류적 범죄를 자행한 것이다. 나치 정권은 외교적으로도 몹시 공격적인 팽창전략을 동원하여 유럽에서 헤게모니 장악에 나선다. 1938년에 오스트리아와 수데텐란트(Sudetenland), 1939년에 체코슬로바키아를 병합한 독일은 같은 해 9월 1일에는 폴란드를 침략하여 제2차세계대전을 일으킨다. 오랜 준비 끝에 시작된 전쟁인 만큼 초기에는 독일과 그 동맹국들이 우월한 군사력을 바탕으로 유럽 대부분을 점령한다. 하지만 소련 침공에 실패하면서 전쟁의 양상이 바뀌고, 1945년 연합국들은 유럽의 대부분을 탈환하고 독일로 진격한다. 1945년 5월, 히틀러는 자살하고 독일군은 무조건 항복한다.

승전국인 미국, 프랑스, 영국, 소련은 독일을 4개 지역으로 분할하여 점령한다. 군정시기를 지나 1949년에 서구 3개국 점령지역에서 독일 연방공화국(Bundesrepublik Deutschland: BRD)이, 소련 점령지역에서는 조금 늦게 독일 민주주의 인민공화국(Deutsche Demokratische Volksrepublik)이 출범한다. 초대 수상인 아데나워와 후임자들의 영도로 독일 연방공화국, 곧 서독은 서구의 정치경제 및 군사동맹체제에 통합되어 고도성장을 거듭하며 경제부흥에 성공한다. 반대로 독일 민주주의 인민공화국, 곧 동독은 소련에 밀착하여 사회주의 계획경제체제를 도입한다. 양측의 이데올로기적 대립이 가장 상징적으로 드러난 사건이 바로 1961년 베를린 장벽의 설치다.

1985년에 소련에서 개혁이 시작된 후에도 동독은 여전히 교조주의적인 정책에 고착한다. 1989년에 점점 더 많은 동독시민이 이미 개방을 시도하던 체코슬로바키아나 헝가리를 경유해서 서독으로 이주해온다. 동독 자체에서도 시민 인권단체와 교회세력을 중심으로 저항운동이 활발하게 벌어져 대규모 시위를 통해 체제를 압박한다. 이러한 평화적 저항운동이 결실을 맺어 국경이 열리고 드디어 동독체제의 붕괴를 가져온다. 1990년 10월 3일 당시, 서독수상인 콜과 동독의 마지막 수상인 드메지에 사이에 역사적인 독일 통일조약이 맺어지고 독일은 다시 통일된다.

짧게 묻기

▶ 당신의 출신은?

"기존의 영토 중심의 정체성의 논리, 곧 한 개인을 태어난 지역
이나 국적, 모국어, 여권 등을 통해 보고 듣고 판단하는 논리는 이
제 구태의연한 것이 되었지요. 아직도 그러는 사람이 있다면 자신
이나 남에게 당혹감을 줄 수밖에 없어요." 이런 언급만 보더라도
울리히 벡에 대해 이런 저런 졸속한 단정을 하는 것은 조심해야 한
다. 예를 들어 그는 일반적으로 독일 태생이라고 알려져 있지만, 알
고 보면 독일 영토 밖 태생이라는 사실부터가 그렇다. 그는 1944년
5월 15일 스톨프(Stolp)라는 곳에서 태어났는데, 당시는 독일영토였
지만 지금은 폴란드에 속하는 포머른 지방에 소도시다. 종전 직전
그의 가족은 갓 태어난 그를 데리고 소련군의 진격을 피해 서쪽으
로 이주해왔다. 벡은 지난 2002년에 처음으로 자신의 고향을 찾아
보았다고 한다. 그는 어린 시절, 그리고 청소년기를 하노버에서 보
냈다. 고등학교 졸업 후 해군에서 군복무를 했는데 '고르흐 프로크'
호라는 훈련선을 탔다고 한다. 1966년 프라이부르크 대학에서 법
학으로 대학공부를 시작한 그는 한 학기 뒤에는 뮌헨의 루드비히
막시밀리안 대학으로 옮겨 사회학, 철학, 심리학, 정치학을 전공한
다. 그리고 같은 대학에서 '최우수(summa cum laude)' 성적으로 사회
학 박사학위를 취득하고, 몇 년 동안 "사회과학 직종의 이론적 근
거 및 노동력 연구" 담당 연구원으로 일한다. 1979년에 대학교수
자격을 취득한 그는 뮌스터 대학의 교수로 취임하고 ≪사회적 세

계(Soziale Welt)≫라는 전문학술지의 편집장을 맡는다. 1981년 밤베르크 대학의 사회학과 정교수가 되어 11년간 재직하는데, 그 때부터 저술활동은 주로 뮌헨과 뮌헨 근교의 슈탄베르크 호반에서 이루어진다. 이 호수의 동쪽에 그의 집이 있는데, 여기서 유명한 논문 「신분과 계급을 넘어서(Jenseits von Stand und Klasse)」을 쓴다. 이 논문은 1983년 ≪사회적 세계≫라는 학술지의 특별판인 ≪사회적 불평등(Soziale Ungleichheit)≫에 게재되었는데, 그 때부터 학계에서 많은 논란을 불러일으킨다. 이것이 바로 그가 나중에까지 '개인화'라는 주제에 몰두하고 이를 종합적으로 연구하게 되는 발단이다. 1986년 4월 26일 구소련 체르노빌에서 원자력 발전소 사고가 일어났을 때 벡의 문제작『위험사회(Risikogesellschaft)』는 이미 탈고된 상태였다. 몇 주 후 출판된 이 책에서 다루고 있는 원자력 기술을 포함한 첨단 과학 기술의 위험성이 이렇게 엄연한 현실로 나타난 것이다. 위험성의 전 지구화 현상과 더불어 이 책이 다루고 있는 또 하나의 중요한 시대적 주제가 바로 '개인화' 현상인데, 현대사회에서 개인의 삶의 설계 가능성이 커질수록 개인에게 삶의 형상화라는 부담과 위험이 그만큼 커진다는 내용이다.

밤베르크 대학에 교수로 재직하는 동안 벡은 에센과 베를린의 문화과학 연구소와 학술회의 일원으로 참여하여 활동한다. 1992년 드디어 자신의 스승이었던 볼테 교수가 은퇴한 자리를 이어받아 뮌헨대학 정교수로 취임한다. 이후 세간에서 뮌헨대학 사회학과 건물이 위치한 구역 이름에 따라 '슈바빙 사회학(Schwabinger Soziologie)'이라고 칭한 그의 학술 주제들은 노동, 기술, 환경과 사회불평등 연구, 그리고 현대화 과정 연구 등이다.

1995년부터 1997년 사이 벡은 바이에른과 작센 주의 미래문제연구위원회의 일원으로 활동한다. 그가 담당한 주제영역은 자원봉사

인력을 통한 시민참여 활성화였다. 실업문제 해결을 위해 엄청난 재정만 낭비할 것이 아니라 시민사회의 다양한 자원 활동을 지원하여 시민사회의 성숙과 더불어 민주주의 정착에 노력하자는 주장이다. 그 사이 그는 카디프의 웨일스 대학에 특별 연구교수로 재직한다. 그는 막역지우인 기든스와의 우정은 물론 흑맥주에 대한 애정 때문에 자주 영국을 방문한다. 1997년 벡은 '런던 정치경제대학 (London School of Economics and Politics)'에 영국 사회학회지 100주년 기념 객원 교수직을 맡기도 했다. 1999년부터는 그 자신이 출범시킨 특별연구 분야 '성찰적 현대성(Reflexive Modernisierung)'을 주관하고 있다.

2001년에 벡은 서구 학자로는 최초로 러시아 의회인 두마에서 연설한다. 연설주제는 "9.11 사태가 지구화된 위험사회에 던지는 의미는 무엇인가"였다.

오랜 학문적 활동 외에도 벡은 저술가로서 매우 생산적이며 성공적인 활동을 했다. 그래서 혹자는 그의 다작을 비판하기도 하며, 상징적인 비판과 찬탄이 섞인 "벡 교수는 우리가 읽어내는 속도보다 더 빨리 써댄다"라는 말까지 나올 정도다. 벡은 역시 사회학자인 엘리자베트 벡-게른스하임과 결혼했고 둘은 함께 많은 관심을 끌었던 책 『사랑이라는 이름의 아주 정상적인 혼란』을 썼다.

| 대표작들 |

Beck, U. 1986, *Risikogesellschaft*(위험사회), Frankfurt am Main: Suhrkamp Verlag.

_____. 1997, *Was ist Globalisierung?*(지구화란 무엇인가?), Frankfurt am Main: Suhrkamp Verlag.

_____. 2002, *Macht und Gegenmacht im globalen Zeitalter*(지구화 시대 권력과

반권력), Frankfurt am Main: Suhrkamp Verlag.

▶ 당신의 미래는?

21세기 초를 맞아 "인간의 조건(condtio humana) 자체를 더 이상 국민국가 차원이 아닌 지구화 차원에서 파악하는 것이 중요합니다." 울리히 벡은 처음부터 이렇게 지구화를 강조한다. 그의 지론이기도 하지만 아무튼 그는 오늘날의 세계가 근본적인 변화에 직면하고 있다는 사실을 강조한다. 그 내용은 이렇다. 개별 국가 내에서 얻은 경제적 산출을 평등하게 분배하는 것을 지상의무로 삼은 진보 지향, 국민국가 지향적인 사회는 이제 그 종말을 고하고 있다. 그 대신 초(超)국가적인 위험사회가 등장하는데, 여기서는 기상변화에 따른 위험이나 유전자 조작 식품섭취에서 오는 위험, 전 지구적으로 연계된 세계시장의 위험, 그리고 세계시장화의 결과로 발생하는 노동시장과 일자리의 위험 등이 분배된다는 것이다.

벡이 보기에 오늘날의 결정적인 과제는 어떻게 하면 국민국가 중심의 제반 제도들과 개인의 정체성을 지구화된 조건변화에 맞게 대응하고 적응시키느냐이다. 그러면서도 그는 경제적 자유가 자동적으로 정치적 자유를 보장한다는 식의 이데올로기로서의 지구화, 곧 '지구화주의(Globalismus)'에 대해서는 비판적이다. 오히려 그 정반대라면서 다음과 같이 결론을 맺는다. "지구화를 통해 자칫 정치와 민주주의 원칙이 산송장이 되어버릴 수도 있어요. 좀더 구체적으로 말하자면 지구화된 자본주의는 민주주의 자유 문화를 위협하지요. 그러면서 사회적 불평등이 더욱 심화되고 이에 따라 근본적인 사회정의와 사회 안전의 원칙들이 폐기됩니다." 결과적으로 개별 국가와 국민경제의 위험성이 이제 개인에게 전가된다는 것이다.

벡은 "우리가 원하는 것이 진정 이런 것인가"라는 근본적인 물음을 던진다. 그러면서 지금의 세계질서에서는 이런 위험성에 대한 의식을 갖춘 정책 결정자들이 지구화된 시장을 규제하고 통제하는 것이 반드시 필요하며, 이것이 실현되어야 한다고 주장한다.

짧게 묻기

▶ 가장 '독일적'인 것은?

독일 사람들의 자기이해와 자기인식은 대부분 독일이 '문화민족'
이라는 데서 출발합니다. 여기서 물론 두 가지 측면이 구분되어야
지요. 그 한 측면은 독일인의 존재성을 문화적 내용으로 정의하자
는 것입니다. 여기에 속하는 것이 바로 음악, 문학, 철학의 고전들
이지요. 독일 사람들은 이렇게 일종의 엘리트주의적인 문화개념에
아주 높은 가치를 둡니다. 반면에 여기 포함되지 않는 또 다른 내
용이 바로 영미 전통에서 중요한 몫을 하는 정치적 자유개념입니
다. 영국인이나 미국인의 자의식은 상당 부분 시민으로서의, 시민
사회 구성원으로서의 그것인데, 독일인의 경우 이것이 비교적 약한
편입니다.

또 다른 측면으로는 동질성에 대한 무비판적인 전제입니다. 독
일 사람의 특성에 대해서는 누구나 잘 알고 있어서 따로 논의할 필
요조차 없다는 것이지요. 예를 들어 어떤 특정한 표상이나 언어표
현 방식 같은 것이 그렇습니다.

여기에 덧붙여 어떤 민족의 특성을 정의하는 또 다른 방법이 있
는데 바로 자유권과 민주주의를 위한 투쟁의 역사를 통해서 정의
하는 것이지요. 그러나 독일에 이러한 전통은 사실 없습니다. 민주
주의는 나치의 테러정권을 몰아내고 자유를 찾아준 미국이 선물로
준 것입니다. 또 독일에서 눈에 띄는 자의식의 내용 중 하나는 이
방인들과의 경계짓기입니다. 이방인이 어떤 집단이든, 그것이 유태

인이든 아니면 터키인이든, 이들에 대해 이야기할 때마다 우리와는 다른 사람들이다, 뭐 이런 전제를 아주 묘한 방식으로 암시하곤 하지요. 오늘날과 같은 다문화, 다인종 사회에서는 유태계 독일사람, 터키계 독일 사람이 있는 것이 당연한 일이고 독일의 정체성에도 이런 민족적 다양성이 포함되어야 하는데도 앞서 말한 것과 같은 표현방식은 아직 그렇지 못하다는 것의 반증이지요.

자, 위에 든 두 가지 측면을 좀더 자세히 살펴봅시다. 그러니까 문화민족이라는 비정치적인 측면과 다른 한편으로는 암묵적인 동질성을 전제하는 본질주의적 측면입니다. 왜 이렇게 서로 다른 차원, 모순적인 측면들이 있냐고요? 그 가장 큰 이유는 독일이 제2차 세계대전 이후 자신의 정체성에 대한 성찰과 논의를 게을리 한 탓이지요. 나치즘은 독일의 정체성을 인종주의적으로 정의했어요. 종전 이후 이 인종주의가 문화적 정체성으로 대체되었고, 우린 아직 거기에 머물러 있지요. 지금이야말로 스스로 개방할 때입니다. 본질주의적인 자기 오해를 극복하고 문화적 동질성을 넘어선 세계 개방적인 독일에 대한 논의를 시작할 필요가 있어요. 오늘날까지 독일적인 민족의식의 내면적인 다원성에 대해 심각한 논의를 하지 못한 만큼 말입니다.

▶ 당신을 독일 사람으로 만드는 것은?

한마디로 어디서 왔느냐는 것이지요. 특히 내겐 누가 뭐라고 해도 결코 포기할 수 없는 모국어 때문에라도 그래요. 내가 업으로 삼는 저작활동을 가능하게 해주잖아요? 특히 우리 사회학에서 의식적인 형상화의 수단으로서의 언어 활용은 모국어에 깊이 뿌리박고 있지 못하면 불가능하거든요. 그게 어떤 언어든지요. 외국에 가면 금세 이런 점이 드러나지요. 예를 들어 내가 비교적 자유롭게 구사하는 외국어인 영어와 내 모국어인 독일어를 비교해보면 그 표현 가능성은 엄청난 차이가 있어요. 제게 언어란 당연히 현실파악의 방식과 밀접한 연관이 있거든요.

또 다른 차원은 하버마스나 다른 분들이 지적한 '헌법 애국주의(Verfassungspatriotismus)'입니다. 물론 이것은 비록 본질적이고 필수불가결한 것이긴 하지만 그렇다고 여기에 동일시해서 정체감을 얻기엔 부족해요. 뭐랄까, 따뜻함이 없거든요. 그래도 이쯤에서 출발할 수 있다고 생각하는 까닭은 여기서 공동체 정신이랄까, 뭐 그런 의미에서 분명한 공동체적 정체감을 얻을 수 있거든요. 그런데 한 가지 짚고 넘어가지 않을 수 없는 것은 그것이 결코 민족성에 국한되어서는 안 된다는 점입니다. 여기에 세계시민성, 즉 '사해동포주의(Cosmopolitanismus)'가 포함되어야 하거든요. 이렇게 민족성과 세계시민성을 결합하려는 의식, 그것도 다양성을 당혹감이나 필연성으로가 아니라 창의성과 생산성의 원천으로 인지하는 데서 출발한 의식이 중요합니다. 불행히도 세계 개방성은 독일 사람들의 자의식에 아직 제대로 자리 잡지 못하고 있습니다. 독일 계몽주의 전통에서 일찍이 충분히 개진된 사상인데도 말이에요. 하이네가 이렇게 말한 적이 있지요. "18~19세기 동안 벌어진 민족주의와 사해동포주의의 관계에 대한 독일의 논쟁이야말로 독일 사람들이 당대에 이바지한 점"이라고요. 바로 이 전통이 독일 사람들의 민족의식에 영향을 주었다고 봅니다만.

▶ 독일의 존립 이상은?

물론 독일에도 다른 여느 나라나 마찬가지로 민주주의 전통이 있습니다. 비록 민주혁명의 경험은 없지만, 일찍이 프랑크푸르트의 파울스 교회에서 국민회의가 열리면서 헌법논쟁이 시작되었습니다. 아직 당대에 지배적이었던 민족주의적인 색깔이 농후하긴 했지만요. 또 독일에는 칸트의 계몽주의 이래로 세계에 개방적인 자기비판의 전통이 면면히 이어지고 있지요. 그 문학적인 산물이 하이네, 브레히트, 한나 아렌트부터 시작해서 현대 비판이론과 하버마스까지 이어지고 있고요. 많은 철학자들도 이 전통에 속합니다. 저도 마찬가지고요. 이런 자기비판 전통의 근거는 앞서 이야기한 것과 비슷합니다. 일종의 보편주의와 특수주의의 결합으로서 정치적으로나 문화적으로 유럽의 사회사에 뿌리를 두고 있으며 인권, 헌법정신, 법질서, 민주주의 원칙들과 밀접한 연관이 있습니다.

자기비판은 개방성을 전제로 합니다. 여기엔 나름대로 자의식이 기초를 이루어야지요. 독일의 자의식은, 우리 세대로만 보자면 무엇보다도 먼저 나치의 인류적 범죄인 홀로코스트(Holocaust)에 대한 비판적인 성찰에서부터 시작되며 이것이 우리 정체성의 주된 내용을 이룹니다. 이 주장은 좀더 설명을 요하는데, 그걸 위해 민족주의라는 개념에 대해 설명해보죠. 민족이란 주로 가해자로서보다는 피해자로 정의될 때가 많습니다. 그러니까 민족주의는 대개 피해자들의 이데올로기입니다. 다른 집단에 의해 위협받고 또 심지어 종속되면서 그 다른 집단에 대해 거부감을 느끼게 되고, 거기에서부터 민족의식은 싹틉니다. 그런데 종전 이후 독일에서는 이런 시각의 전환이 일어나지 않을 수 없었지요. 가해자 민족, 범죄민족, 이런 것들이 민족주의 정의의 핵심이 됩니다. 바로 이런 시각전환, 곧 상상을 초월한 인류적 범죄에 대한 죄의식에 대한 성찰, 이것이 우리의 정체성 형성에 주요한 내용으로 도입된 것입니다. 내 생각으로는 비단 나치 역사뿐 아니라 독일 역사 전반, 그러니까 괴테에서 히틀러, 하이네에서 울브리히트까지를 모두 포괄한 성찰에 바탕을 둔 세계 개방적인 자의식 형성의 내용이 되어야 한다고 생각합니다만.

▶ 독일과 다른 국민국가들의 다른 점은?

가장 다른 점은 앞에서도 언급했지만 문화민족이라는 의미에 비해 정치적 민주주의, 자유주의의 의미가 희박하다는 것입니다. 하지만 오늘날 독일 사람들의 의식상태를 놓고 보면, 대다수가 다른 유럽 국가들에 비해 민족의식이 그다지 강하지 않다는 점도 지적할 수 있습니다. 하기는 민족의식이란 것이 좀 불분명한 데다가 부정적인 개념이기도 합니다. 무엇을 민족의식이라고 하느냐에 대해서 논란이 많잖아요. 아무튼 다른 나라에서는 나름대로 해당 민족국가의 여러 요소들에 대해 아주 당연하게 동일시하고 정체감을 얻는 긍정적인 측면이 많은데, 독일은 그게 쉽지 않지요. 예를 들어 국가(國歌)에서부터 군(軍) 행사에 이르기까지 무척 곤혹스럽게 받아들이는 것만 봐도 그래요. 이렇게 독일 사람들이 자신의 민족국가에 대해 동일시하기 어렵게 된 것과 개인화 경향이 농후하게 된 것은 밀접한 연관이 있지요. 이것은 철저히 개인 의견입니다만, 나로서는 제 개인사와 민족역사 사이의 연관을 찾는 일이 아주 어렵게만 느껴집니다. 물론 이런 개인화된 자기 이해는 잘만 하면 앞서 주장한 세계시민의식 형성에는 좋은 기초가 될 수도 있겠지요.

▶ 오늘날 국민국가의 과제는?

이 질문은 정말 지겨울 만큼 날마다 신문에 나오는 것입니다. 그러면서도 이 물음이 제기하는 문제를 정치적으로 다루는 차원과 국민국가들 내부에서 다루는 방식 사이에는 일종의 간극과 모순이 있는 것 같습니다. 우리가 직면하고 있는 이상기후 재난이나 지구화된 테러, 범죄, 이동성, 빈곤이나 위험에 대한 기술 등의 문제들은 점점 더 심각해지고 일종의 세계적 문제성을 띠고 있지요. 다른 한편 이런 문제들은 대도시의 어디에서나 늘 작은 규모로 일어납니다. 오늘날 세상의 모순이 눈앞의 문제로 벌어지는 거지요. 그렇지만 문제를 해결하려면 문제 자체의 지구화된 특성 때문에라도 국민국가 차원을 넘어서버립니다.

또 다른 문제는 국민국가가 처음부터 내적 동질성을 전제하고 있고 그 정치적 과정과 조직 또한 동질성을 근거로 하고 있는 반면, 그 국민국가 내부에는 이미 지구화된 생활형식, 종교, 정치문화 등이 깊숙이 자리 잡고 있다는 점입니다. 사람들은 점점 더 초(超)국가적이고 다(多)국가적인 정체감을 갖게 마련입니다. 이것은 비단 상류층의 사람들에게만 해당되는 것이 아니라 거의 같은 수준으로 사회적 약자들에게도 해당됩니다. 예를 들어 이주노동자, 망명신청자, 불법 체류자 등을 생각해보세요. 이들은 모두 다양한 문화 사이에서 살 수밖에 없습니다. 그러니 동질성이라는 국민국가의 전제는, 국민국가 내부에 이미 진행되고 있는 경험과 기대 수준의 지구화와 모순될 수밖에요. 우리는 아직도 '터키계 독일인'이나 '독일 태생 터키인' 등 어떤 특정한 국민국가의 틀에 따라 우리 이웃을 배타적으로 구분합니다. 이런 구분이 아니라 이들을 생활에서나 의식에서, 그리고 개인의 기대나 사회적 연계망에서 '터키인이며 독일인'이라고 보고, 바로 이것을 초국가적인 정체성이 발전할 수 있는 도전과 자원으로 받아들여야 하는데도 말입니다.

세번째 문제영역은 말도 많고 탈도 많은 지구화, 특히 경제적 지구화입니다. 국민국가들은 진작부터 초국가적인 기구들, 초국가적인 제도들, 그리고 다국적 기업들과 관계하지 않을 수 없습니다. 특히 문제가 되는 것은 그러면서도 국가들은 전통적인 주권의식에서 출발하며, 많은 경우 허구(虛構)뿐인 주권의식을 강조한다는 점입니다. 국민국가의 주권이란 상당 정도 비현실적인 개념이에요. 왜냐하면 국가들이야말로 국제간 협력에서 처음부터 그 주체이며, 주권을 넘어선 차원의 행동이 불가피하지 않습니까? 이 주권의식은 이제 국민국가의 경계를 넘어 행동반경을 넓히려고 할 때 오히려 결정적인 걸림돌로 작용합니다. 뿐만 아니라 지구촌 문제에 개방적으로 대처하고 국민국가에 국한되지 않은 새로운 국가의 성격을 발전시키려고 할 때도 장애요소가 됩니다. 국민국가는 주권과 자율성의 균형에 의거해서 존립합니다. 국민국가의 시각에서 보면 경제적 상호의존성, 문화적 다양성, 군사 및 법률, 기술 분야의 협력을 추구하는 것 자체가 자율성과 주권의 침해가 되지요. 그렇지만 주권을 그 정치적 성과에 의해 평가하면 전혀 다른 양상이 됩니다. 자율성의 약화가 주권의 강화가 되는 경우지요. 아무튼 전통적 국민국가 경계 안에 매몰된 국가들은 탈국가적인 세상에서 발생한 문제들을 해결해야 하는 불가능한 과제를 안게 됩니다. 반면에 적극적으로 지구화에 개방된 국가들은 같은 문제를 국민국가 경계 안팎의 다른 국가들과 연대할 필요성에서 출발하여 해결하려고 합니다. 거기에서 자신의 자기결정권을 제한하거나 부정하지 않으면서도 다른 국가들의 책임과 자기결정권을 충분히 고려하게 됩니다. 이를 통해 국민국가의 과대망상적인 시각에서 벗어나 지구정치와의 직접적인 관련하에서 문제해결에 나설 수 있게 되는 거지요.

물론 지구화에 즈음해서 올바른 대응책을 찾는다는 것은 모든 나라에 커다란 도전일 수밖에 없어요. 그렇다고 전통적인 국민국가의 틀에 머물 것이냐, 아니면 정부 없는 지배냐 하는 식의 양자택

일은 아니에요. 세계 개방적인 국가란 미국이나 유엔의 기구로서 세계정부와 같은 역할을 하는 지구화된 국가를 뜻하는 것이 아닙니다. 그보다는 탈국가적인 국가로서 상호협력의 연계망에 자리하고 다양한 민족적 시각을 수용하며 다른 이들의 다름을 인정하는 그런 국가를 창출하자는 뜻이지요.

▶ 국민국가의 앞날은?

이 질문은 그 자체로 문제가 많아요. 그동안 국민국가의 종말에 대해 오류투성이의 논쟁을 벌였어요. 국민국가는 몰락할 것이다, 종말을 고한다, 이건 아니에요. 오히려 그 반대입니다. 국민국가가 새로운 의미를 획득할 수 있는 원천은 많답니다. 예를 들어 국민국가야말로 아직 민주주의가 실현되고 공공성을 통한 지배가 보장되는 유일한 장소입니다. 비록 다국적 기업이 전 지구적으로 조직되어 활동하고 그 활동영역을 넓혀가고는 있지만 여전히 사람들은 자신의 고향에서 그것을 정치적 공간으로 삼아 자아실현을 하고 정체성을 획득합니다. 그리고 누가 뭐래도 그것이 어떤 형태로 어떤 맥락에서 무슨 의미로 그렇든간에 민족적 정체성은 인간에게 가장 핵심적인 것이고요. 그리고 불만이 있다면 대부분 사람들은 그 책임을 해당 정부에 돌리잖아요. 그리고 거의 모든 논쟁은 국가 차원에서 벌어집니다. 그러니 국민국가의 종말을 서둘러 이야기하는 것은 잘못입니다. 물론 그렇다고 국민국가가 지금까지처럼 더 발전해나갈 것이고, 미래가 있다고 주장하는 것도 잘못이에요. 그러니까 국민국가의 종말이냐 발전이냐 하는 양자택일적 사고에 오류가 있다는 뜻입니다. 지금 필요한 것은 국가에 대한 다른 관점이에요. 우리는 아직 국민국가 중심적이 시각에서 세상을 보기 때문에 온전한 세계상을 파악하지 못합니다. 21세기의 벽두인 지금, 일종의 세계 개방적인 시각으로의 전환이 요구됩니다. 국민국가에서 세계 개방적인 지평으로 시각을 확대해나가야 합니다. 무엇보다 유럽의 국민국가들 이외에도 얼마든지 고려할 만한 다른 경험과 시각이 있다는 것을 인정하는 것이 중요하지요.

캐묻기

▶ 당신 말대로 예전에는 국가가 부를 분배할 수 있었습니다. 하지만 오늘날에는, 특히 세금 수입의 감소에 따라, 이 또한 제대로 하지 못하는 나라가 대부분입니다. 대기업들은 국가가 자신들에게 세금 혜택이나 투자 및 생산조건의 특혜를 보장할 때만 국가에 충성합니다. 이렇게 대기업들이 세금정책이나 무역정책, 나아가 실업이나 환경과 관련된 법 제정에까지 영향을 미치는 것은 국가나 국민에게 어떤 위협이 되고 있습니까?

먼저 경제학자들은 통상적으로 지구화를 국가간 무역이라는 지표로 판단한다는 사실을 유념할 필요가 있습니다. 이 지표로 본다면 지구화는 요 몇 년 사이 그다지 뚜렷하게 확산되지 못하고 있는 실정입니다. 왜냐하면 이미 지난 20세기 초반에 유럽, 아시아, 남아메리카 등의 특정 지역에서는 국제무역량이 최고조에 달한 바 있거든요. 그렇다고 그때보다 크게 달라진 게 없다는 결론은 아주 잘못된 것입니다. 오늘날 생산이나 무역의 주체인 대기업들은 주로 국제적 연계나 초국가적 무역을 통해 활동하고 있는데, 이것은 전통적인 경제학자들의 잣대로는 파악되지 않거든요.

범국가적 무역은 국가와 국가의 경계를 넘나들지만 기업으로서는 내부 거래가 될 때가 많아요. 대기업들의 생산이나 무역구조가 워낙 다국적으로 연계되어 여러 대륙, 여러 나라로 분산되어 있지 않습니까? 이렇게 기업 내 거래는 기존 국제 무역의 양상으로 진행되고 있지만, 이 부분은 통상적인 무역통계로는 잡히지 않습니다.

상품을 사고파는 게 아니라 그저 주고받는 형태이기 때문이지요. 이것이야말로 대기업의 전략적 강점이지요. 이렇게 해서 무역에 관한 규제나 통계를 포함한 국제 무역의 여러 장벽들을 우회할 수 있기 때문입니다. 대충 잡아봐도 전체 무역량의 약 40% 이상이 이런 기업 내 거래로 채워지고 있다고 합니다. 대기업들은 이렇게 전통적인 국가의 미래계획 가능성을 약화시키고 국제사회에서 자신들의 권력과 위상을 높여가고 있습니다. 이를 통해 국가의 의미는 상대적으로 약화되어 그 위협은 점점 더 커지고 있고요.

▶ 국가는 이런 위협에 어떻게 대처해야 할까요?

국가의 행동력은 앞으로 여타의 국내 문제 해결과 마찬가지로 얼마큼 국제적 맥락과 연계하에 발휘되느냐에 달려 있습니다. 국내 문제들도 상당 부분 지구적인 원인에서 발생한 것이 많지 않습니까? 예를 들어 알프스 산맥의 만년설이 녹아내리는 것은 분명히 국제적인 기후변화가 원인이란 말이지요. 이런 문제는 해당 지역인 바이에른 주정부나 베를린 독일 연방정부가 홀로 해결할 수 없는 만큼, 범유럽 차원에서 대처해야지요. 이런 종류의 문제는 국제적인, 지구촌 차원의 구속력 있는 합의를 통해 해결해나갈 수밖에 없어요. 경우에 따라서는 초강대국인 미국과의 관계하에서만 해결 가능하지요. 이제 이런 범국가적인 연계망에서 행동하고 상호 작용할 수 있는 정부만이 국내 문제도 잘 해결할 수 있다고 봅니다. 이것을 국민국가의 주권과 자율성의 침해라고 보는 것은 잘못된 해석이고요. 이제 한 국가의 행동 능력은 기존의 협애한 자율성, 민족 정체성, 주권 개념을 넘어선 차원에서 발휘되는 것입니다.
또한 국가의 범국가 차원의 세계 개방성은 많은 비용을 절감할 수 있게 해줍니다. 어떤 문제해결을 위해 다른 나라 정부, 또는 비정부기구의 역량을 충분히 활용할 수 있기 때문이지요. 또 공동의 문제해결을 위해 발생하는 비용을 서로 나눔으로써 절약할 수도 있고요. 비정부기구의 전문 인력을 자원봉사 차원에서 비용을 들이지 않고 동원할 수도 있잖아요. 물론 이렇게 세상을 국가의 좁은 틀을 넘어 세계 개방적 시각으로 보더라도, 아직도 국가가 국민국가라는 전통논리에 근거하여 행동하며 다른 국가에 대한 확연한 경계짓기를 통해 그 행동범위를 규정하고 있다는 현실은 엄연히 존재합니다. 하지만 다른 한편, 국민국가들이 국제정치의 권력 놀음에 주도적 역할을 하던 과거로의 회귀가 이제 더 이상 있을 수 없다는 것도 분명한 사실입니다.

▶ 당신은 구(舊)유고연방이나 아프가니스탄 등의 예처럼 한 국가의 문제해결에 다른 국가들이 간섭하고 때로는 군사적인 개입조차 마다하지 않는 현실에 대해서는 어떻게 평가하나요?

인권을 최우선 가치로 하는 국제적 영향력을 가진 기구가 지난 제2차세계대전 이후 세계질서에 개입하고 있습니다. 그 결과 웬만한 국민국가들은 그 주권행사에 제한을 받지 않을 수 없었고요. 어떤 국가든 그 국민의 세계시민적 권리를 침해하게 되면 그 국가는 앞으로 자신의 의사에 반하더라도 국제사회에서 인본주의적 차원의 간섭을 받게 될 것입니다. 한 국가가 다른 국가들의 집단, 또는 비정부기구들의 개입을 통해 내정에 간섭을 받고, 경우에 따라서는 어떤 정책수행에 제한을 받게된 것이지요. 국제 인권단체들이 어떤 나라의 인권상황을 비판하게 되면, 해당국가의 정당성 기반이나 다른 나라와의 갈등관계에 지대한 영향을 미치게 되지요. 이런 점은 긍정적으로 평가할 수 있고, 또 오늘날 드물지 않게 일어나는 현상이기도 합니다. 하지만 동전의 양면처럼 그 이면에는 민주주의와 인권이라는 미명 아래 특정 개별 국가나 국가집단이 스스로 선한 쪽이라고 정의하고 벌이는 새로운 십자군 전쟁과 같은 부작용이 있을 수도 있습니다. 특히 인권이라는 정당성의 잣대로 공공연한 군사적 개입 가능성을 제도화하는 수준에 이르게 되면 그 적법성에 문제가 발생하지요. 요컨대 정의로운 전쟁의 깃발을 올려서 지키려고 하는 것이 과연 인권인가 하는 물음이 제기된다는 것입니다. 하지만 정의로운 전쟁이라는 개념 자체가 중세의 것이잖아요. 이 개념은 어떤 종교집단이 스스로 선과 도덕을 표방하고 그 밖의 모든 타집단을 공격하는 데 사용되어왔죠.

이렇게 볼 때 이른바 인권이라는 것이 어쩌다 본말이 전도되어 악용되고 있다는 것을 알 수 있습니다. 어떤 특정 강대국이 사실은 자신의 경제적·지정학적인 이익을 위해서, 인권과 같은 도덕적 가치의 보존을 빌미로 다른 나라들을 공격하는 경우가 그렇지요. 마치 예전의 제국이 그랬듯이 말입니다.

▶ 전 지구적인 기구들, 특히 비정부기구들이 부분적으로 국가의 과제를 대신하고 있다는 이야기를 나누었습니다. 하지만 이런 기구들은 얼마나 정당성을 갖추고 있습니까? 이런 기구들이 도대체 민주적 정당성을 갖출 수는 있나요?

지금까지의 모든 정치이론은 주로 계약론에서 출발합니다. 예를 들어 자유주의자들은 지구적 질서의 정당성 또한 계약이론에 근거해서 설명합니다. 국민국가들이 계약의 주체로서 전 지구적인 지배질서를 민주적으로 합의하고, 계약에 의해 정당성을 부여한다는 것이지요. 여기 준해서 보자면 국민들이 국민국가의 차원에서 국가에 정당성을 부여하듯이, 개별 국가들이 범국가 및 초국가적 기구에 정당성을 부여한다고 할 수 있습니다. 계약이라는 것을 근거로 말입니다. 하지만 이 모델은 처음부터 국민국가의 시각을 전제하고 있습니다. 국가적 차원의 민주주의가 지구적 차원에서도 똑같이 그 정당성의 근거가 된다는 뜻인데, 이는 원칙적 이유에서도 더 이상 적용되기 어렵습니다.

▶ 왜 그렇지요?

  인권문제나 환경문제 같은 과제해결에 어떻게 최종적인 결정을 도출해낼 수 있겠습니까? 예를 들어 인권문제를 봅시다. 아직까지 인권문제를 최종적으로 결정하고 합의를 도출해낼 수 있는 기관은 없어요. 개별 국가의 의회에서 각각 그렇게 했다고 합시다. 하지만 이것은 거듭 기존의 국민국가 차원을 넘지 못합니다. 아무튼 인권원칙의 전 지구적 질서문제라고 해봅시다. 이에 대한 민주적 정당성을 어떻게 확보하지요? 이 과제를 해결하려면 기존의 국민과 개별 국가 내 의회라는 틀을 넘어서 세계시민, 그리고 지구촌 의회로 사고의 지평을 넓혀야만 합니다. 물론 그게 어떤 모습일지는 나도 잘 모르겠지만, 적어도 전제해볼 수는 있단 말입니다.
  자, 우리 생각을 더 개진하기 전에 인권의 본질에 대해 몇 가지 성찰해봅시다. 여기서 흥미로운 것은 인권의 주체는 국가가 아니라 개인이라는 점이에요. 인권은 그러니까 국가에 대해 개인의 권리를 강화하자는 뜻입니다. 이것이야말로 전 지구적인 차원에서 상상해볼 수 있는 핵심적인, 그리고 극단적인 개인화의 원칙입니다. 그렇다면 이제 인권과 지구촌 의회를 연관시켜 생각해봅시다. 이번에는 거꾸로 말입니다. 인권을 부정하는 지구촌 의회가 있을 수 있나요? 없겠지요. 물론 어떤 특정한 맥락에서 인권의 보편성을 놓고 논란이 있을 수는 있겠지만, 인권 자체에 대한 부정은 어떤 정당성도 얻지 못할 것입니다. 결론적으로 전 지구적인 질서는 결의에 의해서가 아니라 합의에 의해서만 정당성을 부여받을 수 있다는 것입니다. 인권은 규범적인 가치이며 근거입니다. 이런 것은 결의로 결정되는 것이 아니지요. 민주적 절차 대신 규범적인 합의를 전제하는 일종의 자기 정당성을 부여하는 것입니다.

▶ 그렇지만 다수결 원칙에 따른 자유 투표에 의한 결의가 민주주의의 근간이 아닌가요?

물론 미래의 세계정부를 상상해본다면 이 점은 우려하지 않을 수 없는 것이기도 합니다. 인권보장이나 환경보존 등 선하고도 중요한 가치들이 중심에 서는 그런 체제가 민주질서와 경쟁할 수도 있고, 경우에 따라서는 잠재적으로 민주주의를 부정할 수도 있거든요. 그래서 일종의 변형된 형태의 세계정부를 생각해보았습니다. 예를 들어 영국 사회학자 헬드가 주장한 세계 개방적 민주주의 개념이 그것입니다. 칸트 전통에 따라 전 지구적인 공동생활의 사회 구성적인 규칙을 상정하자는 것이지요. 칸트는 특정한 이성의 원칙에 따라 규칙을 도출했잖아요. 이를 현대 정치이론에서는 법구성주의라고 합니다. 여기에 근거하여 국가적 법질서나 민주주의의 장이 가능했습니다. 그런데 전 지구적 질서는 그 자체로 민주적 정당성이 아닌 자기 정당성에 근거하며, 동시에 거대한 권력의 장을 만들 수 있다는 것입니다.

▶ 유럽연합이 그런 세계 개방적 정부의 기초가 될 수 있을까요? 개별 국가들과 유럽연합의 관계는 어떻게 평가할 수 있을까요?

개인적으로는 유럽연합을 범국가 연합의 실험으로 보고 싶습니다. 그렇지만 내가 범국가적 연합으로 상상하는 유럽과 유럽의 정치인들이나 정치학자들이 이해하고 있는 유럽은 좀 다릅니다. 물론 유럽이라고 할 때 각자가 그리는 상(像)이나 관점들은 다양합니다. 하지만 근본적으로는 대개 두 가지의 관점이 대립합니다. 하나는 각각의 조국들을 합쳐놓은 유럽이지요. 여기서 유럽이란 유럽에 기왕 존재하는 국민국가들의 합체를 뜻하죠. 이 유럽에는 고유의 독자적인 정체성이 없습니다. 각각의 조국들, 국민국가들이 그 정체성을 이루니까요. 다른 하나는 유럽 자체를 거대한 국민국가로 이해하는 방식입니다. 개별 국민국가는 해체되고 각각의 주권과 자율성은 유럽국이라는 새로운 거대한 조직체에 위임됩니다. 이 경우 미국 비슷한 유럽연방 공화국이 되거나, 아니면 언젠가 독일 외무장관 피셔가 주장했듯이 독일식 연방국가가 되는 겁니다.

내 생각에는 두 가지 관점 모두 아직 국민국가의 패러다임에 고착되어 있습니다. 진정 범국가적인 유럽이라면 범국가적인 정체성을 기초로 삼아야 합니다. 진정 유럽적인 것은 바로 서로 다른 전통에 뿌리를 둔 민족들의 독자적인 다양성입니다. 민족적 다양성과 같이 매우 혼합적인 것이 바로 유럽적인 정체성이 될 것입니다. 그러니까 범국가적 유럽의 정체성이란 다양한 법질서, 다양한 민족적·정치적인 문화, 그리고 다양한 공공성 등을 포괄할 수 있는, 한마디로 이야기해서 '관용'을 그 기본 틀로 해야 한다는 뜻입니다. 물론 그러면서도 여전히 기존의 국민국가 차원에서 결정되어야 할 문제와 범국가체제에서 결정되어야 할 문제, 그리고 양자간의 적절한 상호관계 등에 대한 합의는 있어야겠지요. 이렇게 되면 정치학자들이 흔히 말하는 일종의 다차원적 모델의 국가가 되는 것입니다. 세계 개방주의를 바탕으로 하는 세계시민성을 강조하는 내용적 표상을 갖되, 민족적 정체성을 아주 포기하는 것은 아닌 그런 모델이지요.

▶ 아직은 모호하기만 한 세계 개방주의가 20세기까지 세계를 풍미한 국민국가를 대체할 수 있다고 추정하는 근거는 무엇입니까?

세계 개방주의는 무엇보다도 지금 유럽연합 내에서 두드러지는 관료주의적 획일화에 대한 비판이기도 합니다. 관료화의 폐해는 지금 아주 심각한 지경입니다. 예를 들어 그리스 특산물인 '레치나(Retsina)' 포도주는 송진 함유량을 유럽 기준에 따라 낮추어야 했습니다. 사실은 그것이 이 포도주의 맛을 결정하는데도 말입니다. 이런 데서 거대국가의 중앙 집중적인 관료주의 문제점이 확연히 드러납니다. 범국가로서의 유럽은 그리스라는 지역과 그 상징인 포도주와 같은 고유한 문화적 특성을 존중해야 합니다. 모든 지역과 국가의 특수성을 인정하는 것이 세계 개방적 정체성의 본질적 요소란 말입니다. 이런 정체성이라면 많은 유럽 사람들을 매료시킬 겁니다. 저도 마찬가지고요. 다양성과 이질성을 포기하는 것이 아니라 이것을 바탕으로 보편화한 정체성이라, 매력적이지 않습니까? 아울러 범국가적이고 세계 개방적인 유럽은 특히 동유럽적인 것을 유럽적 정체성에 포괄할 때야 가능하지 않나 생각합니다.

▶ 그런 유럽연합은 언제나 가능할까요? 얼마 전 통화를 통합했는데, 옳은 방향으로 가고 있는 건가요? 다음 단계는 무엇일까요?

통화통합은 옳은 방향으로 가는 중요한 단계였다고 믿습니다. 우선 모든 유럽 사람들이 공유하는 구체적 사실(faktum)을 하나 만든 것이지 않습니까? 이것은 유럽 정치와 유럽 정체성에 중요한 출발이 되겠지요. 물론 이 공용 화폐단위의 도입은 일련의 위험성 또한 동반합니다. 유로는 많은 부수된 문제들을 포함한 일종의 자체 동력을 갖게 되었습니다. 이것은 거듭 정치적인 해결을 필요로 하고요. 예를 들어 각 나라의 노동시장이 서로 갈등을 빚습니다. 벌써 법조인, 의사, 숙련 기술 노동력 등은 유럽 전체 차원의 상호 경쟁 체제에 나섰습니다. 이를 해결하기 위한 정치적 규제가 요구되는 것입니다. 바로 여기 상호 연대성에 기초를 둔, 위험성을 정의하고 문제성을 함께 해결할 수 있는 잠재력을 개발할 수 있느냐에 앞으로 행동력 있는 유럽이 발전할 수 있느냐가 달려 있습니다. 어쩌면 이런 문제에서부터 분열이 시작되고 큰 위기가 닥칠 수도 있어요. 아니면 부단히 정치적인 결정과 통제를 강제하고 그 과정에 승복하여 문제를 극복해내든지 말입니다.

▶ 그렇다면 유럽연합 차원의 민주주의는 어떤 것일까요?

아직 민주적인 유럽은 존재하지 않는다고 봐야지요. 만약 지금의 유럽연합이 새로운 신청국의 가입을 결정할 때 하는 것처럼 그렇게 스스로 가입신청을 한다면 유럽연합의 가입은 아마 기각되거나 거부될걸요. 특정 국가들의 국내 민주화 상황이 아직 유럽연합이 규정하는 기준에 미달한다는 이유로 신청자격을 주지 않는 것처럼 말입니다. 하지만 유럽연합은 이제 시작단계에 불과해요. 예를 들어 앞으로 각 나라 의회에서 활동하면서 유럽 의회에서도 활동하는 정당들이 생겨나면서 각 나라 의회에서도 유럽연합의 과제를 논의하는 때가 올 것입니다.

▶ 유럽연합에 동구권 국가들이 가입하게 되며, 또 앞으로 유럽연합에 통합되기 어려운 국가들도 가입을 원하고 있습니다. 이것이 탈국민국가적이고 세계 개방적인 유럽으로의 발전일까요?

내 생각에는 유럽은 이런 방향으로 새로운 현실을 창조할 수 있는 좋은 기회를 맞고 있습니다. 특히 동유럽 국가들의 가입으로 유럽이라는 정치적 기획에 획기적인 계기가 마련될 것이고 아울러 새로운 동력이 생길 겁니다. 그 새로운 동력은 비단 공간의 확장에서뿐 아니라 역사적 조건의 다양성에서, 그리고 강제에서 나오는 것이지요. 이제 중요한 것은 어떻게 다양한 생활양식의 이질성을 포괄하느냐입니다. 이를 통해 일종의 정치적 동력이 생성될 수 있지요. 즉, 지금까지 유럽연합에서 중심적 역할을 했던 국가들이 앞으로 이와 같은 정치적 발전을 위해 좀더 개방적이 되어야 할 것입니다. 그 전제가 되는 것이 방금 한 것처럼 유럽이 인권을 바탕으로 지구촌 다른 지역에 대해서도 의무를 다하는 다양성을 갖추는 일입니다.

정치적으로는 여기에 저항하는 오랜 전통이 있지요. 예를 들어 재(再)국가화, 재(再)종족화의 경향이 그것입니다. 우리가 바라는 유럽이라는 기획에 반대되는 것이지요. 또 잊지 말아야 할 것은 지구화를 통해 사람들이 얼마나 많은 공포와 불안을 느끼는지 하는 것입니다. 바로 이런 공포와 불안을 정치적 재국가화나 재종족화 운동들이 악용하지요. 오스트리아와 이탈리아에서 극우정당이 성공한 것이 그 단적인 예가 되겠지요. 심지어 영국에서조차 보수당이 거의 인종차별주의적인 정책을 내세우잖아요. 그 배경이 바로 9.11

테러사건입니다만.

▶ 지금 이야기한 9.11 테러를 어떻게 봅니까?

　우선 이 사건은 서구의 평화와 안전은 결코 지구촌 다른 지역의
갈등과 공존할 수 없다는 사실을 명백히 해준 세계사적 사건입니
다. 이 사건을 통해 이제 그 누구도 벗어날 수 없는 전 지구적인 책
임성의 맥락 안에 우리가 살고 있다는 사실이 분명히 드러났지요.
이런 테러 위협에 대한 올바른 대응은 말할 것도 없이 세계 개방주
의뿐입니다. 즉, 우리 누구나가 어디에서 왔건 어디에 살건 잘 살고
사랑하며 모두가 제 권리를 갖고 살 수 있는 세상을 만들겠다는 이
상이 그것입니다.

▶ 당신과 인터뷰한 내용을 담은 책인 『자유냐 자본이냐』에서 당신은
　세계 개방주의의 적에 대해 언급하고 있습니다. 한 국가든, 유럽이
　든, 세계 시민사회든 이런 적이 필요한 걸까요?

　아니요, 결코 그렇지 않습니다. 세계 개방주의는 우선 다름을 인
정하는 데에서 출발합니다. 그 다름은 종족적인 정체성일 수도 있고,
국가적인 정체성일 수도 있지요. 흔히 모든 인간의 평등을 강조하는
보편주의에 비해 세계 개방주의는 다양성, 다원성을 강조합니다.
　보편주의는 사회에 대한 특정 이론을 발생시킨 특정 사회관계나
역사적 경험에서 출발합니다. 미국 사회학이 그 좋은 예지요. 여기
서는 미국 외 모든 사회들도 미국사회와 유사하다고 전제합니다.
다만 다른 사회들은 미국 사회보다 더 가난하고, 덜 현대화되었을
뿐이라는 거지요. 이런 보편성의 전제는 역사적 배경이나 경험으로

볼 때 비판받아 마땅합니다. 그래서 세계 개방주의, 또는 지구촌주의는 다르게 접근하자는 거지요. 즉, 현대화의 길은 혁명이든, 해방전쟁이든 여러 갈래며, 현대성 또한 다양하다는 인식을 전제로 말입니다. 이렇게 보면 결코 어떤 사회가 다른 사회보다 우월한 위치를 차지할 수는 없는 거지요.

마찬가지로 세계 개방주의 관점에서 보면 적이란 없습니다. 왜냐하면 우리가 살고 있는 시대는 역사에 대해, 그리고 현대의 미래에 대해 다양한 시각이 공존하는 때니까요.

▶ 『지구화 시대 권력과 반(反)권력』이라는 책에서 당신은 세계 개방주의 시각에서 쓴 '비판이론'을 피력하고 있는데, 이것은 구체적으로 무슨 뜻입니까?

그 책에서 내가 다루고 있는 문제는 방법론적 민족주의를 어떻게 세계 개방적으로 극복할 수 있느냐입니다. 좀더 자세히 말하자면 권력, 정치, 지배, 정체성 등의 개념을 어떻게 하면 민족 또는 국가적 틀에서 해방시켜 개념적으로 제도적으로 새롭게 정의하느냐 하는 것이지요. 그러니까 민족적 또는 국가적 시각과 세계 개방적 시각 사이의 차이를 강조하는 새로운 비판이론을 주장한 것입니다. 비판이론 자체가 너무 보편주의 성향이 짙거든요. 그러니까 전통적 비판이론에서 출발하되, 그 비판이론을 스스로 재정의하자는 노력입니다. 일종의 정치적이고 실천적이며 경험적인 작업이지요. 예를 들어 국가나 정치의 개념 자체를 경험적으로 더 발전시키자는 겁니다. 국가나 정치 개념은 세계 개방주의 차원의 국가성 의미에서나 범국가성이라는 연구원칙에서 보면 아주 중요한 것이지요. 그러면서 비판이론이라는 사회학의 한 중심과 연계해보자는 뜻입니다. 내 생각에 비판이론은 정치적 행동이나 제도들을 논구하는 데에서 굉장히 민족적·국가적 틀에 매어 있거든요. 바로 그런 점에서 비판이론 자체에 꼭 필요한 다른 관점과의 충돌을 일으켜보자는 뜻입니다.

내 의도는 이렇습니다. 방법론적 세계 개방주의를 주장하면서 제도, 정치적 행동, 학문의 변화를 위해 시각의 이질성을 비판적 관점에서 경험적·이론적·규범적으로 의미 있게 수용해보자는 거지요. 그 주된 내용은 거듭 말하지만 일단 방법론적 민족주의에 사로잡힌 학문에 대한 비판입니다. 이것이야말로 비판이론의 새로운 과제가 아닌가 싶습니다.

▶ 현재 미국의 반테러 전략을 어떻게 평가하십니까?

우선 이라크 전쟁의 경우 사회학적으로 보면 일종의 불법적으로 정당화된 전쟁이라는 변종(變種)이라고 할 수 있어요. 처음부터 가장 기본적인 법질서 원칙을 위배한 것입니다. 그러면서 국제법상 불법적인 전쟁이라도 경우에 따라 차후에라도 정당화하면 된다는 식으로 진행한 것이지요. 하지만 바로 이런 불법적인 것의 사후 정당화야말로 상황을 더욱 첨예하게 했고, 결국 폭력이 정당성을 만든다는 결론으로 가버렸습니다. 그렇다고 부시 정권이 이 전쟁을 정당화할 수 있는 목표를 내세우지 않은 건 아니지요. 대량살상 무기의 폐기부터 시작해서 사담 후세인 축출, 이라크 내 정권 교체, 이라크와 아랍 세계의 민주화에 이르기까지 온갖 그럴듯한 목표를 다 내걸었습니다.

하지만 문제는 이 목표가 언제 얼마나 달성되었는지 누가 결정할 수 있느냐 하는 겁니다. 전쟁을 승리로 끝낸 미국? 제3자의 입장을 취한 유럽? 아니면 유엔 안전보장이사회? 하지만 여기서 우리가 놓쳐서는 안 될 것은 유엔 안전보장이사회란 존재는 사실 대부분 비민주적인 정부대표들로 이루어졌다는 사실입니다. 이들은 국제여론 앞에서는 그토록 인권을 원칙으로 내세우지만 자기네 나라에서는 바로 그 인권을 유린하고 있는 것입니다.

▶ 미국과 유럽의 사이는 어떤가요?

케이건(Kagan)이 언젠가 주장한 대로 미국과 유럽이 화성과 금성에 살고 있을 정도로 먼 것은 아니지만 서로 다른 세상에 살고 있는 것은 분명해요. 예를 들어 유럽 사람들은 기상이변이나 유전자 조작식품 등으로 지구촌이 위협받고 있다고 확신하는데 반해, 미국 사람들은 지구촌의 가장 큰 위협은 국제 테러리즘이라고 믿고 있지요. 이렇게 위협에 대해 서로 다른 확신을 가진 사람들은 서로 다른 세상에서 살게 마련입니다. 결과적으로 가장 큰 위협은 실제의 테러 공격의 위협에서 온다기보다 이를 통해 발생한 위협에 대한 상상에서 옵니다. 미국과 유럽의 가장 큰 차이는 위험성에 대한 극단적인 인지입니다. 지구촌의 테러 위협은 예컨대 2001년 9.11 테러 사건의 끔직한 경험을 통해 우선 미국인들의 세계를 보는 관점 자체를 바꿔버렸습니다. 이라크 전쟁이 바로 이런 지구촌의 위험에 대한 전쟁이라는 겁니다. 미국의 관점에서는 9.11 사건 이후 테러 위협의 성격이 근본적으로 변화하기 시작했는데, 유럽의 관점에서 보면 그 새로운 위협은 미국의 신경질적 반응일 뿐입니다. 미국인들에겐 테러라는 공포가, 유럽 사람들에겐 전쟁이라는 공포가 눈앞에 어른거립니다. 사실 저 유명한 '영구평화론'처럼 '영원한 전쟁'이라는 종말론적 전망을 제시하는 것도 아니면서, 테러에 대한 공포를 전쟁에 대한 공포로 불식시키겠다는 것은 납득하기 어려운 일이지요.

▶ 하지만 이대로 가다가는 엄청난 갈등이 증폭되리라는 것을 상상하기 어렵지 않습니다. 그렇다면 지구촌의 기회와 위험에 대한 당신의 생각은 어떤 것입니까? 결론적으로 당신은 어떤 세상에 살고 싶습니까?

적어도 난 이런 세상에 살고 싶지는 않아요. 지금처럼 유일한 초강대국인 미국이 국가간의 규범이나 국제기구 체제를 무시하고 자신의 관점에서 세계에 대한 책임을 다한다는 미명으로 아무런 국제법적 근거도 없이 군사적 폭력을 마구 사용하는 세상 말입니다. 사실 테러 의혹 하나만으로 차례로 적대국을 만들어내고 잠재적으로는 모든 나라 영토에서 그들 자신의 내부 안전을 군사력으로 지키겠다는 미국이라는 세상의 구원자가 면죄부를 가진 듯 날뛰는 세상에 살고 있다는 것은 참 불안한 일입니다.

내가 살고 싶은 세상은 이런 것입니다. 한 회사에서 다수 지분을 가진 사람이 회사를 이래라 저래라 하지 않고, 대기업이 이윤극대화를 위해 국가 기능을 훼손하려 들지 않는 세상, 그리고 민족과 국가의 협소한 틀에 매인 정치로는 시급한 현안 해결이 되지 않는 그런 세상 말입니다. 그래요, 나는 다양한 사람들과 정치적 기구들이 공공의 장에서 국경을 넘어 서로 경쟁하고 참여하여 만들어가는 그런 세상에 살고 싶답니다.

영국

티모시 가튼 아쉬

국민국가의 여정

대영제국에 속하는 네 나라에는 각기 다른 국경일이 있다.[3] 네 나라의 수호성인의 이름이 붙은 국경일이다. 잉글랜드는 성 조지의 날인 3월 23일, 스코틀랜드는 성 앤드류의 날인 11월 30일, 웨일스는 성 데이비드의 날인 3월 1일, 북아일랜드는 성 패트릭의 날인 3월 17일을 각각 기념한다. 물론 공동의 국경일도 있는데, 예를 들어 6월 둘째 토요일로 정해진 여왕 탄신일이 그렇다.

이 나라는 섬나라라는 지정학적 이점이 있는데도 고대부터 중세에 이르기까지 계속 외부의 침입을 받았다. '브리타니아(Britannia)'라는 이름부터가 로마의 카이사르가 기원전 55년부터 54년까지 두 차례에 걸친 원정 끝에 켈트족이 지배하던 이 섬을 점령한 뒤에 붙인 것이다. 이때부터 약 400년 동안 로마의 지배가 지속되었고, 그 지역은 오늘날 웨일스와 스코틀랜드 평원지대에까지 이른다. 449년경부터는 주트족, 앵글로족, 색슨족 등이 대거 이주하여, 오늘날 덴마크, 노르웨이 지역에서부터 발호하는 바이킹족들의 부단한 침략을 이겨내고 9세기에 중앙집권적 왕국을 건설한다. 서기 955년 덴마크 왕 요크의 몰락과 더불어 시작된 이 왕국의 전통은 11년에 걸친 내전 시기를 제외하곤 오늘날까지 이어지고 있다.

1066년 노르만족의 영국 침략 과정에서 헤이스팅스 전투의 결과

---

3) 주지하다시피 영국의 공식명칭은 '대영(大英) 및 북아일랜드 연합왕국(the United Kingdom of Great Britain and the Northern Irland)'이다. 하지만 여기서는 편의상 대영제국, 곧 영국전체를 가리킬 때는 통칭인 영국으로, 그리고 그 구성요소로서의 잉글랜드를 가리킬 때는 잉글랜드로 표기하기로 한다.

나중에 윌리엄 1세가 되는 정복왕 윌리엄이 왕위에 오른다. 이미 12세기에 존 1세에 대한 귀족들의 저항을 통해 1215년 유명한 「마그나 카르타(Magna Charta)」가 조인된다. 이 문서는 최초로 귀족 및 사제 그리고 도시들의 권리를 보장하고 왕권을 제한한 의미 깊은 문서이다. 이것이야말로 향후 영국의 의회 및 헌법체계 발전의 기초가 된다. 오늘날까지 영국은 이렇게 성문법이 아니라 헌법의 성격을 가진 역사적인 문서에 기초하여 왕권을 의회에 이전하는 독특한 역사를 발전시켜왔다.

1282년 에드워드 1세는 웨일스를 정복하고 난 뒤, 스코틀랜드마저 정복하기 위해 귀족과 사제 그리고 시민대표들을 포함하는 모범의회를 소집한다. 전쟁을 치르는 데 필요한 세금인상을 협의하려는 목적에서다. 그러나 전쟁은 스코틀랜드의 승리로 끝나고 스코틀랜드는 그 후 300년 이상 독립을 유지한다. 1603년에 가서야 엘리자베스 1세의 죽음으로 튜더(Tudor) 왕조의 대가 끊기고 뒤를 이은 제임스 1세가 영국 및 스코틀랜드 왕위에 올라 비로소 두 왕국이 결합한다. 100년 뒤인 1707년 「연합법(Union Act)」의 제정을 통해 '대영제국'이 탄생함으로서 통일은 정식으로는 완성된다. 북아일랜드가 대영제국에 포함된 것은 또 그로부터 100년 뒤 아일랜드가 대영제국에 통합되면서이다. 1921년에 아일랜드 공화주의자들과 영국군 사이의 충돌로 남아일랜드는 독립을 선언하고 아일랜드 공화국을 세우면서 제국에서 분리된다. 그러나 북아일랜드(Ulster)는 아직도 계속되는 신구 기독교도 간의 분쟁에도 여전히 제국의 일부로 남아 있다.

중세 막바지에 유럽을 휩쓴 30년전쟁의 소요(騷擾) 속에서도 대영제국은 철저한 중립노선을 지키면서 교묘한 종교정책을 펴 그 영향에서 벗어날 수 있었다. 하지만 왕과 의회 사이의 갈등이 첨예했던 1642년 내전이 일어나고 올리버 크롬웰(Oliver Cromwell)이 지휘하는 의회군이 승리한다. 당시의 왕 찰스 1세는 처형당하고 왕정은 폐지되며 귀족들의 모임인 상원 또한 해산된다. 대신 크롬웰이 지배하는 공화국 체제가 들어선다. 크롬웰의 죽음 직전에 왕위는 찰스 1세의 아들 찰스 2세에게 전해지고 왕정이 부활하지만, 공화정의 실험을 통해 얻은 결과가 왕정복고 뒤에도 기정사실로 받아들여지는 전통이 세워진다. 바로 의회의 동의에 의해서만 왕이 통치할 수 있다는 원칙, 곧 「불문법(Common Law)」이 우위를 차지하는 전통이 세워진 것이다. 이에 따라 1689년 네덜란드 출신의 오렌지공이 왕위를 잇자 「권리장전(Bill of Right)」이라는 의회 민주주의의 기초를 담은 문서를 통해 이 전통의 존중을 약속 받는다.

영국의 식민지를 통한 세계지배의 기초를 다진 사람은 헨리 8세와 그의 딸 엘리자베스 1세. 1588년 스페인 아르마다 함대를 물리치면서 장악한 제해권을 바탕으로 영국은 20세기까지 전 세계에 위세를 떨친다. 이를 통해 산업과 무역이 급속 팽창하고 런던에 주식시장이 개설되며, 1600년의 동인도 회사 설립과 더불어 아시아 지역까지 영향력을 행사한다. 1776년 독립전쟁의 결과로 미국 식민지를 잃는 시련도 있었지만, 유럽에서는 이른바 나폴레옹과의 전쟁을 승리로 이끌고 향후 유럽의 새로운 질서를 세우는 데 주도적인 역할을 한다. 빅토리아 여왕 치세 동안 영국은 산업국가로서 최정상의 지위를 차지했을 뿐 아니라 '해가 지지 않는 나라'라는 명칭에 걸맞은 광대한 영토를 지배하게 된다.

제2차세계대전은 영국 역사의 중요한 전환점이 된다. 승전국이긴 했지만 이미 경제력은 약화되고 미국에 대한 채무가 쌓여 그 영향력이 급격히 쇠퇴한다. 특히 종전 이후 여러 식민지의 독립으로 대영제국은 해체되고 새로운 출발을 모색하지 않으면 안 되는 상황에 처한다. 1961년 오랜 망설임 끝에 영국은 유럽공동체 가입을 결심하고 전통적으로 지켜온 유럽대륙에 거리두기 정책을 포기한다. 당시 프랑스 대통령인 드골의 반대로 일차 가입시도는 실패하지만, 결국 1972년 유럽공동체(European Community)에 가입한다. 1980년대 마가레트 대처 정권 때 거듭 유럽대륙에 거리를 두기 시작한 영국의 정책은 오늘날까지도 유럽에 적극 협력하는 데는 주저하며 조금은 비켜서 있다. 예를 들어 영국은 큰 규모의 유럽연합 구성 국가 중 유일하게 유로 도입을 통한 통화통합에 참여하지 않고 있다.

개인신상

▶ 당신 출신은?

"나는 아주 오래된 잉글랜드, 그리고 역시 아주 오래된 아일랜드 가문 출신입니다. 아쉬(Ash)는 13세기부터, 그리고 가튼(Garton)은 11세기경부터 각각 이 지역의 고유한 성씨(姓氏)니까요. 내가 늘 추구하는 자유주의 의미로 보면 난 잉글랜드 사람이면서, 동시에 대영제국 사람이라고 할 수 있지요."

티모시 가튼 아쉬(Timothy Garton Ash)는 1955년 7월 12일 런던에서 태어났다. 하지만 그는 스스로 주장하듯이 영국뿐 아니라 유럽, 그리고 북아메리카가 모두 자기 고향이라고 생각한다. "그런 점에서 내게 국적은 상대적인 개념일 뿐입니다." 그는 실제로 세계 곳곳을 다니며 생활했고, 오늘날 옥스퍼드를 생활의 중심으로 삼고 있다. 여기에서 그는 학생으로 현대사를 전공했고, 지금은 돌아와서 교수로 재직하고 있다.

그는 청년기에 토마스 만의 책을 읽고 독일에 관심을 가지기 시작했으며 독일어를 배우기로 결심했다. 그리고 1978년에 박사논문 주제인 나치시대를 생생하게 연구하기 위해 베를린으로 간다. 처음에는 분단된 도시 서쪽에 거주하다가, 사라진 나치시대보다는 현존하는 사회주의 체제에 더 관심을 갖게 되어 동베를린으로 이주하여 그 유명한 플렌츠라우어 베르크(Plenzlauer Berg) 지역에 살게 된다. 여기서 그는 동독의 반체제 인사들은 물론 폴란드, 헝가리, 체코슬로바키아 등 구(舊)동구 공산권의 비판적 지식인들과 접촉하기 시작한다. "일반적으로 무기력하기만 했던 그 당시 절망의 시절, 무언가 새로운 모색의 기미가 싹트는 데 주목한 겁니다."

　　1984년부터 1986년 사이 아쉬는 ≪타임스(Times)≫에 당시만 해도 유럽에 그리 알려지지 않은 중유럽의 문제에 대해 기고하기도 하고 ≪스펙테이터(Spectator)≫라는 잡지의 해외 담당 수석 편집인으로 활동한다. 그 후 미국 워싱턴의 우드로 윌슨 국제학술센터의 교수로 초빙되었다가 1988년에는 옥스퍼드 대학 세인트 앤터니 칼리지(St. Anthony College)의 동방정책 연구 프로젝트 책임자가 된다. 2년 뒤에는 옥스퍼드 대학 현대사 교수로 취임한다. 1990년『축출된 한 세기』라는 정치 르포집을 출간하는데, 이 책은 그가 동구 및 중유럽 전환 시대의 기록자로서, 그리고 현대사가로서 국제적인 명성을 쌓게 되는 계기가 된다. 1993년 가튼 아쉬는『유럽의 이름으로』라는 책에서 유명한 독일의 '동방정책(Ostpolitik)'에 내재된 이중성, 즉 정치권력의 냉철한 계산과 민주주의 도덕성이라는 모순적 측면을 날카롭게 해부하여 거듭 주목을 받는다. 구동독체제 와해 이후 그는 구동독 비밀경찰이 모은 자신에 대한 자료를 살펴볼 기회를 얻는데, 그 경험을 바탕으로 쓴 책이 1997년에 출간된『로메오 서류철』이다. 당시에 그가 타던 자동차인 알파 로메오에서 나온 '로메오'라는 암호명으로 XV 2889/81이라는 번호로 분류된 이 서류철은 1980년대 초부터 지속된 아쉬에 대한 광범하고 자세한 신상조사 결과를 담고 있다. 구동독 비밀경찰은 아쉬를 처음부터 영국 정보부와 관계가 있다고 보고 감시했으며, 우편물을 검사하고 결국 그를 입국불가자로 처리했다. 아쉬의 결론은 이렇다. "우리는 이제 늘 누군가 자신을 감시하고 있고 기록하고 있으며, 언젠가 그 기록으로 곤혹스러운 일을 당할지도 모른다는 의식 속에 살아가야만 합니다."

아쉬는 아주 생산적인 학자 및 저술가로 벌써 많은 양의 책, 논문, 칼럼, 에세이를 발표했다. 무엇보다도 양심적인 기록자로서의, 대중적인 에세이 작가로서의 자질을 드러낸 것으로는 1999년에 출판된 『자유의 시대』라는 선집(選集)을 들 수 있다. 여기서 그는 1989년의 냉전종식과 더불어 자신도 이제 드디어 유럽에도 새로운 평화시대가 왔음을 확신하고 장밋빛 미래를 기대했다고 고백한다. 하지만 그 기대는 아직 충족되지 않았다. 그는 또한 유럽연합이야말로 유럽대륙에 평화를 구축할 유일한 기획이라고 확신한다. 하지만 평화를 구축하는 과정에서 유럽의 정치인들이 우선순위를 잘못 세웠다는 점을 비판한다. "그들의 목표는 오로지 이미 잘 작동하고 있는 평화롭고 복지가 보장된 서유럽 국가들의 연합 체제를 좀더 완벽하게 만드는 것뿐이었어요." 이들이 마스트리히트에서 유럽의 경제 및 정치적 통합에 대해 머리를 맞대고 의논하고 있을 때 발칸반도에서는 끔찍한 내전이 일어났다. 유럽이 평화적 해결을 하려고 나선 것은 이미 때가 늦은 다음이었다.

아쉬는 자신의 작업을 역사학과 저널리즘과 문학의 결합이라고 표현한다. 그는 늘 우리 시대의 현안에 충실하려고 한다. 스스로 이렇게 말한다. "나는 늘 중요한때 중요한 장소에 있는 행운을 가졌지요." 여기서 그의 최근작의 제목이 비롯된다. 『현재의 역사』가 바로 그것이다.

| 대표작들 |

Timothy Garton Ash. 1990, *We The People. The Revolution of '89*(우리가 바로 국민이다. 1989년의 혁명), Cambridge: Granta Books.
_____. 1997, *The File. A Personal History*(파일: 개인사), London: Haper-CollinsPublischers.

▶ 당신의 미래는?

"1989년 동구의 몰락과 그 이후 전개 과정은 당시 누구도 예상하지 못했죠. 바르샤바, 프라하, 부다페스트에서 그 조짐이 보였고 사람들은 나름대로 긍정적인 경험을 했습니다. 하지만 이 변화가 그런 결과를 낳을 것이라고는 꿈에도 생각하지 못했습니다. 하지만 거꾸로 베오그라드, 사라예보나 프리스티나에서 나중에 일어난 일은 가장 끔찍한 악몽에서도 보기 어려운 일이었어요."

가튼 아쉬는 미래에 대해 희망과 의혹을 동시에 품고 있다. 역사가로서 그는 오늘날 우리가 직면하고 있는 도전과 문제들은 우리 의식과 영혼의 변화를 요구하고 있다면서 더 큰 용기와 정직성, 그리고 도덕성을 가질 것을 촉구한다.

"유로의 도입 같은 것은 그렇게 서두르지 않았으면 좋았다고 생각합니다. 하지만 일단 도입된 이상 순조롭게 정착될 수 있도록 노력해야지요. 잊지 말아야 할 것은 통화통합과 나란히 유럽연합이 독일과 오스트리아 국경을 넘어 새롭게 민주화되고 있는 동구권으로 확장된다는 사실입니다. 이제 우리는 잘 조절된 유럽 전체의 외교정책을 수립하고 실천해야 하는 과제를 떠안게 된 것입니다."

티모시 가튼 아쉬는 미래를 위해 지금 벌어지고 있는 유럽의 발전 과정을 기록·서술·분석하는 일을 자신의 과업으로 삼고 있다. ≪뉴욕 북 리뷰≫, ≪타임스≫, ≪인디펜던트≫ 등의 잡지나 신문에 르포, 분석기사, 인상, 성찰 등을 담은 정치 에세이를 정기적으로 기고(寄稿)한다. 풍부한 유모 감각을 갖추어 민감한 사안을 다룰 때도 역설적인 거리를 유지하는 미덕을 보인다.

짧게 묻기

▶ 가장 '영국적'인 것은?

영국이라는 국가와 민족의 특성 중 강점이라고 할 만한 것은 그 유구한 전통과 연속성, 그리고 무엇보다도 영국 사람들의 강한 자의식이지요. 물론 언제나 동전에는 이면이 있게 마련인데, 바로 여기서 나온 일종의 사회적 정체(停滯) 현상이 그렇습니다. 다른 유럽에선 이제 눈 씻고 찾아 봐도 없는 '구체제(Ancien Régime)'의 잔재가 곳곳에 남아 있어요. 이건 영국의 약점이라고 볼 수밖에 없지요. 주지하다시피 성문법이 아닌 헌법정신에 기초하고 있다는 것은 더 자유로울 수 있다는 여지를 주기 때문에 장점이라고 할 수 있고요. 또 동시에 확실하게 문서화된 권리가 규정되지 않았다는 단점으로 작용하기도 합니다. 그 극단적인 사례가 바로 영국정부가 간혹 저지르는 정말 믿을 수 없는 수준의 비밀스런 정책추진 과정 같은 겁니다. 민주국가 중에 영국처럼 정보공개 원칙이 지켜지지 않는 나라도 드물 거예요.

▶ 당신을 영국인으로 만드는 것은?

아닌 게 아니라 요즘 와서 자주 스스로에게 묻곤 합니다. 내가 영국인인가, 잉글랜드 사람인가 하고요. 내 대답은 둘 다라는 겁니다. 우리 영국인들은 아주 묘한 민족적 정체성을 갖고 있지요. 그 특성 또한 경우에 따라 다르고요. 내 경우는 이렇습니다. 내 애국심은 의심할 여지없이 잉글랜드에 대한 것입니다. 어떤 위기상황에서도 나는 잉글랜드 사람으로 남을 것입니다. 왜냐하면 잉글랜드가 내 정서적인 뿌리거든요. 하지만 다른 한편 자유시민으로서, 시민성의 주체로서 나는 영국인입니다. 좀 복잡하지요? 한 가지 화두가 이 두 가지 측면을 포괄하는데, 그건 바로 존재의 자유성에 대한 의무감이야말로 영국인이든 잉글랜드 사람이든 가지는 일종의 낭만주의적 자기이해의 근간이라는 것입니다.

▶ 영국의 존립 근거는?

영국이라는 나라도 다른 나라나 마찬가지로 독특한 역사발전의 산물입니다. 영국이라는 국민국가의 존재근거인 이상이 있다면 그것은 대영제국의 이상이겠지요. 근대적인 국가 형성 첫 단계에서 추구했던 국가적 이상은 제국 건설이었거든요. 하지만 이것은 외형적으로 그 제국이 몰락하는 것과 더불어 내면적으로도 그 이상이 퇴색하고 있다는 뜻입니다.

▶ 영국이 다른 국민국가들과 다른 점은?

영국은 유럽에서 가장 오래된 중앙집권적 왕국이고 따라서 가장 오래된 단일체제의 국민국가입니다. 이미 10세기에 왕권이 전 지역에 관철되었습니다. 유럽 대륙에서는 찾아볼 수 없는 전통이지요. 하지만 다른 한편 영국이라는 국가가 네 가지 민족으로 구성되었다는 사실을 잊어서는 안 됩니다. 아주 흥미로운 일이지만 여전히 스코틀랜드인, 웨일스인, 잉글랜드인, 북아일랜드인은 각각 독자적인 민족이라고 생각합니다. 스포츠나 음악, 그리고 부분적으로 문학전통만 봐도 그렇지요. 그러면서도 동시에 한 국가의 구성원이라고 여깁니다. 이것이야말로 영국의 특성이라고 할 수 있습니다.

▶ 오늘날 국민국가의 과제는?

지구화는 오늘날 주어진 가장 큰 도전이며 과제입니다. 이제 전통적인 국민국가로는 지구화된 세계경제체제의 특정한 발달 과정을 감당하기 어렵다는 사실이 진부할 정도지요. 좀 다르게 표현해보면 이렇습니다. 이제 국민국가들은 지구화된 세상에서 어떤 특정한, 그리고 새로운 영역에 어떻게 대처하고 적응해야 하느냐는 새로운 도전과 과제에 직면하고 있다는 겁니다. 그렇다고 해서 국민국가가 바로 시대착오적이 되는 것이 아니라, 나름대로 적응할 수 있다는 것을 유럽연합의 사례는 보여주고 있지요.

▶ 국민국가의 앞날은?

국민국가는 앞으로도 오랜 세월 동안 살아남을 것입니다. 현대사가로서 미래를 함부로 예단(豫斷)하기는 어렵습니다만, 적어도 아직 다른 대안적인 사회적 삶의 조직방식 가능성이 보이지 않네요. 물론 대규모 국제조직이나 협력체, 세계시장, 또는 비정부기구 등에 의해 국민국가의 속성은 변형되고 또 질적으로도 변화될 겁니다. 그래도 국민국가는 당분간 근대적 자본주의 경제 안에 국민들의 통합을 유지하고 강력한 공공성의 힘으로 지배 권력을 유지하는 체제로 남아 있을 겁니다. 거기다가 외부에 대한 안전을 보장해주는 체제로 말입니다. 이런 국민국가의 기존 기능을 다른 기구나 조직으로 당장 대체하기는 어렵지 않나 싶습니다.

캐묻기

▶ 지난 몇 년간 국민국가의 배타적 과제영역이 자유화되는 추세가 뚜렷합니다. 과거에는 국가부문이 독점했던 많은 과제를 지금은 기업이 수행하곤 합니다. 국가에게 어떤 과제가 남아 있을까요?

국민총생산의 50%를 분배하는 몫이죠. 이것은 지난 19세기 평화 시 국가의 몫이 기껏해야 5~10% 정도였던 것에 비하면 아주 많이 늘어난 것입니다. 20세기에 들어서면서 국가부문의 과제영역은 믿을 수 없을 만큼 많이 확장됐어요. 방금 질문했듯이 적어도 OECD 국가들 내에서 민영화와 사유화를 통해 국가부문 과제영역이 자유화되고 있는 것은 사실입니다. 예를 들어 벌써 감옥까지도 민영화되고 있잖아요. 하지만 국가의 기능은 아직 결정적입니다. 사회적 삶에서 중요한 영역, 즉 교육이라든가 보건, 교통, 국방 및 안보 같은 데서 국가의 몫은 독점적이지요.

▶ 투표율은 점점 낮아지고 시민의 국정 참여율도 마찬가지입니다. 이 추세가 계속된다면 국민국가의 여러 기구들이 앞으로 어떻게 그 민주적 정당성을 확보할 수 있을까요?

대중이 정치에 염증을 느끼고 있는 것은 사실입니다. 그 이유 또한 다양하고요. 한 가지 이유만 강조하자면 바로 냉전종식과 이에 따른 첨예한 이데올로기적 갈등의 종말을 들 수 있습니다. 자라나는 세대들로선 도대체 왜 정치가 필요한지조차 의심스럽게 된 것이죠. 선거란 그저 다양한 관리인 집단 중 하나를 선택하는 정도에 지나지 않아요. 한 쪽이 다른 쪽보다 나아보이는 것은 그들의 정책이 아니라 머리 스타일이나 옷차림이 좋다는 이유에서, 아니면 기껏해야 말을 잘한다는 이유에서죠. 결코 더 이상 무언가 결정적이며 삶에 중요한 사안 때문이 아니란 말입니다. 이것이 정치에 대한 염증을 논의할 때 흔히 간과되지만 중대한 사유입니다. 영국의 경우 정치에 대한 염증은 대개 영국 전체 차원에서 두드러지고, 그래서 거듭 분권화와 관련된 주장이 대두되고 있어요. 예를 들어 스코틀랜드에서는 앞으로 공교육, 치안, 의료체제뿐 아니라 법체계까지 더 이상 웨스트민스터의 영국의회가 아니라 에딘버러의 스코틀랜드 의회에서 관장하자는 주장이 제기되고 있습니다. 그래서 지난 총선이 거꾸로 곧 다가올 스코틀랜드 의회 선거의 전초전으로 받아들여졌을 정도랍니다.

▶ 스코틀랜드뿐 아니라 웨일스, 북아일랜드 모두에서 대영제국에서 탈퇴하자는 움직임이 있는 것으로 알고 있습니다. 네 나라로 구성된 대영제국이 가까운 장래에 해체될까요?

만약 그렇게 된다면 안타까운 일이겠지만 그렇다고 그렇게 슬퍼할 정도는 아닙니다. 잉글랜드가 해체되는 것이 더욱 슬프겠죠. 바로 이런 점이 영국적인 특성일 텐데요. 기존의 중앙집권적이고 단일한 연합왕국은 그렇지 않아도 이미 종착역에 와 있습니다. 그래서 보수당은 '탈(脫)중앙화'와 '유럽화(Europäisierung)' 같은 영국인의 긍지와 전통을 잠식하는 흡혈귀 때문에 영국의 종말이 다가온다고 주장하잖아요. 이제 연합왕국 다음에 어떤 체제가 올지 진지하게 대안을 모색해야 할 때입니다. 각 나라들은 독립과 분리 과정에 대해서

한 가지 원칙에 합의한 바 있지요, 그것이 평화적이어야 한다는 원칙 말입니다. 점진적인 분리를 통해 일종의 연방왕국 같은 체제로 갈 수 있는 가능성이 작지 않다고 봅니다. 특히 잉글랜드의 경우 시민 기본권이 좀더 명백히 정의되어 있고, 그 국적 또한 명확히 정치체제에 관련되어 자유주의적으로 규정되어 있어 그 가능성이 커요. 조금 과장해서 말하자면 "영국 연방왕국이여 오라!"라고 외칠 만하다는 거지요. 물론 이런 이름으로 될지는 모르지만 이것이 유일한 해결방안인 것 같아요. 정교하고 연방주의에 입각한 체제만이 정치적 책무성(責務性), 주권, 정체성 등 다양한 정치적 과제를 해결할 수 있는 유일한 대안입니다. 물론 유럽연합이나 그 밖의 유럽 차원의 범국가적인 제도의 틀 안에서 가장 오래된 국민국가인 영국은 이미 오래전에 해결했어야 할 과제인 새로운 국가로의 전환을 가장 잘 수행할 수 있을 것이고요.

▶ 하지만 영국인들이야말로 연속성이라는 외양으로 변화의 현실을 은폐하는 기술의 대가가 아니던가요?

일찍이 조지 오웰이 이렇게 주장했죠. "영국은 언제까지나 영국으로 남을 뿐이다. 살아 있는 모든 것은 변화한다는 필요성을 잘 알면서도, 언제나 예전처럼 남아 있을 수 있는 힘이 있으니 말이다." 이제는 영국이 현존 체제에서 정치적으로 범(汎)국가적인 체제로 변화할 수밖에 없는 상황에 처해 있으니, 영국인들 스스로 자신의 존재보다 더 큰 존재로 살았던 행복한 시대와 결별해야 합니다. 과거의 영광이라는 기억에서 벗어나 새로운 정체성을 찾아나서야 한다는 뜻이지요.

▶ 우리가 지금까지 국민국가의 틀 안에서 추구했던 민주주의가 통합된 유럽에서도 실현 가능할까요? 다른 말로 하면 지금까지 전통적으로 국가의 틀에서 적용되었던 민주국가의 원칙과 기제들이 유럽연합 안에서도 적용 가능할까요?

다렌도르프가 민주주의와 국민국가는 쌍쌍둥이라고 했던 말이 생각납니다. 옳은 말이지요. 어쨌든 지금 개별 국가의 민주주의를 대체할 수 있을 만큼 국민국가의 틀을 넘어서 유럽 전체의 민주주의가 꽃피고 있다고 할 수는 없지요. 오늘날에도, 그리고 가까운 장래에도 그런 유럽 전체의 민주주의는 없을 것입니다.

요컨대 국가 차원의 민주주의에 상응하는 일종의 '유럽민족'이라는 것이 민주적 제도건설의 전제라면, 아직 유럽 전체의 민주주의는 있을 수 없어요. 물론 풀뿌리 민주주의의 가능성 같은 것은 찾아볼 수 있지만 민주주의의 근본적인 정당성은 아직 민족적, 또는 국가적 차원에서만 찾을 수 있기 때문입니다.

▶ 지금 진행되고 있는 프랑스 전(前) 대통령 지스카르 데스탱 주도의 유럽헌법 제정 노력에 대해서는 어떻게 생각합니까?

동구권 국가들의 유럽연합 가입 등 현실을 고려할 때 그 노력은 필요한 것이며 또 존중해야지요. 다만 아주 위험성이 높은 일입니다. 앞서 강조했듯이 유럽 전체의 민주주의가 아직 존재하지 않는한, 적어도 내 생각은 그런데요, 유럽을 모두 아우르는 민족 공동체가 가까운 장래에 생성될 가능성은 없습니다. 그러니 유럽 민족전체의 의사를 반영하지 못한 헌법은 그 효용성보다 부작용이 많을수밖에 없지요. 새로운 민족들의 정치 공동체를 담는 틀로서의 약속인 헌법을 제정하려는 노력을 계속 경주해야 하겠지만요.

친구 하나가 농담 반 진담 반으로 이런 이야기를 하더군요. 20년쯤 뒤에는 우리 모두 그린피스나 엠네스티 인터내셔널의 시민일 거라고요. 내 생각은 조금 다릅니다. 좀 슬픈 이유에서지요. 사람들은 불행히도 자신이 부정적으로 생각하는, 그러니까 위협받는다고 생각하는 타자(他者)에 의해서 정체성을 부여받기 때문입니다. 그런 의미에서 국가는 아직 매우 필요한 제도입니다. 그래서 난 국가적이고 민족적인 정체성이 아주 오래갈 것이라고 봐요. 그러니 적어도 앞으로 10년간 유럽이 어떻게 발전하든 국민국가로서의 영국의 존립은 위협받지 않을 것입니다. 영국이 이미 유럽연합의 일원으로서 주권이나 법제정 권리 등 상당 부분을 유럽연합에 위임하고 다른 회원국들과 공유하고 있으며, 머지않은 장래에 유로통화를 도입할 것이라는 현실에도 불구하고 이 사실은 변함이 없을 겁니다.

▶ 그러니까 당신은 유럽연합의 미래를 그다지 낙관적으로 전망하지 않는군요?

내 생각에는 유럽의 범국가적 정체감은 지금보다 오히려 15년이나 20년 전에 더 강했던 것 같아요. 당시에는 공동의 적이 존재했거든요. 오늘날 유럽 국가들은 애써서 그런 적을 찾는데, 그게 결국 대부분 이웃나라들이에요. 중유럽이나 동유럽에서 보지 않았습니까? 그런데 통합된 유럽을 건설에 필수적인 강력한 정체감 형성에 꼭 필요한 맞춤형 적이 눈에 띄질 않아요. 이슬람 세계가 그 후보 중 하나이긴 합니다. 하지만 이슬람 세계가 좀 다양합니까? 왕년의 '소련'만큼 확실한 적이 될 수는 없으니까요. 국제 테러리스트 조직이나 조직 범죄세력, 또는 마피아 국가들도 충분하지 않아요. 중국도 마찬가지고요.

더군다나 프랑스 사람들이 희망하듯이 미국을 유럽의 적대세력으로 삼는 일은 그리 현실적이지 않아요, 적어도 내 생각으로는 말이죠. 유럽이 왜 그래야 하죠? 지금 유럽연합 자체만 해도 얼마나 대단합니까? 그 안에는 과거에 서로 숙적관계로 으르렁댔던 나라들이 한데 모여 모든 차이를 극복하고 평화로운 문제해결을 도모하고 있잖아요. 이런 모델을 대륙마다 추구하고 있지 않습니까? 한번 상상해봅시다. 유럽연합 말고도 아프리카 연합, 아시아 연합, 그리고 남아메리카 연합 이런 것들이 있는 세상을 말이에요.

▶ 아주 적확한 지적이 아닐 수 없습니다. 유로 도입에 즈음해서 점점 커져가는 미국이나 아시아 시장에 대응하는 힘을 길러야 한다는 주장이 있었죠. 유로로 달러의 세계통화의 지위에 도전해야 한다는 것이었습니다. 그건 그렇고 이런 단일통화 도입이 유럽의 정체성 형성에 도움이 될까요?

물론 유로는 장기적으로 달러와 경쟁하는 세계통화가 될 것입니다. 하지만 정체성 형성은 또 다른 문제입니다. 우선 유럽 주민들 대다수가 좀더 성숙해져야 합니다. 유로 동전이나 지전이 유럽 사람들에게 범유럽적인 정체성을 불러일으킬 수 있다고 생각하진 않아요. 우선 예전에는 정서적인 내용으로 채워졌던 돈 자체가 오늘날 여러 가지 이유에서 그 상징적 의미를 상실한 지 오래입니다. 예를 들어 점점 더 많은 사람들이 신용카드를 선호하고 있는 현실만 봐도 그렇지요.

▶ 영국은 언제쯤 유로를 도입하게 될까요?

좀더 시간이 걸릴 겁니다. 영국은 더 시간을 끌 테고 아마 유럽에서 마지막으로 유로를 도입하게 될 거예요. 토니 블레어는 앞장서서 유로를 도입하려고 했지만, 바로 다음의 선거에서 그 대가를 호되게 치렀잖아요. 아직도 유로 도입에 반대하는 사람들이 다수입니다. 최근 설문조사에 따르면 약 70%가 반대예요. 블레어 정부도 이제 더는 적극적으로 유로 도입을 추진하지 않고 있으며, 경제단체들이나 하다못해 수출업자들조차 유보적이거든요. 통화문제뿐 아니라 그 밖의 몇몇 특정 영역에서 영국은 주권 제한을 결코 용납하지 않는 단호한 정책에 머물 것입니다. 예를 들어 유럽연합 국가들끼리는 국경에서 여권조사를 폐지했지만, 영국은 여전히 하고 있지요. 영국해협에 유로터널이 놓여 대륙과 연결된 지 오래지만 영국은 여전히 섬나라입니다.

▶ 어느 신문기고에서 당신은 냉전종식 후 유럽이 걸어온 길을 신랄하게 비판한 바 있습니다. 정치적으로 우선순위를 잘못 책정했으며, 특히 동유럽 국가들의 민주화와 재건을 위한 정책결정이 그릇되었다는 지적이었습니다. 아직도 서유럽의 정책이 지나치게 경제적 이해만 좇고 있고, 그런 점에서 발칸 전쟁에 대한 공동 책임을 면할 수 없다고 생각하나요?

1990년대 초까지 서유럽은 마치 통속적인 마르크스주의자들의 주장처럼 '경제우선 원칙'에 매몰됐어요. 구(舊)공산주의 국가들에 경제적으로 별 문제가 없으면 모든 게 다 잘 될 것이라는 판단부터가 그랬지요. 하지만 실제로 우리가 경험한 바와 같이 유럽 전역에서는 '정치우선 원칙'이 통용되었습니다. 유로 도입을 통한 통화통합 과정도 마찬가지였지요. 물론 공동의 시장은 결국 공동의 통화를 필요로 한다는 경제적 근거가 없지는 않았지만, 결정적인 것은 정치적 논리였습니다. 특히 당시 콜 독일 수상과 미테랑 프랑스 대통령이 이를 주도했지요. 지금까지 유럽연합의 역사를 보면 언제나 경제적 수단을 통해 정치적 목표를 달성해왔습니다. 물론 그 밖에 통일된 독일을 유럽에 묶어놓으려는 동기도 강력히 작용했지만요. 그래서 경제와 통화통합 같은 잘못된 우선순위가 책정된 것입니다.

▶ 자유시장 경제체제가 자동적으로 민주주의를 가져올까요?

꼭 그런 것은 아닙니다. 시장경제가 꽃피고 있는 칠레나 한국, 파나마나 싱가포르를 보세요. 한때 개발독재라는 권위주의 정권의 폭압이 심했지요. 아직 정체(政體)가 인민 공화국인 중국이 최근 가장 급성장하는 자유 시장경제체제를 갖고 있는 것만 봐도 알 수 있죠.

▶ 그렇다면 산유국들은 어떻게 민주주의와 자유 시장경제체제의 조화를 이룰 수 있을까요. 석유로 얻은 부가 자칫 민주화에 걸림돌이 되고 있는 것은 아닐까요?

산유국 중 노르웨이를 빼면 진정 민주국가라고 할 수 있는 나라는 없어요. 대개 사우디아라비아처럼 권위주의 체제거나 알제리, 인도네시아, 나이지리아처럼 준(準)권위주의 체제입니다. 노르웨이는 처음부터 다른 산유국들과 다른 경우인데, 석유가 발견된 1960년대 이전부터 오랜 민주주의 전통이 있잖아요. 다른 대부분의 석유 수출국들은 지난 1970년대 석유위기 때 엄청난 이득을 취해 개별 국가통화의 가치가 약 40% 정도 상승하면서 여타 산업분야는 지리멸렬하게 되었죠. 산업 생산품들의 가격 경쟁력이 너무 약해서 세계시장에서 살아남을 수가 없었으니 말이죠. 특히 이들 국가의 임금이 너무 오르는 것이 가격 경쟁력 약화의 원인이 되었습니다.

▶ 다시 유럽문제로 돌아옵시다. 당신은 유럽통합 과정의 경제와 통화 우선 정책을 비판하고 있는데, 왜죠?

우선 앞서 언급했듯이 우리는 서유럽에서 경제 및 통화 통합이라는 엄청나게 복합적이고 어려운 과제에 집중하고 있으면서, 발칸반도에서 심상치 않은 사태가 발생하고 있는 것을 제때 인지하지 못했습니다. 또 설사 인지했다고 하더라도 여기에 제대로 대처하는 데 필요한 수단, 예를 들어 공동의 군사조직 같은 것을 갖지 못했고요. 1990년대 말에 이르러서야 비로소 벌써 1990년대 초에 했어야 할 일들을 시작한 겁니다. 진작에 동구권의 탈공산주의적인 경제체제 안정을 위한 일종의 마샬 플랜 같은 것이 필요했습니다. 그걸 통해서 정당이나 독립적인 언론 등 시민사회 건설을 지원했어야 했지요. 물론 이런 조치로 모든 문제가 해결되었을 것이라고 주장하는 건 아닙니다. 그토록 빈곤하고 민주주의 전통이 없는 다민족 국가들이 내전이나 소수민족에 대한 박해 없이 민주적인 국가로 전환하는 것은 처음부터 결코 쉬운 문제는 아니지요. 하지만 이런 지원책이야말로 당시 우리가 주장했던 대로 진정한 대안의 하나였던 것이 사실입니다.

유로 도입을 통한 통화통합은 정치적인 결정이었고, 잘못된 결정이었다고 봅니다. 유럽통합이 왜 절실하게 요구되었는지를 잊은 거예요. 그건 바로 더 이상 전쟁이 없도록 하자는 것이었습니다. 유럽 사람들은 마치 40년 동안 한가운데가 콘크리트 벽으로 가로막힌 집에 살아온 것이나 다름없지요. 집 서쪽에 사는 사람들은 그동안 나름대로 집도 고치고 도배며 전기며 수도시설을 새로 해서 안락한 거주공간을 마련했지만, 동쪽에 사는 사람들은 낡고 허물어진 데서 그냥 살아온 것입니다. 1989년 장벽이 무너지자 어떻게 했습니까? 우리는 바로 그 집 서쪽에 최신 모델의 컴퓨터로 조정되는 냉방장치를 설치하는 데 급급했습니다. 우리가 그 냉방장치의 세세한 기술적 부분에 사로잡혀 있는 동안, 집 동쪽은 완전히 파괴되었고 한구석에선 불까지 났어요. 마스트리히트에서 이런 저런 논의를 하고 있을 때 사라예보는 불길에 휩싸여 있었고, 당시 독일 수상이었던 콜은 유명한 연설에서 이렇게 말했죠. 유럽통합과 유로 도입을 결정한 마스트리히트 조약은 "전쟁이냐 평화냐를 결정하는 사건"이라고요. 한데 그가 이런 말을 하는 그 순간 바로 보스니아와 코소보에선 진짜 전쟁이 일어났단 말입니다.

▶ 이러한 경험에서 어떤 교훈을 얻을 수 있을까요?

보스니아와 코소보 전쟁은 유럽이 미국의 도움 없는 안전보장을 정착시킬 수 없다는 교훈을 주었습니다. 미국의 개입이 없었다면 발칸분쟁을 종식시키고 평화체제로 전환시킬 수 있는 가능성이 그리 크지 않았으니까요. 또 다른 보스니아와 같은 사태가 일어나기 전에, 무엇보다도 유럽연합에 속하는 강대국들이 좀더 협력해서 실효성 있는 안보정책을 마련해야 합니다. 특히 9.11 테러 이후에는 공동 대처방안을 미리 마련해놓는 것과 같은 제도적 장치가 더욱 절실해졌어요. 세계가 이렇게 불안정할수록 성공적인 유럽연합은 더욱 필요합니다. 이런 점에서 유럽은 새로운 길을 찾아나서야 합니다. 즉 동구권으로 유럽을 확장하는 길, 무엇보다도 공동의 외교 및 안보정책을 마련하는 길 말입니다. 공동 국방체제에 대한 저항은 이라크 전쟁 이후 그나마 많이 누그러지지 않았습니까?

▶ 하지만 아직 공동의 외교 및 안보정책에 대해서는 합의에 이르지
못하고 의견이 분분합니다. 유럽 공동의 안보정책의 가능성을 어
떻게 보십니까?

유럽이 지구촌에서 나름대로 제 목소리를 내려면 무엇보다도 안
보정책의 한 주체가 되어야 합니다. 그러려면 먼저 자신감을 가져
야 하고, 분분한 이해로 갈등에 빠질 게 아니라 공동의 이해를 정
의하고 관철시킬 강력한 힘을 가져야 해요. 여기서 결정적인 것은
영국, 프랑스, 독일이 협력해서 미국과의 관계를 재정의하고 미래
지향적으로 서로를 이해하는 일입니다. 지난 몇 십년간 이 세 나라
는 의심할 여지없이 강력한 경제 및 군사적 협력 체제를 구축해왔
어요. 이것을 더 발전시켜 미국과 함께 새로운 국제 질서체제를 구
축해야 합니다. 물론 그렇다고 워싱턴의 외교노선을 그대로 답습하
자는 이야기는 결코 아닙니다만.

▶ 예전에 유럽의 가장 큰 고민거리는 '독일문제'였습니다. 요즈음은
거꾸로 '영국문제'라고 할 수 있어요. 영국은 늘 유럽통합 과정에서
신중하거나 보수적인 태도를 견지해왔으니까요. 앞으로 유럽이 좀
더 적극적으로 유럽통합에 나설까요? 통합된 유럽에서 영국이 차
지하는 몫은 어떤 것일까요?

1990년대까지만 해도 영국은 유럽에서 그다지 중요한 역할을 하
지 못했습니다. 지난 보수당 정권 때 메이저 수상은 영국이 이제
유럽의 중심에 나서기를 바란다고 주장했지만, 당장 그가 속한 보

수당부터 이를 거부했지요. 보수당은 우선 피해망상에 사로잡혀 있어요. 그들의 이데올로기적 숙적이었던 소련이 사라지자 이번에는 유럽연합이 그걸 대치한 꼴이지요. 그러니 그들이 집권했던 1990년대 내내 영국은 유럽이라는 사안에 대해서 자기 주변화로 일관할 수밖에 없었습니다. 그래서 지금 블레어 수상은 이런 영국의 대유럽 관계를 역사에서 잃어버린 아까운 기회라고 비판하고 유럽에서 스스로 고립된 영국을 다시 유럽에 끼워넣으려고 안간힘을 쓰고 있지요.

▶ 어느 정도 성과를 거두었나요?

영국이 유럽연합 안에서 어떤 위치를 차지하느냐가 블레어 2기 정부의 가장 중요한 과제입니다. 지금은 이라크 전쟁과 그 법적 정당성 논쟁에 가려져 있지만요. 블레어는 늘 강조합니다. 이제 영국이 마지못해서가 아니라 기꺼이 유럽연합의 동반자가 되어야 한다고 말입니다. 유럽은 영국에 안보적 차원에서뿐 아니라 경제적으로도 아주 중요합니다. 무역의 60%가 유럽연합 내부에서 이루어지니까요. 또 외국투자 유치만 봐도 유럽연합의 구성원으로 있는 것이 얼마나 유리한데요. 하지만 블레어의 유럽관은 결국 민주주의 원칙이 개별 국민국가에서 출발하는 그런 국가연합이라고 볼 수 있어요. 국민국가는 일종의 민주적 정당성의 원천으로 남아 있어야 한다는 것이지요. 독일 외상 피셔도 이와 비슷한 의견을 개진한 적이 있잖아요. 유럽연합이 국가연합이 된다면 그것은 국민국가들의 연합 같은 것이어야 한다는 뜻이지요. 하지만 이런 유럽을 어떻게 기획하고 완성할지는 아직 두고 봐야겠죠.

▶ 예를 들어 유럽의회를 재구성하는 것인가요?

블레어의 민주주의 개념에 따르면 지금과 같은 유럽의회는 그다지 중요한 역할을 하고 있지 못합니다. 내 생각으로도 유럽 전체의 민주주의 과정은 다른 방식으로 정착되어야 합니다. 물론 이 또한 쟁점입니다만.

▶ 블레어가 생각하는 모델은 어떤 것인가요? 유럽연합의 기능과 개별 국가들의 기능을 어떻게 결합시켜야 하는 걸까요?

우선 생각해볼 수 있는 것이 개별 국가 의회 위에 유럽 차원의 상원을 두는 것입니다. 또 다른 가능성은 민주적인 선거에 의해 선출된 각료들로 구성된 좀더 강력한 유럽내각을 두는 것이고요. 이렇게 유럽 차원의 의회와 내각을 보강하는 것이 중요합니다. 이것이 이른바 제도적인 대안일 수 있지요.

▶ 장 마리 구에노(Jean-Marie Guéhenno)는 『민주주의의 종말』이라는 책에서 자본이 아니라 정치를 불가능하게 만드는 관료주의가 앞으로 모든 것을 지배하게 될 것이라고 예상했습니다. 그런데 유럽연합 또한 저 브뤼셀의 유럽위원회처럼 강력한 관료체제가 필요하다는 얘긴가요?

브뤼셀에 존재하는 관료체제에 모든 잘못을 뒤집어씌우는 것은 잘못입니다. 브뤼셀의 관료주의는 예를 들어 뮌헨 시의 관료주의와는 다릅니다. 브뤼셀의 문제는 처음부터 그 과제가 너무 비대하고 감당하기 어렵다는 데 있었어요. 유럽통합의 과정에서는 늘 새로운 과제를 새로운 책임영역으로 설정하고, 새로운 위원회를 만들어서 그것을 감당하려고 해왔습니다. 유럽연합 안에서 맺어지는 모든 새로운 협약이나 정상회담은 거듭 새로운 과제를 만들어내요. 독일 사민당의 슈뢰더 정부도 인식했듯이 이제 문제를 다르게 풀어야 합니다. "유럽이 통합되려면 어떤 추가적인 일을 해야 할까"가 아니라 "유럽이 통합되기 위해 어떤 일들을 하지 말아야 할까"가 관건인 것입니다. 내 생각에는 많은 분야에 책임성을 분할할 수 있어요. 무려 30개국에 달하는 회원국을 가진 유럽연합은 점점 더 그 과제를 줄여야, 그리고 그 과제를 제대로 감당해내야 제대로 기능할 수 있습니다.

▶ 지난 2003년 4월 아테네에서는 동구권 나라들을 중심으로 10개국의 유럽연합 가입을 최종 결정했습니다. 그리고 해당 국가들 의회에서 모두 추인되었고요. 2004년 5월부터는 유럽연합이 25개국의 회원국을 갖게 됩니다. 폴란드, 체코, 에스토니아, 라트비아, 리투아니아, 헝가리, 슬로바키아, 슬로베니아, 말타, 사이프러스 등 10개국이 새로운 회원국이 됩니다. 그 미래를 어떻게 예상합니까?

유럽연합의 과제는 결국 국가연합이라는 의미에서 유럽의 민주주의를 건설하는 것이 아닙니다. 그보다는 유럽 전체를 포괄하는 자유로우면서도 모든 헤게모니가 배제된 그런 질서를 만들 수 있느냐지요. "헤게모니가 배제된"이라는 표현을 거듭 강조합니다. 과거에도 범유럽적인 정치질서가 모색되곤 했지요. 베스트팔렌 조약, 빈 회의, 베르사유 조약 등의 결과로 말입니다. 모두가 범유럽적인 정치질서를 구축하려 한 것이지만 자유롭지 못했고, 특정 헤게모니에 휘둘렸습니다. 이것은 특히 독일에게 아주 중요한 의미를 갖습니다. 유럽연합에서 헤게모니를 쥔다면 독일 말고 또 누가 있겠습니까?

그러니 유럽연합은 역사적으로 전혀 새로운 국가들의 제도적 네트워크 체제가 되어야 합니다. 이 과정에 대해서는 우리 모두 지혜를 모아야지요. 예를 들어 터키는 유럽연합 가입이 가능하고 러시아는 왜 안 된다는 겁니까? 이에 대해 납득할 만한 논리적 설명이 없어요. 앞서 말한 자유로운, 헤게모니가 배제된 질서를 건설하기 위해 우리는 좀더 큰 틀에서 생각할 필요가 있어요. 유럽연합의 틀을 적어도 30개국에서 50개국을 포괄할 수 있는 것으로 만들지 않으면 안 됩니다.

▶ 독일 정치학자 슈튀르머(Stürmer)는 독일이 제2차세계대전 종전 이후 그토록 열심히 유럽통합에 매달리는 이유를 부끄러운 자신의 역사를 잊기 위해서라고 비판한 적이 있습니다. 독일은 이미 유럽 내 경제대국이면서 정치적으로도 상당한 영향력을 가져, 독일 수상 슈뢰더나 외상 피셔의 발언권은 유럽연합 내에서도 아주 강력한 편입니다. 이에 대한 당신의 평가는 어떻습니까?

지난 10년간 유럽에서 통일된 독일에 대한 공포가 그렇게 쉽게 불식된 것은 기적에 가깝습니다. 아직도 프랑스 엘리트 사이에, 또는 네덜란드나 폴란드나 체코의 일부에 남아 있습니다만, 미미할 정도지요. 지난 200년간 유럽이 골머리를 썩였던 '독일 문제'는 이제 없습니다. 독일은 이제 국제사회에서 일정한 지도적 역할을 하고 있지만, 여기에 자동적으로 불안과 우려를 느끼는 반응은 찾아보기 어렵습니다. 오히려 그 반대지요. 독일이 정치적으로 자신들이 실험해서 성공한 연방주의를 유럽에 확산하려고 하기 때문에,

유럽연합 내에서 가장 큰 나라면서도 다른 작은 회원국들에게서조차 지지를 받는 게 아니겠습니까.

유럽연합 내 작은 나라들이 두려워하는 것은 바로 드골 식의 '담합통치(Intergovernmentalism)'입니다. 왜 지금도 영국이나 프랑스, 에스파냐 등이 그렇게 하고 있지 않습니까. 유럽연합 내 큰 나라들이 서로 합의해서 작은 나라들의 발언권을 제한하는 일말입니다. 홍미로운 것은 중간 정도 규모의 나라들이나 작은 나라들 중 헤게모니를 장악할 만한 잠재력을 가진 나라들 또한 이를 지원하고 있다는 사실이지요.

개인적으로 나는 지금 슈뢰더와 피셔가 이끄는 독일 정부의 중도적이고 연방주의적인 유럽정책 노선을 지지합니다. 다만 최근 완공된 베를린 수상관저의 건축양식과 수상의 유럽노선이 모순된다는 점은 지적하고 싶어요. 일종의 신빌헬름주의 냄새가 나는 그 건축양식에서는 독일이 백 년 전 실패한 위대한 민족국가로 복귀하겠다는 의지마저 보이거든요.

▶ 영국의 경우 도시마다 건축양식이 다양하게 발달한 것으로 알고 있습니다. 정책과 관련이 있나요? 영국은 유럽 내 헤게모니 장악의 포부를 품지 않는 건가요?

물론 런던은 제국주의풍의 도시입니다. 그 냄새가 건축양식에도 물씬 풍기고 있고 정치가들에게도 큰 영향을 주지요. 영국의 헤게모니 장악의 포부를 물으니 생각이 나는데, 재미난 사실이 떠오릅니다. 영국은 한때 세계 최대의 제국을 건설했던 나라인데, 단 한 번도 유럽 대륙에 대한 헤게모니 장악의 포부는 가져본 적이 없어요. 요컨대 영국의 헤게모니 장악의 포부는 대양(大洋)으로 나가는 것이지, 대륙에 진출하는 것은 아니었단 말이지요.

▶ 지구촌에서 유럽의 힘은 어떤가요. 오늘날 전통적인 의미에서 유일
  하게 세계 패권국인 미국과 비교해서 유럽연합은 어떤 차이가 있
  을까요?

  의심할 여지없이 경제력이나 제3세계 지원정책 같은 의미에서는
유럽연합도 세계적인 권위를 누리지요. 하지만 유럽 자체가 미국
같은 초강대국이 되려면 아직 갈 길이 멉니다. 처음 유럽공동체를
시작할 당시의 6개국으로선 강대국이 되기 어려웠고, 지금의 15개
국으로도 마찬가지며, 곧 가입할 국가들을 합해 25개국이 된다고
해도 사정은 크게 달라지지 않을 겁니다. 물론 회원국이 늘어날수
록 유럽연합의 세력도 커지겠지만, 그 큰 덩지를 움직이는 데는 그
만큼 문제도 커지게 마련입니다. 그래서 전 나토 사무총장 솔라나
가 코소보와 같은 비극이 유럽연합 인접국에서 발생할 경우, 유럽
연합이 취할 수 있는 권위 있고 영향력 있는 개입은 미국과의 연대
를 통해서만 가능하다고 강조한 겁니다. 유럽연합이 미국이 가지고
있는 권위와 영향력을 가까운 장래에 가지기란 어렵습니다. 또 그
것을 유럽연합의 한계라고 비판할 필요도 없고요. 정작 비판할 내
용은 제3세계 농업에 대한 보호주의적인 이기주의 정책이라고밖에
생각되지 않는 '공동 농업정책' 같은 것이지요. 이런 점에서 우리
가 미국과 다를 게 뭐가 있나요?

▶ 하버마스나 데리다가 유럽은 이제 미국의 헤게모니에 대한 대항세
  력으로 스스로를 재정의해야 한다는 주장에 대해서는 어떻게 생각
  합니까?

난 왜 이 위대한 철학자들이 하필이면 유럽의 정체성을 미국에 대한 거부를 통해 정의하려고 드는지 알 수가 없어요. 특히 하버마스는 심지어 지난 2003년 2월 15일의 대규모 반전시위를 부시와 블레어 정권의 전쟁행위에 대한 유럽의 단합된 저항이었다고 해석했지요. 물론 미국에 자신 이외의 나머지 세계를 아예 무시할 수 있는 위험성이 농후하다는 것은 사실이에요. 정말 그렇게 될 경우 유럽은 스스로 쇄신해야겠지요. 하지만 그것을 미국을 거부하는 정신분열적인 태도로 할 필요는 없습니다. 유럽이 미국과는 다른 가치를 추구한다고 믿는 나머지 유럽을 미국에 반대세력으로 정의하는 것은 유럽을 통합시키는 것이 아니라 분열시킬 뿐입니다. 내 생각에 유럽 쇄신의 원동력은, 미국과 유럽이 결합해서 지구촌의 더 많은 국가와 사람들을 나름대로의 성과와 설득력을 가지고 포섭하는 일종의 실용적 계몽주의 같은 것이어야 합니다.

▶ 그렇다면 미국과 영국의 이라크 전쟁에 대해서는 어떻게 생각합니까? 특히 유엔이라는 국제기구를 배제하고 지구촌에서 신망을 잃을 만큼 국제법상 모호한 전쟁의 정당성을 주장한 데 대해서는?

이 전쟁의 정치적 동기는 아주 복합적입니다. 이 전쟁을 통해 유엔이 상당한 타격을 받은 것도 사실이고요. 하지만 이라크 재건 과정에서 유엔이 어떤 역할을 할지는 더 두고 봐야 하고 워싱턴과 런던의 반응도 두고 봐야지요. 우리가 살고 있는 세상은 지금 테러와 테러방어로 특징지을 수 있습니다. 테러를 없애기 위한 전쟁이 결국 테러에 의한 자유와 평화의 위협이나 마찬가지로 우리를 위협할지도 모른다는 물음은 당연한 것입니다. 그 자유와 안전 사이의 선택은 결국 유권자들이 하게 되겠지요. 그 어느 것 하나를 선택하면 다른 측면에 부담이 되겠죠. 그건 그렇고 여기서 제기되는 또 다른 문제는 이런 것입니다. 우리가 갖고 있는 기술적인 감시체제로 전 세계에 흩어져 있는 테러조직들을 모두 찾아내고 잡아낼 수 있는지, 또 다른 한편 이런 목적으로 개발된 영미 공동 감시 시스템인 '에켈론(Echelon)'과 같은 체제가 일반 시민의 자유와 권리에 어떤 영향을 주는지, 즉 안전을 위해서 얼마나 자유와 권리를 희생할 수 있는지 하는 물음도 제기되는 것입니다.

'대(對) 테러전쟁'은 만일 우리가 그 테러의 원인을 제대로 파악하지 못하면 결국 이길 수 없는 전쟁입니다. 영국은 스스로 그런 경험을 했지요. 북아일랜드 분쟁과 IRA의 폭탄테러는 대화와 평화협정에 의해서 비로소 해결의 실마리가 보이기 시작했거든요. 팔레스타인 문제도 마찬가지입니다. 팔레스타인 독립국을 건설해야만 중동의 폭력이 멈추게 될 것입니다. 장기적으로 볼 때 이슬람 세계의 전반적인 근대화만이 이슬람 근본주의를 막을 수 있는 처방일 것입니다. 하지만 당장 중동 정책이 성공을 거두더라도 여기까지 오려면 많은 세월이 걸릴 겁니다. 그 때까지 우리는 테러의 공포에서 벗어나기 어려울 것이고요.

▶ 일찍이 칼 대제, 즉 샤를마뉴 이래로 '유럽인'이라는 표현을 쓰기 시작했다고 하는데, 계속 그 해석은 분분했지요. 오늘날 '유럽인'이란 누구이가요? 유럽대륙에 사는 사람들, 이들이 유럽인인가요?

유럽에 살고 있는 사람들, 예를 들어 저 북극 근처 농부에서부터 시칠리아 섬 택시기사 중에 자신이 유럽인이라는 생각을 해보지 않은 사람도 많을 겁니다.

우리는 유럽인이 누구인가에 대해 좀더 수준 높은 범주를 생각해볼 수 있습니다. 한편으로 유럽인이란 자신이 속한 지역과 국가의 틀을 넘어서 유럽이라는 역사적이고 문화적인 공동체에 속한다는 사실에 긍지를 가진 사람입니다. 나 스스로 20년 넘게 유럽 곳곳을 전전하며 살아오는 동안 절실히 느낀 것입니다. 나의 유럽은 크라크푸의 구(舊)시장, 베를린의 프리드리히 교회, 나폴리의 번잡함, 그리스 섬의 고즈넉함을 모두 아우릅니다. 나의 유럽은 다양한 흥미로운 장소, 추억, 그리고 무엇보다도 사람들의 모자이크 같은 것입니다. 어떤 것은 내가 좋아하고 어떤 것은 싫어합니다만 상관없는 것은 없지요. 그래서 적어도 내게는 모국에 대한 사랑과 유럽에 대한 사랑 사이에 모순은 없어요. 난 잉글랜드 사람이고 영국인이고, 또한 동시에 유럽 사람이지요. 또는 알베르 카뮈가 어느 독일 친구에게 썼던 편지에 나오는 표현대로 "나는 민족주의자가 되기엔 내 나라를 지나치게 사랑한다"쯤 되겠지요.

그러나 다른 한편 유럽인은 아직 정치적 의미를 갖습니다. 그것은 종전 이후 수십 년의 노력 끝에 시작된 유럽통합, 또는 유럽통일이라는 기획에 의무감을 가지고 이를 추진하는 핵심 기구, 즉 유럽연합을 지지하는 사람이라는 뜻입니다.

▶ 당신은 어떤 유럽인입니까?

나는 위에 말한 두 가지 의미 모두에서 유럽인입니다. 하지만 우선 처칠이 했던 말을 인용하고 싶군요. "유럽연합은 그동안 시도했던 모든 유럽통합 노력을 제외하면 가장 열악한 유럽일 것이다." 유럽통합의 당면과제는 점점 커지고 있는 유럽의 현실이지요. 간단히 말해서 냉전종식 이후 유럽통합의 기획은 잘못된 방향으로 접어들고 말았어요. 유럽의 확장보다는 심화에 너무 심혈을 기울인 겁니다. 그 결과 유럽에 긍지를 느끼는 유럽인들이 유럽통합에 보내는 강렬한 지지를 잃을 위험성이 커지고 있다는 것입니다. 또는 진작부터 그저 우연히 유럽에 살고 있을 뿐 정체성을 가지지 못한 대다수의 사람들을 더욱 소외시킬 수 있는 위험도 커지고 있고요.

▶ 프랑스의 시라크 대통령은 융합된 유럽연방국이 아니라 개별 국가들의 연방이 유럽연합의 목표라고 말한 바 있습니다. 유럽통합의 길에 어떤 시행착오가 예상됩니까? 2010년의 유럽은 어떤 모습일까요?

그 때 유럽은 대체로 약 27개국 정도의 회원국과 10개 이상의 후보국 내지 옵서버 국 등 다양한 차원의 준회원국들로 이루어진 역사적으로 새로운 제도적 네트워크가 될 것입니다. 이 유럽은, 이 점이 아주 중요한데, 무엇보다도 나토에 연계되고 범태평양 자유무역 지대를 갖춘 북아메리카와 밀접하게 관련을 갖는 체제일 것입니다. 유럽연합의 모습은 영구적이고 제도화된 국가간 협력관계와 유럽 공동의 법질서, 그리고 범국가적 통합 과정으로 특징지어질 것입니다. 그 초석은 이미 다져지고 있고요. 적어도 통화통합 때문에라도 유럽연합 내 회원국들의 통합과정은 지금보다 진전되어 있을 것입니다. 하지만 그 때에도 아직 정치학자들이 흔히 '연합'이라고 부르는 체제를 완성하지는 못할 것 같습니다. 그래도 내가 '자유질서'라고 부르는 세계적인 모델을 제시할 수는 있을 것입니다. 그 질서 안에는 어떤 헤게모니 세력이 등장하는 것이 아니라 사안에 따라 다양하게 연대할 수 있는 유연한 국가들간의 연합이 가능합니다. 무엇보다도 중요한 것은 이 연합 안에서 국가간 갈등이 발생할 경우 어떤 경우라도 평화적으로 해결해야 한다는 점입니다. 또 그에 못지않게 중요한 것은 유럽 어디에서든 모든 나라에서 인권, 시민권, 그리고 소수집단의 권리가 보장되어야 한다는 전제입니다.

▶ 유럽연합이 앞으로 수십 년 동안 발전하게 되면 개별 국가들의 의미는 퇴색할까요?

우린 아직 그와 관련한 아주 중요한 사안에 대해 이야기하지 않았네요. 바로 언어문제입니다. 일찍이 헤르더가 '민족정신'을 정의할 때 본질적으로 언어, 그리고 언어를 통해 형성된 문화를 의미한다고 했지 않습니까. 지금까지 정치 공동체가 다양한 언어집단으로 구성될 때, 스위스를 제외하고는 늘 문제가 많았지요. 그래서 체코슬로바키아도 해체되고 유고 연방도 마찬가지였어요. 벨기에도 프랑스어를 사용하는 발론 지역과 네덜란드어를 사용하는 플랑드르 지역 사이의 갈등이 심각합니다. 유럽에는 현재 소수민족 언어를 빼고도 약 40여개의 주요 언어가 있습니다. 바로 이런 점에서 난 유럽인들의 공동체 의식 형성에 한계가 있다고 봅니다. 그래서 비록 경제, 사회, 안보 같은 주요사안의 정책수립과 실행은 유럽 차원으로 이전되겠지만 정치적 정당성 확보라든가 정체성 형성과 같은 핵심영역은 여전히 개별 국가에 남아 있을 것이라고 봅니다. 그러니까 앞으로 유럽에 등장할 새로운 세계가 전혀 새롭지는 않을 것이라는 말입니다.

이스라엘

나탄 스나이더

국민국가의 여정

　이스라엘의 가장 큰 국경일은 5월 14일인데, 지난 1948년 건국을 기념하는 날이다. 하지만 이 날은 민족국가로서 이스라엘의 존립과 인정을 위한 끊임없는 분쟁이 시작된 날이기도 하다.

　이스라엘 국가건설은 우선 구약성서에 상세히 기록된 고대 유대민족 역사와 긴밀하게 연관된다. 유대인의 민족 정체성과 역사적 자기인식은 지난 수천 년에 걸쳐 전해진 유산에 뿌리를 두고 있다. 그것은 이스라엘 민족의 조상인 아브라함 때부터 계속된 민족의 추방과 이산(離散), 그리고 축복의 땅 가나안으로의 귀향과 같은 그들의 역사이다. 현재 이스라엘의 영토는 지난 구약시대 이집트에서 탈출한 이래 벌써부터 다른 민족들이 거주해왔고, 지금까지도 분쟁이 끊이지 않는 바로 그 지역이다.

　이스라엘 민족의 방랑은 일찍이 바르 코흐바(Bar Kochba)가 이끈 로마-유대 전쟁(132~135)의 패배 이후에 예루살렘 도시파괴에서 시작되었다. 대부분의 유대인들은 고향을 등지고 낯선 곳에 흩어져 살 수밖에 없었다. 이를 '민족의 이산(Diaspora)'이라고 한다. 극소수의 유대인만 고향에 남아 로마의 군사지배와 법질서에 복종하며 살았지만, 종교행위나 관습은 엄격히 금지된다. 로마의 지배는 수백 년 동안 지속되고, 로마 멸망 후 기독교 세력과 이슬람 세력이 침략과 지배를 거듭하는데 아랍 및 터키족들이 그들이다.

　근대에 와서야 이스라엘 민족이 주권국가를 수립하려는 노력이 가시화된다. 그 시작은 1896년 헤르츨(Herzl)이 성서에 기록된 옛 고향에 민족의 터전을 세우자는 목표로 시오니즘 운동을 주창하면서부터다. 1897년 스위스 바젤에서 첫번째 시오니스트 총회가 열리고 여기서 당시 오스만 터키의 지배 아래 놓여 있던 팔레스타인 지역에 국가를 건설하기로 결정한다. 제1차세계대전을 통해 영국군이 오스만 투르크를 몰아내고 이 지역에 진주하여 새로운 점령세력이 된다. 1917년 당시 영국 외상 밸푸어는 팔레스타인에 유대인의 국가를 건설하도록 할 것이라는 영국정부의 방침을 선언한다. 물론 이 지역에 이미 거주하는 다른 민족의 권리를 침해하지 않는 범위에서라는 전제를 달았다. 이때부터 유대인들이 이주하기 시작하여 히틀러 집권 이후에는 이주가 더욱 가속화된다. 그러자 이 지역에 이미 거주하고 있던 다수의 아랍인들은 불안감을 느끼고 그들 입장에서 아랍인들의 팔레스타인 국가건설을 요구하기에 이른다. 제2차세계대전 중 유럽에서 벌어진 수백만의 유대인 학살이라는 참극은 독립국가 건설 과정을 촉진하여 종전 후 이스라엘 건국을 앞당긴다. 하지만 이 때문에 이 지역에 원래 거주했던 팔레스타인 사람들의 권리는 제한되고 향후 지속적인 분쟁의 싹이 된다.

독립된 민족국가 건설로 20세기에야 온 세계에 흩어져 살던 유대인들이 모이고, 이들은 공용어의 필요성을 절감하게 된다. 그래서 선택된 언어가 바로 히브리어이다. 이미 죽은 언어로서 고작해야 교회의 기도서에나 사용되던 말이지만 무엇보다도 이스라엘 민족의 단일한 문화적 전통과 정체성을 담기에 가장 적합했기 때문이다. 이렇게 해서 만들어진 새로운 히브리어, 곧 '이브리트(Iwrith)'가 이스라엘의 공식 언어이다.

이스라엘은 기원전 14세기부터 12세기 사이에 모세의 영도로 이집트를 탈출해온 유대인 열 두 지파의 공동명칭인데, 분열하지 말고 통합된 민족으로서 연대를 분명히 하자는 뜻이다. 이스라엘은 열 두 지파의 공동조상인 야곱의 별칭이기도 하다. 또 솔로몬의 죽음 이후 10개 지파가 모여 건설했다가, 200년 뒤인 기원 722년 아시리아에 의해 멸망한 북(北)왕국의 이름도 이스라엘이었다.

오늘날 이스라엘은 서구 지향의 의회민주주의 국가다. 그러나 1948년 건국 이후 지금까지 아직 완성된 헌법을 갖고 있지는 않다. 독립선언과 그 이후 합의된 몇 가지 기본원칙이 불문법으로 헌법적 기초를 제공한다. 1950년에 제정된 이민법이 통과된 이래 이스라엘은 가장 대표적인 이민국가가 된다. 전 세계에 흩어져 살아온 유대인들이 이곳에서 새로운 고향을 찾고 있다. 그 결과 1948년 겨우 60만에 불과했던 인구가 오늘날에는 600만에 이른다. 총인구의 82%는 유대인이고 나머지 18%는 비(非)유대인인데, 주로 아랍계 이슬람교도들이고 그 밖에 기독교인들도 있다.

중동 분쟁은 이미 1947년 11월 29일에 이스라엘 독립을 추인한 유엔의 결정에서부터 시작된다. 이 날 지난 국제연맹을 대신하여 전후질서를 주도하기 위해 만들어진 새로운 국제기구 유엔은 영국의 팔레스타인 지배 종식과 이 지역의 분할을 결정한다. 일부는 유대인들에게, 일부는 팔레스타인 사람들에게 말이다. 이렇게 해서 양 민족간 긴밀한 경제협력 관계는 물론 공동 통화와 개방적 국경 체제를 통해 평화로운 관계를 맺도록 유도하려던 것이었다. 예루살렘의 경우 다사다난했던 도시의 종교적 역사배경을 고려하여 특별 규정을 두었다. 그러나 아랍세계는 유엔의 결정을 거부했다. 그들이 보기에는 독립국가 이스라엘이 결코 달갑지 않았던 것이다. 다음 해에 첫 수상인 벤구리온이 이스라엘 독립을 선언하자 그들은 당연히 적대적인 반응을 보였고 주변 아랍세계로부터 독립된 국가로 인정받지 못한 이스라엘은 얼마 지나지 않아 이들과 전쟁을 벌이게 된다.

유엔이 중재하여 1949년 6월에 이스라엘 독립전쟁은 끝나지만

이는 다만 잠정적인 휴전일 뿐이었다. 그 이후 1967년 이른바 '6일 전쟁', 1973년 '욤 키푸르' 전쟁, 그리고 1982년 레바논 전쟁 등 이스라엘과 아랍세계 사이에는 세 차례나 전면전이 일어났다. 그 밖에도 전쟁상태를 방불하는 분쟁사태는 끊임없이 지속된다. 1977년에 들어서야 당시 사다트 이집트 대통령이 제안하여 성사된 이집트-이스라엘 간의 평화조약 체결로 평화적 해결의 희망이 싹트지만 온갖 노력에도 불구하고 팔레스타인 문제에 대한 갈등은 좀처럼 해결될 기미를 보이지 않고 있다. 1987년에 시작된 '인티파다' 사태로 인해 팔레스타인 지역에서 벌어지고 있는 대규모 시위, 총파업, 태업 등은 폭력으로 점철되어 많은 희생자를 내고 있다. 이 지역에 항구적이고 포괄적인 평화를 보장할 제도적 장치의 마련은 지난한 과제이며, 최근 사태로 더욱 요원해졌다. 팔레스타인 측의 자살폭탄 테러와 이스라엘의 반(反)테러 공격으로 점점 더 많은 민간인들이 희생되는 비극적인 사태가 연일 계속되고 있는 것이 이 지역의 슬픈 현실이다.

개인신상

▶ 당신의 출신은?

"지금 사는 여기가 내 고향입니다" 나탄 스나이더는 조금 생각하더니 이렇게 대답했다. "나는 저 바깥세상이 어떻든 아내와 딸과 함께 사는 여기가 내 고향이라고 생각해요."

나치의 유대인 박해를 피해 겨우 살아남은 그의 부모는 제2차세계대전이 끝나자 폴란드에서 미군 점령지역으로 피난해 이른바 '실향민(displaced person)' 수용소에 무국적자로 수용된다. 스나이더는 독일 만하임 시 근처의 이 수용소에서 1954년 10월 6일에 태어났다.

"내가 열세 살 때 일어난 6일 전쟁을 텔레비전에서 봤던 기억이 생생해요. 그 기억과 내가 속한 시오니즘 청소년 운동단체에서 받았던 자극으로 고등학교를 졸업하면 이스라엘로 가겠다고 결심했죠." 스무 살의 나이에 스나이더는 그 결심에 따라 이스라엘로 이주한다.

이스라엘로 이주한 그는 처음 2년을 여러 협동농장을 전전하며 보낸다. "우습게도 바로 이 협동농장에서 보낸 시기에 난 개인주의자가 되었다"라고 그는 고백한다. 1977년 스나이더는 텔아비브 대학에서 사회학, 심리학, 역사학을 전공하기 시작한다. 1984년 '동정심의 사회사'라는 주제를 가지고 미국으로 유학해 컬럼비아 대학에서 공부를 계속한다. 그는 뉴욕에서 학위공부 이외에 처음으로 삶을 즐기는 방법을 비로소 배우게 되었다고 한다. 예를 들어 프로

농구단 뉴욕 닉스 팀과 프로야구단 뉴욕 메츠 팀의 열렬한 팬이 되는 것 말이다. "뉴욕에서 난 비로소 고향처럼 편안하게 느꼈어요, 거기엔 바로 이 고향이란 개념이 없거든요!"

스나이더는 1992년 연구목적으로 독일로 돌아온다. 그는 베를린 레오 벡(Leo Beck) 연구소에서 구동독 지역 유대인 문제에 대한 연구를 시작한다. 그 때 베를린에서 만난 여성과 일 년 뒤, 바로 오슬로에서 팔레스타인과의 평화협정이 조인된 8월 31일에 결혼한다. "일부러 1993년 8월 31일을 택한 거예요. 왜냐하면 우린 그때 드디어 제대로 된 이스라엘로 돌아갈 수 있다는 희망을 품을 수 있었거든요." 다음 해 태어난 딸은 그 희망을 더욱 부풀게 해주었다. 하지만 1995년 라빈 수상의 암살과 함께 그 희망은 사라지기 시작했다. 특히 1996년에 네타냐후가 수상이 되자 마지막 희망의 불꽃마저 사라졌다. "샤론이 수상이 된 이후의 이스라엘에서는, 팔레스타인 사람들이 크고 작은 억압과 이스라엘 점령군의 폭력을 거부하고 있는 현실을 인정하고, 새로운 평화와 공존의 정책을 수립할 가능성이 날마다 작아지고 있습니다. 테러는 중동의 일상이 된 지 오래에요. 그리고 이스라엘에서 정치는 이제 이런 사태를 극복하기엔 너무 무기력할 뿐 아니라, 아예 그 일상을 당연한 것으로 받아들이고 있는 정도랍니다." 그러니 어떻게 새로운 희망을 품을 수 있을까 하는 것이 가장 큰 과제라는 것이다.

스나이더가 이스라엘에서 살아가는 일에 회의를 가진 적은 한두 번이 아니지만 그렇다고 이스라엘을 등지자니 그와 가족이 품고 사는 생활철학에 어긋난다. 그래서 여전히 텔아비브와 하이파에 살고 있다. "거기서는 대다수 사람들이 그런 종교적 극단을 거부하며 살고 있거든요." 1996년부터 나탄 스나이더는 그곳의 아카데믹 칼리지(Academic College)에서 사회학 교수로 일했다. "사회학이 내 제도적인 고향이기는 하지만, 난 전문적 사회학자일 뿐 아니라 대학에 적을 둔 에세이스트며 저술가입니다. 또 비단 어떤 특정 국가의 국적에 얽매이지 않는 세계시민으로서 세계의 모든 곳을 고향이라고 생각합니다." 좀더 정확히 말하자면 그는 유대인 세계시민이라고 스스로를 규정한다. "그것은 특수성과 보편성이 팽팽한 긴장을 이루면서 어디엔가 뿌리내린 상태와 세상에 대한 개방성이 결합한 것이라고나 할까요, 뭐 그런 뜻이지요." 그러면서도 그는 세계 어디에서든 이방인으로서 고향처럼 느낀다는 표현을 쓴다. "그건 내가 어디서도 고향을 느끼지 못한다는 뜻이기도 하지요. 난 일찍이 만하임이 스스로 지칭했던 '부유하는 지식인'같이 '공중에 떠 있는 사람'입니다. 아니면 '루프트-한자(Luft-Hansa) 인간'이라고나 할까요.[4] 또 그게 그렇게 나쁘다고 생각하지도 않고요."

| 대표작들 |

Natan Sznaider. 2001, *Über das Mitleid im Kapitalismus*(자본주의 안의 동정심에 대해), München: Edition Muenchen- Bibliothek der Provinz.

_____ & Daniel Levy. 2001, *Erinnerung im globalen Zeitalter- der Holocaust*(지구화 사회 안에서의 기억의 의미- 홀로코스트), Frankfurt am Main: Suhrkamp Verlag.

_____ & Ulrich Beck & Rainer Winter. 2003, *Globales Amerika*(지구화된 미국), Frankfurt am Main: Suhrkamp Verlag.

4) 일종의 언어유희로 공기는 독일어로 루프트(Luft)라고 하는데, 독일의 대표적 항공사는 이 단어와 중세 교역 중심 항구도시들의 연합인 한자(Hansa) 동맹이 결합된 루프트 한자(Luft-Hansa)라는 이름을 가지고 있다. 스나이더는 자신이 상징적인 의미에서 공중에 부유하는 존재일 뿐 아니라, 실제로도 자주 여행하는 사람이라는 뜻으로 이런 표현을 썼다.

▶ 당신의 미래는?

"왜 사람은 자기가 난 곳에서 죽어야 하죠? 사람이 무슨 나무인가요." 나탄 스나이더는 질색하면서 운을 뗀다.

끊임없이 이어지는 테러 사태와 전쟁 위험에 직면하여 그는 한동안 이스라엘로 간 것이 잘못된 일은 아닌지, 지금이라도 떠나야 하는 게 아닌지 의심했다고 한다. 지금 이스라엘에 사는 것이 자신이나 가족에게 너무 위험한 일은 아닌지, 아니 더 나아가 유대인들의 독립된 민족국가 건설 자체가 결국 잘못된 일은 아닌지 의심스러웠다. 그래서 그는 자신의 삶을 스스로 선택한 조국인 이스라엘에서 마쳐야 할지에 대해 늘 의심한다. "이스라엘은 늘 도전받고 있기 때문에 늘 살아 움직이고 깨어 있어요. 여기서 사는 일 자체가 긴장과 자극의 연속이기 때문에 나른하게 늘어져 있을 수가 없어요." 물론 이스라엘에서도 아름답고 평화롭게 살아갈 수 있다. "다만 저기서 오는 버스가 혹시 자살 폭탄테러용이 아닌가, 그래서 곧 폭발과 함께 나도 날아가 버리는 것이 아닌가 하는 불안과 의심에 끊임없이 사로잡히지 않을 수만 있다면 말입니다." 폭탄위협은 비단 버스에서뿐 아니라 카페, 영화관, 해수욕장 어디서든 마찬가지다. 특히 공적인 생활을 하는 사람들은 언제나 폭탄테러나 국가조직의 인권침해 같은 폭력의 희생자가 될 수 있다는 가능성을 지니고 살아가야 한다. 스나이더는 역설적으로 그 지긋지긋한 분쟁에 지친 양측 시민들이 소비에 탐닉할 것을 기대한다. 즉, 사람들이 더는 조국을 위해 죽을 각오를 하는 것이 아니라 일상의 작은 기쁨을 추구하기를 말이다. 제발 덕분에 평화시대가 와서 사람들이 이제 조국의 안녕이 아니라 개인적인 걱정거리들, 불확실한 미래, 직업전망 등에 골머리를 앓기를 바라는 것이다.

짧게 묻기

▶ 가장 '이스라엘적'인 것은?

가장 이스라엘적인 것은 아주 다양한 언어와 문화집단이 서로 혐오할 정도로 싫어하긴 하지만 함께 살고 있는 점이지요. 지금 우리가 이스라엘에서 관찰할 수 있는 것은 국민국가의 틀 너머로, 또는 그 틀을 무시한 채 민족적 정체성이 형성된다는 사실입니다. 예를 들어 이스라엘에서는 러시아 신문을 읽고, 러시아 TV를 시청하고, 러시아 영화를 보러 가고 러시아 록 음악을 즐길 수 있어요. 하지만 재미있게도 서구의 문화적 다원주의의 영향으로, 모든 서구적인 것을 거부하는 유대인적이고 동양적인 정체성 역시 진지하게 받아들입니다. 또 이스라엘에서는 유대인이 아닌 국민, 곧 팔레스타인 사람들이라고 해도 적어도 문화적 독자성은 요구할 수 있습니다. 그러니까 가장 이스라엘적인 것은 다양한 정체 형성 유형이 혼합되면서 옛 범주의 유형이 사라지고 새로운 범주의 유형이 형성되는 것이라고 할 수 있습니다.

▶ 당신을 이스라엘 사람으로 만드는 것은?

나는 유대인으로 태어났고 전혀 스스로를 비종교적이라거나 반민족주의적인 보편주의자라고 생각하지 않습니다. 그런 보편주의가 가능하다고 믿지도 않고요. 이스라엘은 수천 년 동안 세상을 방황하던 유대인들이 세운 인종적인 민족국가입니다. 이스라엘은 또한 종교적 유대주의에 국적을 부여한 시오니즘이라는 국가건설의 이념을 바탕으로 하고 있는 아주 민족주의적인 국가에요. 거듭 말하지만 나는 유대인이고 또 이를 부정할 수 없습니다. 결국 내가 어떻든 유대인이라는 정체성을 갖고 살 수밖에 없다는 뜻인데요. 물론 그 정체성을 국가로서의 이스라엘에서 찾고 싶진 않습니다. 오히려 역사적인 민족 탈출과 민족 이산, 그리고 그 과정에서 형성된 세계 개방성에서 찾고 싶어요. 즉 어디에도 속하지 않으면서 늘 어디론가 떠나야 한다는 의식, 어디에도 매어 있지 않은 자유로움 같은 것이지요. 유대인 철학자인 레비나스의 표현을 빌면, "인간은 나무가 아니며 인류 또한 숲이 아니다"라고 하겠습니다. 나무들처럼 뿌리에 매인 존재가 아닙니다, 우리 인간은.

▶ 이스라엘의 존립 근거는?

이스라엘의 국가건설은 시오니즘이라는 이데올로기에 바탕을 두었습니다. 18세기 해방될 때까지 유대인들은 고향도 없이, 소속된 곳도 없이 그저 독자적인 종교 공동체로만 살았어요. 그러니 당시 형성되기 시작한 국민국가 어디엔가 강제로 편입될 수밖에 없었지요. 그래서 갑자기 자신들이 유대인이면서 각기 살고 있는 나라 사람, 곧 헝가리인, 폴란드인, 독일사람, 영국사람, 루마니아 사람이 될 수 있는가 하는 질문에 봉착했습니다. 시오니스트들은 유럽에서의 유대인 해방은 실패한 것이며 유대인들은 원하건 원하지 않건 유대인으로 살아갈 수밖에 없다는 주장을 폈습니다. 그러니까 각 국민국가 내에서 유대인들은 결코 그 구성원들로 받아들여지지 않으며, 더욱 주변으로 몰릴 것이라는 주장이지요. 그래서 방법은 오로지 독자적인 국민국가를 건설하는 것뿐이라는 결론에 도달한 것이지요. 그러니 시오니즘은 다른 유럽의 이른바 '민족주의 봄' 흐름과 나란히 발생한 민족주의 운동이라고 볼 수 있습니다. 다만 당시 유럽의 여타 민족주의 운동이 특정 영토를 기반으로 한 것과는 달리 시오니즘은 종교적이고 종족적인 소속감을 기반으로 했다는 점이 특징이지요. 그러니까 독일이나 프랑스, 영국, 루마니아에 흩어져 살던 유대인들이 그들이 속한 국가를 넘어서 연대감을 가져야 하고 서로 모여 한 국가를 건설할 수 있는 영토를 찾자는 운동이 된 것이죠. 이는 그 자체로 모순입니다. 그 많고 많은 나라에서 유대인들을 모아서 아직 있지도 않은 영토에 민족국가를 건설하겠다는 발상 자체가 모순을 안고 있다는 뜻입니다. 한편으로는 더는 종교적 차원이 아닌 국가적 차원에서 유대인의 정의를 내리려고 했고, 다른 한편으로는 한 지역에 다양하기 그지없는 종족과 민족의 구성원들을 모여 살게 하면서 유대교라는 종교로 이를 결합시키려고 했습니다.

시오니즘은 한마디로 종족적인 이질성을 포괄하는 민족주의 운동입니다. 그러려면 그 이질적인 종족들이 무언가로 결합해야 하는데, 정작 바로 그 결합의 상징인 공동의 종교성을 시오니즘 이데올로기에서는 거부합니다. 이 모순이 이스라엘에서는 아직 해결되지 않고 있어요.

▶ 이스라엘이 다른 국민국가들과 다른 점은?

이스라엘의 특수성은 온 세상의 유대인들이 이스라엘을 도피처와 동시에 고향이라고 생각한다는 점입니다. 이스라엘의 귀환법은 모든 유대인에게 귀향할 수 있는 권리를 보장하고 귀환과 동시에 국적을 부여합니다. 이 법은 당시 구소련에서 종교적인 이유로 박해받고 있던 유대인들의 보호를 위해 만들어진 것입니다. 물론 대부분의 구소련 거주 유대인들도 사실은 이스라엘보다 미국이나 캐나다, 독일로 가기를 더 바랐을 겁니다. 하지만 고향이 중요한 사람들에게는 고향처럼 느낄 수 있는 이스라엘이 중요한 몫을 했고, 또 하고 있는 셈입니다.

▶ 오늘날 국민국가의 과제는?

이스라엘은 '탈(脫)영토화'와 '영토화'라는 엄청난 모순에 직면하고 있습니다. 내가 도입한 이 개념을 좀더 구체적으로 설명해볼게요. 텔아비브 중앙역에 가면 고층건물과 첨단과학기술 기업들을 볼 수 있습니다. 거기서 일식 초밥 가게, 이탈리아 식당, 패스트푸드점들이 늘어서 있는 길을 따라 걷다보면, ≪월 스트리트 저널≫을 손에 말아 쥐고 휴대전화로 영국이나 미국의 최신 정보를 받는 잘 차려입은 젊은이들을 만나게 될 것입니다. 이스라엘에 최근 형성된 이른바 '여피족', '닷컴족'이 그들입니다. 돈을 잘 버는 20~30대의 하이테크족 말입니다. 이스라엘은 이미 세계적인 하이테크 중심의 하나입니다. 이 새로운 여피족들은 이스라엘에 새로운 생활패턴을 도입하고 있습니다. 부티크, 레스토랑, 그리고 그 밖의 서비스 업종들과 24시간 문을 열 수 있는 카페 등 말입니다. 이 모든 것은 지구화된, 그리고 지구화로 가능해진 하이테크 문화라고 할 수 있지요. 이들은 이미 탈영토적인 삶을 삽니다. 특히 팔레스타인과의 평화로운 관계건설을 지원합니다. 이들의 생활철학에 걸맞기 때문이죠. 그리고 평화로운 관계건설이 실패할 때 가장 고통 받을 사람들이기 때문입니다. 공간은 그다지 중요하지 않다가 갑자기 실감되는 것입니다. 특히 가장 처참한 방식으로 말입니다. 한편으로는 이스라엘 역시 이렇게 세계 개방적인 탈공간적 측면에 따라 변화하지 않으면 안 될 상황에 놓여 있습니다. 하지만 동시에 이스라엘은 아주 촌스러운 민족주의적 의미의 전쟁 한복판에 놓여 있습니다. 옛 영국 점령지역인 팔레스타인 지역을 놓고 이스라엘 사람들과 팔레스타인 사람들이 동시에 그 영토권을 주장합니다. 여기다 예루살렘의 신전 언덕 분쟁까지 겹칩니다. 이 언덕에는 아브라함이 여호와의 지시에 따라 아들인 이삭을 바치려 했던 신전이 있었다고 합니다. 그런가 하면 또 바로 여기서 예언자 마호메트가 말을 타고 승천했다고 하고, 마지막으로 예수는 여기서 멀지 않은 곳에서 십자가에 못 박혔다고 합니다. 세 종교가 이 좁은 지역에서 서로 다투게 되면 앞서 이야기한 세계 개방성은 언어도단일 뿐입니다. 여기서는 탈영토화든지 영토화든지 지구화든지 세계시민 의식이든지 애시 당초 불가능합니다. 오히려 정반대로 인간의 정체성이나 종교적 신념체계가 어떤 특정 공간에 매이거나 공간화됩니다. 공간에서 자유로워야 할 종교성이 이스라엘에서는 불행히도 구체적인 공간에 매몰되어 있습니다.

여기서 주권 문제가 제기됩니다. 이 신전 언덕은 누구 것이냐 하는 거지요. 내 것이냐, 남의 것이냐에 따라 누가 이 언덕에 오를 수 있느냐가 정해지잖아요. 당신도 기억하지요, 왜 언젠가 샤론이 그 언덕의 주권을 장악하려고 했잖아요. 2000년 9월 수백 명의 경호원을 대동하고 언덕에 올랐죠. 그 때 엄청난 소요가 일어났고 그게 바로 지금까지도 이어지고 있는 인티파다의 도화선이 되었습니다. 바로 이런 순간 영토나 국민국가에 매몰되어서는 안 된다는 신자유주의나 지구화라는 화려한 수사(修辭)가 공허해지는 겁니다. 모든 게 뒤틀리는 거죠. 사람들은 상대가 다른 인종이라는 이유로, 다른 종교를 공간적으로 규정하려고 했다는 이유로, 자기들만의 동질적인 민족국가를 건설하려고 한다는 이유로 서로 죽이는 일조차 서슴거리지 않는 그런 인종적이고 민족주의적인 공간에서 살게 되는 겁니다.

더 큰 문제는 위에 서술한 과정이 동시에 일어난다는 데 있습니다. 전근대와 탈현대가 역사의 연속성에 따라 흐르는 것이 아니라 같은 공간에서 부딪치는 형국입니다. 그러니 흔히 말하는 비(非)동시적인 것의 동시성, 동시적인 것의 비동시성이 바로 이스라엘의 특징이라고 할 수 있습니다.

▶ 국민국가의 앞날은?

분명히 말하지만 우리가 지금 알고 있는 이스라엘은 50년 뒤에는 존재하지 않을 것입니다. 내 생각에는 앞으로 팔레스타인을 독립국가로 분리시키고 이스라엘은 유대인들만의 동질적인 국민국가가 될 것 같아요.

공동체적 차원에서 자치적인 지역단위의 해결책을 찾건, 북 이스라엘 지역 아랍인들에게 문화적 자치를 부여하건 이제 국가 차원의 해결을 가능하지도, 필요하지도 않습니다. 점점 해체되어가는 국민국가 내에서 이루어지는 다양한 인종집단의 문화적 자치, 뭐 이런 것이 미래의 대안이 아닌가 싶습니다. 이를 대규모나 소규모로 실천해나가야 합니다. 나야 뭐 예언자도 아니지만, 어쨌든 이스라엘이 50년 뒤에도 지금과 같은 유대주의 국가로 존속할 것 같지는 않습니다.

캐묻기

▶ 이스라엘 건국운동이 유럽에서 일어났으니 이스라엘은 유럽에서 비롯되었다고 할 수 있지요. 물론 지금 위치는 유럽이 아니지만요. 그 건국이념이 현재 이스라엘에 살고 있는 사람들에게 아직도 의미가 있나요?

물론입니다. 결국 이스라엘 건국이 시오니즘 운동에 정당성을 부여했잖아요. 1933년 이전에는 그저 유대인의 운명에 대해 토론만 했어요. 유대인들에게 어떤 삶의 형태가 가장 좋으냐, 뭐 이런 거였죠. 요컨대 당시 형성된 여타 유럽의 국민국가들 내에서 살 것이냐, 아니면 독자적인 건국이념에 따른 국가를 건설할 것이냐 하는 것이 문제였죠. 유럽 유대인들은 유럽 문화에 동화된 측면도 있고, 정통 유대교적인 측면도 있고, 그러니까 유대인적이기도 하고 아니기도 하고, 해당 국민국가에 충성하기도 하고 동시에 세계 개방적이기도 하고 그랬단 말입니다. 다만 한 가지는 아니었죠. 유럽 국민국가 사회 안에 통합된 집단은 아니었다는 것입니다. 그러니 여전히 일종의 망명 집단으로 살 것이냐, 아니면 거기 완전히 통합될 것이냐 하는 문제가 제기된 것입니다.

시오니즘은 일종의 유럽적인 이데올로기입니다. 그 바탕은 바로 유럽의 민족국가 해방운동의 맥락에 있으니까요. 헤르츨의 '유대국가론'은 19세기 말 유럽을 풍미했던 민족국가 이데올로기의 다른 표현입니다. 다른 점이라면 이들 민족국가들에서 끊임없이 지속되는 반유대주의를 모면하기 위해 모든 통합정책에 반대했다는 것

정도랄까요? 당시 시오니즘은 유대인들 사이에 활발한 논쟁을 불러일으켰습니다. 한 가족 내에서도 분쟁이 일어났지요. 사회주의자, 시오니스트, 통합주의자 이렇게 분열이 생긴 겁니다. 1890년부터 1900년, 1910년, 1920년 시기마다 유대인들은 당시로선 정당하다고 할 수 있는 각각의 이데올로기를 따릅니다. 그것이 사회주의건, 시오니즘이건 아니면 해당 거주 국가에서의 시민권의 보장이든 말입니다.

하지만 홀로코스트 이후 시오니즘은 단연코 독자적인 정당성을 확보합니다. 왜냐하면 시오니즘의 주장은 늘 "박해 없이 유럽 어느 나라에서든 살 수 있다고 믿는 것은 환상일 뿐이다"라는 것이었거든요. 이렇게 역사적으로 증명된 시오니즘의 실제적 정당성은 곧 이스라엘 건국신화가 되고 말았고요. 이스라엘은 존재해야 하기 때문에 존재한다는 의미에서 말입니다. 심지어 반대로 홀로코스트가 아니었다면 이스라엘이 존재할 수 있었겠냐는 억측까지 나올 정도였습니다. 이스라엘이 이미 존재했다면 홀로코스트는 일어나지 않을 수도 있었다는 식으로 이스라엘 건국의 정당성을 강조하는 것입니다. 이스라엘 건국신화는 결국, 이스라엘 밖에서는 유대인들이 유럽에서처럼 어디서든 박해받고 위협받으며 학살당할 수밖에 없는 만큼 독자적인 국가로 보호해야 한다는 내용이 된 것입니다. 이런 신화는 이스라엘의 자기 정체성에 확고하게 자리 잡은 내용으로서, 이것은 결코 홀로코스트를 수단화했다고 할 수 없을 만큼 사람들의 의식 속에 깊이 박혀 있는 것입니다.

▶ 이스라엘을 심층적으로 관찰하면 종교적인 원칙과 세속적인 요구 사이에 모순과 역설이 많아요. 예를 들어 독일 사람과 유대인, 팔레스타인 사람과 유대인의 구분만 해도 그래요. 시오니즘은 원래 이

스라엘 국적과 유대교 신앙이 일치할 필요가 없는 민족국가의 주권원칙에 바탕하고 있는 것 아닌가요? 아직도 강하게 남아 있는 이러한 국가 이데올로기를 다원주의적인 것으로 변환할 수 있을까요?

아주 흥미로운 문제를 지적하고 있군요. 왜냐하면 유대인은 이스라엘 국민이면서 독일 국적을 가질 수 있습니다. 또 이스라엘에는 유대인뿐 아니라 이스라엘 국적의 팔레스타인 사람들도 있습니다. 그래서 이스라엘에서는 늘 "우리 이스라엘 사람들과……"라고 말하지, "우리 유대인들과……"라고 말하진 않아요. 그 밖에 기독교 신앙을 가진 이스라엘 사람들도 있거든요. 아무튼 이렇게 말할 때도 유대인을 기독교인이나 이슬람교도와 대칭시켜 말하는 것은 아니에요. 오히려 유대인과 아랍인을 말하지요. 이스라엘의 600만 인구 중에 약 18~19%에 달하는 120만 명 정도는 유대인이 아닙니다. 그들 대다수는 이슬람이고 나머지 극소수가 기독교인이지요. 그러니까 이스라엘 사람이라고 하면 유대인은 물론 이들 이슬람과 기독교인을 아우르는 말입니다.

▶ 그것은 결국 '혈연원칙(ius sanguinis)'이 아닌가요?

그건 그렇습니다. 바로 독일에서 적용됐던 아직 없애지 못한 과거의 유산입니다. 국적에서 인종적 배경이 결정적 의미를 갖는 것을 말하지요. 이스라엘은 그런 점에서 종족국가입니다. 민족 분산 시기에 온 세상에 흩어져 살았던 유대인이 이스라엘 사람이 된 것이기 때문이죠. 이 혈연원칙에 따르면 아랍인들은 이스라엘 사람이 될 수 없어요. 혈연원칙이야말로 이스라엘의 존립근거며 정당성이라고도 할 수 있고요.

이런 측면에서 점령 지구에 사는 팔레스타인 사람들과 이스라엘에 사는 팔레스타인 사람들을 구분해야 한다는 이상한 믿음이 오래도 갔지요. 두 집단 모두 팔레스타인 사람들이고 진작부터 이들을 이스라엘의 아랍인이라고 불렀다는 사실을 이해할 수 없는 거죠. 그러니까 이스라엘 국민으로 살면서도 팔레스타인 민족으로 소속감을 느끼는 팔레스타인 사람들의 존재를 인정하지 않는 겁니다. 유대인 이스라엘 국민들은 이것을 불안하게 생각합니다. 그러다보니 지난 2000년, 이 이스라엘 아랍인들의 데모에 경찰이 총을 쏴 13명이나 죽는 사태가 일어난 겁니다.

　그래서 진보적인 좌파들은 주장합니다. 아라파트를 중심으로 하는 팔레스타인 독립 국가를 인정해야 한다고요. 그런데 문제는 이스라엘 인구의 약 20%에 달하는 아랍인들 대부분은 결코 팔레스타인이 독립국가가 되더라도 가지 않을 것이라는 사실입니다. 여러 사회조사의 결과가 그렇게 나옵니다. 이스라엘 아랍인들은 나름대로 이스라엘에서 사는 데 만족하고 있고, 무엇보다도 중동에서 가장 좋은 교육기회를 자녀에게 보장할 수 있다는 점을 높이 사고 있는 것이지요. 특히 이들은 이스라엘에 완전히 통합된 것은 아니지만 상대적으로 물질적인 풍요도 누리고 있고요. 그렇지만 2등 국민취급을 받는 것은 납득하지 못합니다. 이들은 어느 정도 점령지구의 팔레스타인 사람들과 연대감을 갖지만 동시에 이스라엘 국민이라는 겁니다. 그런 면에서 이들은 이스라엘 국가를 탈영토화하는 데 이바지하고 있습니다. 인구의 1/5에 해당하는 집단이 이스라엘 안에 살면서 거기 소속되려고 하지는 않는다는 것입니다. 비슷한 상황은 구소련에서 온 유대인들에게서도 찾아볼 수 있습니다. 이들은 이스라엘로 이주해와서야 비로소 러시아적인 정체성을 재발견하고 여기서 일종의 작은 러시아를 형성하고 삽니다. 그뿐만 아니라 전통적인 유대교 종교의식 속에서 살려고 하는 근본주의자들, 유대인 의식은 강하지만 이스라엘 국가에 대한 충성심은 그리 강하지 않은 동양계 유대인들도 있습니다. 이스라엘은 이렇게 안에서부터 점차 물이 새기 시작하는 낡은 배와 같습니다.

▶ 그렇다면 무엇이 아직 이스라엘을 지탱하고 있는 건가요?

  그거야 물론 공동의 적이지요. 그 오랜 아군-적군의 이분법이 튼튼한 동아줄처럼 나라를 지탱하고 있습니다.
  전통적으로 적대적인 표상이야말로 강력한 통합력을 발휘하지 않습니까? 요컨대 1948년의 이스라엘 건국 이래 끊임없이 계속된 인접 아랍 국가들의 침략 위협이 이스라엘 사회의 통합을 유지하도록 한 것이지요. 이것도 좀 단순한 설명인지 모릅니다. 왜냐하면 이제는 어떤 공동체를 유지하고 지탱하는 결합력, 합의 같은 힘이나 요소들은 없는지도 모르거든요. 가장 그럴듯한 답은 이런 거겠지요. "이스라엘을 지탱하는 결합력 같은 것은 없다, 다만 그대로 유지되고 있을 뿐이다!"

▶ 최근 몇 년 사이에 달라진 것이 있나요?

  흥미롭게도 샤론 정권하에서 달라진 것이 있습니다. 극우파들은 늘 평화협정 같은 것을 극렬히 반대해왔지 않습니까. 무엇보다도 밖으로의 평화, 곧 외부에 적이 없다는 것은 곧 국가의 정체성 기반을 무너뜨리는 일이기 때문이었죠. 물론 이들이 이런 것을 공식적으로 주장한 적은 없지만 이들은 분명히 알고 있습니다. 많은 이스라엘 사람들은 평화에 대해 두려움을 갖고 있는 이유가 바로 자신의 가장 확실한 정체성 내용을 빼앗길 수 있기 때문이죠. 이들을 결합시키는 것은 자신들이 팔레스타인 사람이나 아랍인이 아니라는 사실입니다. 그러니까 자신들을 적이 아닌 존재로 규정함으로써, 즉 부정적인 동일시를 통해 정체성을 얻는 것입니다. 여기서 적은 실제로 존재할 수도 있고, 다만 상상 속에 존재할 수도 있습니다. 이건 별로 중요하지도 않죠. 우선 아랍인이나 팔레스타인 사람이 아니면 되는 겁니다. 그런데 이 팔레스타인 사람이나 아랍인이 더 이상 적이 아니라면, 그들과 다르다는 존재성은 별 의미가 없어지지요. 이렇게 된다면 아마 지금까지는 적당히 은폐되었던 민감한 문제들, 예를 들어 종교성 같은 것을 기준으로 집단 내부의 많은 문제가 드러날 겁니다.

▶ 팔레스타인 측에서는 거꾸로 이스라엘의 폭력과 억압을 자신들 국가건설의 근거로 주장하고 있습니다. 이렇게 해서 팔레스타인 사람들의 민족의식이 고취될까요?

현재로서는 팔레스타인 사람들도 이스라엘 사람들이나 똑같이 그들이 유대인이 아니며 자신들을 핍박하는 이스라엘과 투쟁해야 한다는 사실 때문에 결합하고 있습니다. 만일 유대인, 이스라엘이라는 공동의 적이 없다면 이들 사이에도 집단 내 문제가 불거질 겁니다. 예를 들어 이슬람 교도와 기독교인들 사이에 말입니다. 또는 팔레스타인 지도부 안에도 한편으로는 민주적이고 계몽적이며 서구 지향적인 세력부터 사회주의 세력까지 있고, 다른 한편으로는 일종의 이슬람 공화국과 같은 신성국가를 만들려는 세력도 있고, 그런가 하면 경찰국가와 같은 전체주의를 표방하는 세력도 있습니다. 그 내부적 갈등이 다만 이스라엘이라는 공동의 적에 대한 독립

투쟁에 가려져 있을 뿐이지요.

▶ 만약 극단적으로 팔레스타인에는 이슬람 신성국가를, 이스라엘에
  는 유대교 신성국가를 건설하려는 요구가 강하다고 합시다. 이런
  요구들은 결국 이 지역문제를 영원히 해결할 수 없는 것으로 만드
  는 것이 아닐까요?

유대인들은 망명생활에 익숙합니다. 유대인들이야말로 탈영토화
라는 개념을 만들어냈을 뿐 아니라 지난 2000년 동안 그것을 실천
한 민족입니다. 이렇게 볼 때 탈영토화는 최근에 와서 지구화를 주
장하는 사회학자들이 만들어낸 개념이 결코 아닙니다. 탈영토화는
바로 '민족의 이산'이라는 개념과 연관되잖아요. 이것 또한 유대인
적 개념이지요. 유대인들은 자신만의 공간 없이 오래 살아왔습니
다. 그래서 국가와 종교는 명백히 분리되었는데 최근에 와서야 이
것을 다시 결합시켰습니다. 그 바람에 성경은 아주 정치적인 문서
가 되어버렸죠. 특히 1967년 6일 전쟁의 승리로 헤브론이나 동 예
루살렘, 통곡의 벽 같은 성지가 요르단 영토에서 이스라엘 영토로
넘어왔습니다. 1948년부터 1967년까지 이스라엘은 성서에 따르면
당시 이스라엘 민족의 적이었던 블레셋 사람들이 살던, 해안을 따
라 난 좁다란 지역만을 영토로 했어요. 그런 종교적 의미는 한동안
그다지 결정적이지 않았어요. 그런데 6일 전쟁 이후 갑자기 결정적
인 의미를 가지기 시작했죠. 이때부터 사람들은 성서에 나온 근거
로 영유권을 주장하기 시작합니다. 당시 참모총장은 무전으로 이런
말을 했답니다. "신전언덕은 이제 우리 손에 넘어 왔다"라고 말입
니다. 이때부터 민족분산으로서의 이스라엘의 정의는 끝나게 됩니
다. 우연히도 하필이면 5일도, 7일도 아닌 6일 전쟁으로 말입니다.

잘 아는 대로 야훼께서 6일 동안 세상을 창조하시고 7일째는 쉬셨다는 성서의 종교적인 상징에 들어맞는 거지요. 그 6일 동안의 전쟁으로 새로운 세상이 열렸다는 겁니다. 마치 천지창조처럼 이 전쟁을 통해 그동안 잠재되었던 힘이 발산되었고 그것이 지금까지 유지되고 있는 것입니다. 종교가 갑자기 영토의 영유권을 가지게 된 거예요. 이 순간부터 이스라엘에서는 종교적인 갈등이 아니라 영토적인 갈등이 시작되었습니다.

▶ 그렇다면 그 종교를 특정 지역에 제한해서 영토화할 수는 없을까요? 예를 들어 로마 안에 바티칸처럼 예루살렘을 신성국가 및 도시로 만들면 어떨까요?

아닌 게 아니라 1947년 당시 유엔의 계획이 원래 그랬어요. 예루살렘을 탈영토화하고 국제화하자고요. 내 생각으로도 이 방법이 가장 나은 해결책일 것 같아요. 예를 들어 예루살렘 관할권을 영토에 대한 영유권을 주장하지 않는 기관인 유엔이나 아니면 가톨릭교회에 주는 겁니다. 특히 이 지역 기독교인들이 소수인데다 유대인들과 이슬람교도들 사이에 끼어 늘 핍박받고 있는 만큼 가톨릭교회가 관리역할을 맡는다면 이들에게도 도움이 되겠지요. 하지만 이건 다만 이상적인 공상일 뿐이에요. 교황에게 신전언덕의 관할권을 위임한다, 이게 어디 가당키나 하겠어요? 교황이 그렇게 한다고 해도 말이죠. 물론 이와 비슷한 해결 노력은 오래되었어요. 벌써 19세기에 예루살렘을 국제화하자는 제안이 등장했고, 1947년에 유엔도 예루살렘을 유대인과 팔레스타인 사람들이 건설할 자치국가들의 공동관할 구역으로 두기 위해 노력했지요. 언젠가는 그렇게 되리라고 믿습니다.

▶ 당신은 언젠가 독일신문과의 인터뷰에서 이스라엘 사람들과 팔레스타인 사람들의 공동 국가를 주장했습니다. 이는 오슬로에서 맺은 평화협정의 해결책에 위배되는 주장 아닌가요?

물론 그런 공동 국가체제가 해결책인지는 아직 나도 잘 모르겠어요. 나는 다만 민족국가의 틀을 넘어선 해결방안의 가능성을 한번 제시해본 겁니다. '공동 국가'라는 명칭은 내가 말한 것도 아니고, 아주 서툰 개념이지요. 내 뜻은 국가의 틀을 넘어선 해결방안을 한번 상상해보자는 것이었어요. 그게 '공동 국가'는 절대 아니고요. 다만 분리가능하다는 환상만으로 갈라놓은 지금의 팔레스타인 자치구에서, 이러한 두 민족의 공동 공간에서 무엇을 어떻게 할 수 있느냐는 겁니다. 지금 이스라엘과 이스라엘 점령지역은 일종의 생태적인 단일공간이어서 인위적인 분리가 불가능해요. 헤브론에서 똥을 싸면 문자 그대로 텔아비브까지 가는걸요. 그렇게 생태적으로 연결된 지역입니다. 물이고 공기고 모두 이 지역 모두를 연결하잖아요.

게다가 팔레스타인 자치구에서 생산된 상품은 이웃나라인 요르단으로 수출되는 게 아니고, 대부분 이스라엘로 나가요. 이 지역 노동력의 대부분이 이스라엘에 일자리를 갖고 있고 앞으로도 그럴 것입니다. 지금 팔레스타인 자치구들인 가자 지구와 요르단 강 서안지구는 모두 이스라엘 한복판에 있어요. 물건이고 사람이고 공기고 물이고, 이 지역의 모든 생태환경이 하나에요. 이것을 어떻게 분리하겠어요! 그건 말도 안 되는 환상일 뿐이에요! 분리한다는 것은 한 나라의 한가운데를 갈라놓는 일입니다. 이스라엘을 가운데 두고 한 쪽은 가자지구, 다른 한쪽은 요르단 강 서안지구 이렇게요. 만일 그렇게 되면 독일 수상 슈뢰더가 언젠가 제안했던 대로 그 지역간에 지하 터널이라도 뚫어야겠네요? 물론 그는 두 지역을 잇는 일종의 가교건설에 지원을 아끼지 않겠다는 뜻으로 말했지만요.

　예루살렘도 마찬가지로 분리할 수 없어요. 마치 예전 베를린이 그랬던 것처럼 가운데 장벽이라도 쌓아서 유대인 지역, 팔레스타인 지역 이렇게 분리하나요? 그건 사정을 잘 모르는 말이지요. 예루살렘에 가보면 이렇게 되어 있어요. 유대인 거주지역이 있으면, 그걸 둘러싸고 팔레스타인 거주지역이 있어요. 그 주위를 또 유대인 거주지역이 둘러싸고, 그 주위는 거듭 팔레스타인 거주지역이 둘러싸고, 이런 식이죠. 만일 이런 사정을 고려해서 장벽을 쌓는다면 아마 뱀 모양이나 8자 모양의 장벽을 쌓아야겠지요. 이 도시를 분리한다는 것은 절대 불가능해요. 물론 그렇다고 이들이 어떻게든 한 도시에서 어울려 살아야 한다는 뜻은 아니에요. 해결방안을 모색할 때 이런 분리 불가능 같은 요소를 고려해야 한다는 뜻이지요. 예를 들어 이렇게 가정해봅시다. 일종의 과도기적 해결방안으로 팔레스타인과 이스라엘 두 국가가 나란히 존재한다고 말입니다. 그러면 예루살렘은 두 나라의 수도가 될 겁니다. 그렇다고 동(東)예루살렘은 팔레스타인 국의 서(西)예루살렘은 이스라엘의 수도, 이렇게 분리되어서가 아니고요. 예루살렘은 한 도시로 존속하되 이중 수도가 되는 거지요. 여기엔 시청은 하나, 의회는 둘 이렇게 있겠지요. 아직 이런 도시는 존재하지 않지만 뭐 이런 식으로도 상상해볼 수도 있지 않나 하는 겁니다. 요컨대 두 나라의 공존은 일단 민족국가의 범주 안에서 나온 방안이죠. 내가 상상해보고 싶은 것은 국민국가, 영토국가의 틀 밖에서 어떤 해결방안이 가능한가입니다. 그러니까 일종의 세계 개방적 차원에서 말입니다.

▶ 이스라엘 사람들 중에 종교적이지 않은 세속적인 의미의 국민국가

이스라엘을 지지하는 사람은 얼마나 될까요?

　그와 관련해서 예루살렘의 한 사회조사 기관에서 실시한 대규모 설문조사 결과가 있습니다. 여기 따르면 이스라엘 국민 중 20%는 근본주의 유대교인이고, 20%는 거기서 자유로운 세속화된 국민들이며, 나머지 60%는 전통적이라고 나왔어요. 그 중 세속화된 집단에게 좀더 자세히 물었습니다. 무교절 저녁, 그러니까 이스라엘 민족의 이집트 탈출을 기념하는 유월절 축제가 시작하는 날 무얼 하느냐고요. 그랬더니 대부분 다른 날이나 마찬가지로 가족들과 지내겠다고 대답했어요. 또 아들을 낳으면 전통적인 할례를 시키겠냐고 물었더니 98%가 그렇게 하겠다고 대답했고요. 이들 중 과반수가 유대교 안식일인 사바스, 곧 토요일을 휴일로 하는 데 찬성했어요. 이 결과를 보면 세속화를 모든 전통적인 종교적 상징체제의 총체적인 부정으로 정의하는 것은 무리입니다. 이들은 그저 조금 세속화되었을 뿐이에요.

　이스라엘 사람들은 지금까지 우리가 논의한 그 숱한 문제들, 특히 민족정체성이 되어버린 모순과 역설에도 불구하고 아직 세속화가 무엇인지 정확히 이해하지 못하고 있는 것 같아요. 매우 의식이 깨인 이스라엘 사람에게 당신이 한번 제안해본다고 가정합시다. "자, 이제 사바스는 폐지하고 유럽처럼 일요일을 휴일로 합시다." 이렇게요. 그러면 십중팔구, "그건 안 되지요. 사바스는 지켜야 합니다!" 이런 대답을 들을 겁니다. 거꾸로 매우 의식이 깨인 독일 사람에게 일요일을 폐지하자면 어떻게 반응하겠어요? 아주 오랜 전통의 잔재입니다만, 분명히 남아 있는 게 있어요. 현대화되고 합리적이고 또 보편주의적인 국가에서라면 사실 특정한 휴일을 규정할 필요조차 없겠지요. 누구나 원하는 날 쉬면 될 테니까요. 하지만 일요일은 언제나 특별한 의미를 가질 수밖에 없지요. 내 생각으로는 아무리 의식이 깨인 유럽 사람, 독일 사람이라도 이렇게 여길 것 같아요. "어쨌든 특별한 의미를 갖는 날이 일주일에 하루쯤 있다는 건 좋은 일이지. 그저 가게들은 문 닫고, 교통이 덜 복잡하고 좀 조용한 그런 날일망정……." 스스로 세속화되었다고 생각하는 이스라엘 국민 20%도 똑같아요. 세속화가 반(反)종교화는 아니거든요.

▶ 혹시 이 세속화된 집단을 세분화해볼 수 있나요? 예를 들어 모로코나 러시아 출신이 많나요?

일단 스스로 전통적이라고 답한 국민 60% 중 동양계 유대인 비율은 85%쯤이고, 세속화되었다고 대답한 국민 20% 중 85%는 이른바 아슈케나짐, 곧 유럽 출신 유대인들입니다. 물론 근본주의자라고 대답한 국민 20%의 다수도 유럽 출신 유대인입니다. 일단 동양계 유대인들은 '세속화된'과 '종교적인'이라는 서구식 이분법 자체를 잘 이해하지 못합니다. 설문 과정에서 이들은 이 질문에 놀라서, 그 의도를 제대로 파악하지 못해서 질문자를 쳐다보곤 했답니다. 그래요, 왜 이런 이분법이 필요한 거죠? 세속성과 종교성은 계몽주의를 경험한 유럽 출신 유대인에게나 의미 있는 상호 대립행이며 이분법적인 겁니다. 동양계 유대인들에게는 그 경계가 모호하죠. 이들은 토요일에 유대교 교회당 시나고그에 갔다가는 곧바로 자동차를 타고 담배를 입에 문 채 축구경기를 구경하러가요. 근본주의자들이 보기엔 있을 수 없는 일이죠.

▶ 다른 신문기고에서 당신은 이런 세 부류의 서로 다른 종교성향을 가진 집단의 존재로 볼 때 이스라엘의 단일한 정체성은 없다고 쓴

적이 있지요?

네, 그랬지요. 그리고 이것이 바로 문제의 핵심이지요. 당장은 이런 차이가 큰 문제가 되지 않아요. 왜냐하면 이스라엘은 준(準)전시상태고 그 위기가 모두를 하나로 결합시키니까요. 그런데 정작 총성이 멎게 되면 이 차이가 바로 이스라엘 사회 내부의 첨예한 갈등요소로 등장하게 될 것입니다.

그렇게 되면 그동안 이스라엘인 정체성의 중심에 놓였던 국가는 점차 의미를 상실할 것입니다. 물론 나쁜 일은 아니지요. 아직 대부분 사람들은 자신의 정체성을 국가의 틀 안에 가두잖아요. 국가 의미를 상실한 이스라엘은 종교든 민족이든, 국가적 정체성이 아닌 여타의 정체성이 더 큰 의미를 갖는 나라들에게 좋은 본보기가 될수 있겠지요. 하지만 그렇게 되려면 앞서 말한 내부적 갈등요소가 해소되어야 합니다.

▶ 당신은 『지구화 시대 기억의 의미(Erinnerungen im globalen Zeitalter)』에서 우리가 오늘날 세계 개방적인 민주주의 시대에 살고 있으며 여기서는 무엇보다도 개별 국민국가의 주권보다는 보편적 인권이 더 큰 의미를 갖는다고 썼습니다. 구체적으로 무슨 뜻입니까?

인권을 보편적으로 보장한다는 것은 인권을 통해 독립국가의 주권조차 제한할 수 있다는 뜻입니다. 한 나라의 시민이 어떤 대접을 받느냐 하는 것을 이제 보편적 인권의 범위에서 평가해야 한다는 말이지요. 개별 국가의 주권을 보장하는 국제법과 그 주권을 제한할 수 있는 인권 사이의 갈등은 최근 국제정치의 전개 과정에 반영되고 있지 않습니까?

▶ 그런데 인권이 국제적으로 점점 더 큰 비중을 차지하는 것이 어떻게 가능해졌을까요?

예를 들어 제 땅에서 박해받고 있는 사람을 지켜주는 것이 인권이지요. 홀로코스트는 그 반대사례입니다. 국가가 국민의 권리를 빼앗고 학살하기까지 했지요. 이를 통해 시민권만으로는 생명권조차 보장되지 못한다는 아픈 경험을 하게 된 것입니다. 이런 경험을 바탕으로 시민을 그 국가의 횡포에서 지켜주는 인권이 제도화된 것입니다.

1948년 12월 10일에 발표된 유엔의 '세계인권선언'은 전 지구적 구속성을 갖는 문서로 이 때는 홀로코스트의 경험이 생생할 때였습니다. 유례없는 홀로코스트에 대한 기억을 통해 인권과 인본주의 개념에 근거한 탈영토적이고 세계 개방적인 가치체계의 제도화가 가능했던 것이지요. 홀로코스트는 가해자의 야만성과 피해자의 무기력함에서 발생한 만큼 어떤 윤리적 의혹도 초월했기 때문에, 더 이상 국가적 차원에 머물지 않는 정치의 보편화와 윤리화를 지향할 수 있었다는 뜻입니다. 야드 바셈(Yad Vashem)은 이스라엘에 있는 국립 홀로코스트 기념관이지요. 하지만 홀로코스트에 대한 기념은 비단 이스라엘이나 예루살렘에서만이 아니라 모든 국경을 넘어서 일종의 새로운 운명공동체를 형성했습니다. 반인류적 범죄를 끝까지 추적하여 처벌하겠다는 의지야말로 문명세계의 신앙고백입니다.

▶ 그러니까 홀로코스트는 이제 비단 민족적인 차원에서뿐 아니라 지구화된 차원에서 역사적 기억으로서의 의미를 찾게 되었다는 뜻인가요?

제2차세계대전이 일어나기 전까지는 모든 역사적 기억이 시간과 공간에 매어 있었습니다. 어떤 사태에 대한 공감과 동정이 사회적이나 문화적 경계를 넘어서기는 어려웠지요. 윤리적 적용 범위의 경계가 바로 공동체의 경계였으니까요. 그런데 근래에 전 지구적으로 조직된 기관들, 예를 들어 '엠네스티 인터내셔널'이나 '국경 없는 의사회' 등의 활동을 통해 인권침해 사례는 지구촌에 널리 알려지게 되었습니다. 전자 대중매체의 도움으로 이제 지구촌 가장 먼 구석까지 이런 소식을 전할 수 있습니다. 이런 기억장치의 전달 과정과 탈영토화의 결과, 이번엔 거꾸로 이스라엘이 지난 2000년 말 점령 지구에서 행한 공격 때문에 전 세계에서 인권을 침해했다는 비난을 받게 된 것입니다.

홀로코스트에 대한 전 지구적인 기억장치를 통해 지역적 사안과 전 지구적 사안이 서로 연계되고 그러면서 인권보장이나 인권침해가 국가의 경계를 넘어선 상징적인 주제로 형성되고 있습니다. 또한 홀로코스트라는 사건을 통해 역사적이고 영토적인 경계를 넘은 보편적 윤리가 의미를 갖게 된 것이고요.

▶ 어떻게 해야 민주주의가 국가의 경계를 넘어 전 지구적 차원에서 작동할 수 있을까요? 도대체 그런 탈국가적 맥락에 민주주의를 적용할 수는 있나요? 만약 그렇다면 어떤 모습일까요?

그래요, 아직 세상에 대한 상상과 이상은 국가에 대한 상상과 이상과 갈등관계에 있습니다. 오늘날 하다못해 고향마을을 한 번도 떠나본 적이 없는 사람도 TV를 통해 전혀 다른 장소에서 생성된 전 지구적인 가치체계를 자신의 국가적 경계 안에서 소화해야 합니다. 생각해보세요. 연대감이란 근대 이전만 해도 오로지 서로 아는 사람끼리, 직접적인 접촉이 있는 사람끼리 갖는 것이었어요. 그러다 근대 국가에서는 조금 달라졌지요. 여기서는 서로 알지 못하더라도 같은 국민끼리는 연대감을 가졌어요. 그러니까 베네딕트 앤더슨이 그의 책 제목으로 한 것처럼 일종의 '상상의 공동체성'에 동일시한 거죠. 서로 알지는 못하지만 서로 연결되어 있다는 느낌을 가졌던 거지요. 이런 것이 지구촌 차원에서도 가능하지 않을까 싶어요. 지역적으로는 다른 생활세계에서 살기에 서로 알지 못하는 사람들이지만 연결된 느낌을 가지는 것 말입니다. 그런 게 어떻게 가능하냐고 의심하는 사람들에겐 이렇게 반박할 수 있겠죠. 사람들이 그토록 자랑스러워하고 어떤 때는 목숨을 바쳐 지키겠다는 각오로 연대하는 민족이야말로 전형적인 상상의 공동체라고요. 민족적인 것이나 지구촌적인 것이나 다 상상의 대상이에요. 이 때 필요한 것은 상상력과 더불어 의미 있는, 그리고 정체성을 형성하는 경험공간이지요. 여기에서 상징과 생생한 그림, 다른 표현방식으로 지구촌 차원의 연대감을 불러일으킬 수 있는 대중매체가 핵심적인 몫을 하지요. 중요한 것은 지구촌적인 것이 분명한 의미의 맥락에서, 그리고 지역적으로 체험할 수 있는 차원에서 드러나야 동일시할 수 있다는 점입니다.

▶ 그렇다면 우리는 지금 이렇게 조금씩 의식의 차원에서 시작된 과정을 어떻게 제도화할 수 있을까요? 성공한 민주화는 대부분, 당신이 『지구화 시대 기억』이라는 책에 썼듯이, 제도적 전략을 통해 일어났지 않습니까? 어떻게 당신의 이상을 제도화할 수 있을까요?

아주 오랜 세월을 거쳐야 하는 과정입니다. 예를 들어 홀로코스트에 대한 기억의 제도화는 일단 다시는 그런 인종 학살 사건이 없도록 하기 위해서건, 아니면 보편적인 인권보장을 위해서건 1947년 유엔협정을 맺으면서 시작되었어요. 그 다음 단계의 제도화가 바로 향후 인류적 범죄를 다루는 국제재판소의 설립이고요. 이런 식으로 반인류적 범죄 방지를 위한 조처가 단계적으로 제도화된 것입니다. 이는 범국가적 차원에서 할 수도 있고, 꼭 그렇지 않을 수도 있어요. 어쨌든 이를 통해 국가의 주권이 제한을 받게 되는 것은 분명해요. 하지만 이런 범국가적 차원의 시대는 다시 제국주의 시대가 될 수도 있습니다. 그 뜻은 기존의 구태의연한 구시대의 협정체계에서 자유로워져야 한다는 것이죠. 아마 '자유를 위한 제국주의'라고나 불러야 할까요. 인권보장을 위해 어떤 때는 폭력을 사용해서라도 폭압정권을 극복해야 한다는 것을 포함해서요. 물론 이에 대한 저항은 크지만 그 저항의 배후에는 아직 주권국가의 좋았던 옛 시절에 대한 그리움이 작용하고 있고 대부분의 정치집단을 그 안에 결집시키지요. 하지만 그런 시대는 지났어요. 또 한 가지 짚고 넘어가야 할 것은 지금 미국이 하고 있는 자유를 위한 제국주의 정책 같은 것이 바로 예전에 좌파들이 주장하곤 했던 인권침해 국가에 대한 인도주의적인 개입의 논리에서 나왔다는 사실이에요. 일단 낡은 주권원칙과는 결별해야 합니다. 그러면서 인권개념이 단순한 몽상과 추상적 원칙에 머물지 않도록 경우에 따라서는 폭력에 의거해서라도 인권을 보장할 수 있는 권력이 요구됩니다. 전쟁이라는 수단 없이 평화를 보존할 수 있다는 생각은 낭만적인 몽상이거나 철저히 반역사적인 사고라고 할 수밖에 없어요. 하다못해 제2차세계대전만 봐도 교훈을 얻을 수 있잖아요. 탈국가주의 시대 또한 결코 평화롭지만은 않을 것이고, 주권국가들의 평등에 기초하지도 않을 것입니다. 그 시대는 거듭 말하지만 또 다른 제국의 시대일 수 있고, 그게 꼭 나쁘지 않을 수도 있습니다.

▶ 제대로 이해했다면 당신은 미국의 패권에 의한 평화, 곧 '팍스 아메리카나(Pax Americana)'와 일방적인 군사력을 바탕으로 한 세계질서 확립을 지지하는 것 같군요. 그런데 중동을 민주화한다는 미명 아래 일종의 제국주의 전쟁을 시작하는 것 자체가 모순 아닌가요? 구동구권 국가들은 제국주의적 개입에 의해 무너진 것이 아니잖아요? 만약 군사적 개입이 꼭 필요하다면, 그 개입의 정당성은 누가 부여하나요? 미국인가요, 아니면 유엔인가요?

내 생각으로는 미국이 당분간 세계를 이끌 수밖에 없어요. 왜냐하면 미국은 오늘날 유일한 힘을 가진 3차원적인 초강대국이거든요. 중국이나 인도, 또는 유럽연합이 앞으로 10년 또는 20년 안에 미국과 경쟁할 만한 세력을 갖추게 되리라고는 생각하지 않아요. 미국의 문제는 그 막강한 힘을 세계의 공동선을 위해 사용하고 있다는 정당성을 잃었다는 데 있지요. 헤게모니와 폭정 사이엔 그다지 큰 차이가 없어요. 미국은 스스로 세계정치의 헤게모니를 장악하려는 것뿐인데, 나머지 세계는 그것을 미국의 폭정으로 받아들이지요. 아무튼 새천년에는 인류의 오랜 꿈인 전쟁 없는 세상, 그리고 독재 없는 세상이 이루어질 수도 있습니다. 모든 나라가 문명의 규범에 따라 운영되고 그렇지 않으면 제재를 받는 그런 세상 말입니다. 미국이 이를 가능하게 할 수도 있어요. 그렇지만 그런 세상을 만들려면 국제관계의 원칙이 변화되어야 합니다. 새로운 합의가 도출되어야 한다는 뜻이지요. 나아가 그 합의를 국가를 비롯한 여러 기관들이 수용하고 실천해야죠. 국가들을 대표하는 국제기구들도 마찬가지구요. 미국이야말로 이 합의를 도출해낼 수 있어요. 점점 더 많은 사람들, 특히 젊은이들이 미국시민이 되고 싶어하잖아요. 그 합의는 물론 미국의 이해에 상충하지 않아야죠. 확신하건대 평화와 인권의 시대는 미국을 통해서만 실현가능합니다. 물론 그 정당성이 국제적인 차원에서 확보되어야 하고, 그 결과 또한 국제사회가 책임져야 하는 것은 물론이지만요.

일본

게니치 오마에

국민국가의 여정

일본의 최대 국경일은 천황 탄신일인 12월 23일이다. 건국신화에 따르면 태양의 여신 아마테라스의 아들이 황국을 건설했다고 한다. 그리고 모든 천황은 바로 이 태양의 여신의 후손이라는 것이다. 이런 배경에 따라 천황은 세속적인 지배자일 뿐 아니라 신도숭배의 정신적 지도자이기도 하다.

하지만 추측하건대 일본은 중앙아시아에서 온 기마민족이 건국한 것이다. 그리고 기원 후 300년경 야마모토 가문이 전국을 통일한다. 이 때 건국신화가 도입되고 천황칭호도 사용되기 시작한다. 그로부터 약 200년 동안 중국의 영향 아래 한자와 중국식 연호, 불교가 들어온다. 604년 독실한 불교도인 쇼토쿠 태자는 17개조의 법을 제정하고 중앙집권적 국가체제를 정비한다. 그의 치세 동안 일본은 고대의 족벌 지배체제에서 절대주의적인 관료 지배체제로 전환하고 지방과 지역을 구획·분할하여 정리하게 된다. 모든 영토는 국가가 소유하고 지역영주는 녹봉을 받는다. 10세기경부터는 무사집단인 사무라이와 이들을 고용한 지역영주가 점점 영향력을 갖게된다. 영주들 사이에 권력투쟁이 벌어지고 이것이 내전으로 비화한 끝에 1185년 요리토모 미나모토가 승리하고 처음으로 쇼군의 칭호를 받는다. 이 때부터 천황은 공식적으로만 지배자로 남은 채 실제로는 모든 권력을 잃고 형식적으로만 군림하게 된다. 19세기 메이지 유신으로 천황이 다시 권력을 얻을 때까지 천황에게서 승인을 받은 쇼군이 실제적인 권력자로 자신에게 충성하는 사무라이 집단의 지원을 받아 나라를 다스린다.

1573년 무로마치 막부가 무너지자 일본은 혼란에 빠지고 영주들 간의 분쟁과 민중봉기가 끊이지 않는다. 17세기 초에 들어서야 도쿠가와 가문에 의해 전국은 통일되고, 막부정권은 전략적인 요충지역과 정부 고위직을 동맹세력과 충성집단에게 분할하고, 적대세력은 배제하는 정책으로 1853년까지 일본을 다스린다.

16세기 내내 이어졌던 내전의 결과는 외부적인 요인의 영향을 적지 않게 받았다. 1542년과 1543년에 유럽인들이 처음 일본에 들어오면서 기독교와 함께 화약무기를 들여온다. 초기에는 비교적 환대를 받은 유럽인들, 특히 스페인 선교사들은 활발한 선교활동을 편다. 그러나 기독교인들의 저항과 봉기가 잇따르자 도쿠가와 막부는 위협을 느끼고 선교사들을 추방하며 향후 200년 가까이 쇄국정책을 펴기 시작하여 네덜란드인과 중국인에게만 제한적인 활동을 허용한다. 1853년 미국 군함이 군사력과 무력을 앞세워 개항을 강요하자 일본은 이에 굴복한다. 구미열강들의 팽창정책과 그에 따른 제국주의적 침탈 앞에 일본은 더 이상 쇄국을 고집할 수 없게 된 것이다. 유혈충돌이 이어진 끝에 1867년 마지막 쇼군이 천황에게 통치권을 돌려준다.

메이지 천황은 서구 열강의 식민지로 전락하지 않으려면 일본 스스로 강국이 될 수밖에 없는 정황을 인식한다. 일본은 당시까지의 낙후된 산업과 기술 수준을 단시일 내에 발전시키면서 유례없이 신속한 근대화에 나선다. 불과 50년 만에 전형적인 중세 봉건주의 체제를 첨단 산업체제와 근대국가 체제로 전환시킨 것이다. 이에 국가 지도세력은 늘 모범이 되려고 했으며 프로이센을 본받아 입헌군주체제를 구축했다. 일본은 서구열강의 기대와 달리 러-일 전쟁에서 승리함으로써 스스로 서구열강의 대열에 속하게 되었다는 자부심을 갖기 시작한다.

제1차세계대전 당시 일본은 연합국의 편에 서는데, 물론 여기서 그다지 큰 역할은 하지 못한다. 1930년대에 군부는 정부요직을 독점하고 국가기구의 중추를 장악하여 권력의 핵심에 이른다. 그러면서 일본은 팽창주의적인 정책을 펴기 시작하고 무엇보다도 중국침략에 열을 올린다. 1931년에 만주를 점령한 일본은 그곳에 괴뢰정권을 수립하고 6년 뒤 중일 전쟁을 시작한다. 일본의 동남아시아 점령으로 심각한 갈등관계에 처한 미국과 영국은 자원이 빈약한 일본에 치명적인 타격을 주기 위해 석유금수 조처로 맞선다. 결국 일본은 1941년의 하와이 진주만 공습을 통해 미국 및 영국과 전쟁에 돌입하고 독일과 이탈리아 편에 서서 제2차세계대전을 일으킨다. 그리고 히로시마와 나가사키에 원자폭탄이 투하되면서 항복한다.

　1952년까지 일본은 미군정 치하에 놓이는데, 이 시기에 민주적 의회정치체제가 도입되고 어떤 형태의 군비도 금지된다. 새로운 헌법이 제정되고 천황은 단지 상징적인 역할에 머물게 된다. 일본의 경제기적을 이루고, 생활수준 또한 급속하게 올려놓지만 1997년 동남아시아 경제위기에 타격을 받아 엄청난 국가부채와 불경기에 허덕이게 된다. 정치적으로는 종전 이후, 1993년을 제외하고는 보수적인 자민당과 그 아류 무리가 정권을 독점하고 있다.

개인신상

▶ 당신의 출신은?

"태어난 곳에 매이고 싶지 않아요. 난 스스로 세계시민이라고 생
각하고, 그 다음으로는 내가 태어난 지역에 대해 애착을 갖지요. 국
민으로서의 정체성은 그 다음이에요."

겐이치 오마에는 1943년 2월 21일 일본 규슈 후쿠오카에서 태어
났다. 처음에는 플루트를 전공하다가 곧 도쿄 와세다 대학에 진학
하여 핵물리학을 전공했다. 1965년 미국 보스턴 소재 MIT 대학에
서 박사학위를 받았다.

한동안 히타치 사에서 원자력발전소 기술자로 일했던 그는 1969
년 기업 컨설턴트로 직업을 바꾸기로 결심한다. 국제적 컨설팅 회
사인 맥킨지(McKinsey)에 입사하여 전 세계를 다니며 일했고, 1992
년 회사를 나올 때까지 오랫동안 일본 지사장을 역임한다. 그는 맥
킨지에서 일하는 23년 동안, 주로 기업들에게 점차 전 지구적으로
연계되는 세계경제에 대응하고 새로운 시장을 개척하는 전략에 대
해 자문했다. 그 밖에도 정치와 경제계 인사들을 주로 기업과 정책
전략 수립 과정에서 자문해왔다. 그러면서 그는 늘 건실한 경영인
의 기본덕성, 곧 소비자의 욕구를 조사하고 소비자 지향의 상품을
개발하는 목표를 고수한다. "기업의 최대 목표는 결코 경쟁에서 이
기는 것이 아니라, 바로 소비자의 이해에 봉사하는 것입니다."

오마에는 1982년 『전략가의 마인드(The Mind of the Strategist)』라는
책을 출판하면서 지구화 전략을 위한 기업 컨설턴트로서의 명성을

널리 알려, 이윽고 '미스터 전략가(Mr. Strategist)'라는 별칭을 얻게 된다. 또 그 뒤를 이은 획기적인 저작 『국경 없는 세계(The Borderless World)』에서 그는 아직까지 국가적 틀에서 벗어나지 못한 정치와 경제의 대전환을 촉구하고 자본과 커뮤니케이션의 제한 없는 지구화를 주장한다. 1990년 나온 책 『세계 상호의존 선언(Declaration of Interdependence Towards The World)』에서는 개별 국가들 모두 이제 지구화의 도전에 대응해야 한다는 주장을 펴서 그의 명성이 일본을 넘어 전 세계에 떨치게 된다.

그 밖에도 그의 일본 연방안, 즉 독자적인 지역정부의 연합안은 일본에서 많은 논란을 불러일으킨다. 일본을 지역, 곧 '도르슈'로 분할하려는 그의 아이디어는 국가가 아닌 지역 차원에서야말로 지구화에 대응하는 경제전략 수립이 가능하다는 확신에서 출발한다. 왜냐하면 일본은 아직 중앙집권적인 '관료주의 독재'에 매몰되어 지구화 시대의 새로운 도전에 대응하기 어려우며, 오히려 각 지역 차원에서 이에 대응하는 해결방안을 모색하는 것이 중요하기 때문이다. 오마에는 1992년 설립한 사회운동단체인 '신 일본당'을 통해 바로 이런 정치와 경제의 패러다임 전환에 앞장서고 있다.

오마에는 그 밖에도 많은 기업을 설립했는데, 기업 컨설팅 회사인 '오마에 주식회사(Ohmae & Associates)'와 소프트웨어 개발업체인 '재스딕(Jasdick)', 인터넷 포털 업체인 '에브리 디 닷컴(EveryD.Com)', 인터랙티브 위성 프로그램 '비즈니스 브레이크스루(Business Break-through)' 등이 있다. 나아가 그는 '이신주쿠'와 '어태커스 비즈니스 스쿨(Attacker's Business School)' 등 2개의 사립학교를 설립하기도 했다.

1997년부터는 교단에 서기 시작하여 UCLA의 공공정책학 교수, 로스앤젤레스 공공 및 사회정책 연구소(School of Public and Social Research) 교수, 일본 히토츠바시 대학 객원교수, 본드(Bond) 대학 교수, 펜실베이니아 대학 고급 경영학 센터(Center for Advanced Studies for Management) 교수 등으로 활동한다. 또 자유기고가로서 ≪월 스트리트 저널≫, ≪하버드 비즈니스 리뷰≫, ≪뉴욕 타임스≫, ≪뉴스위크≫ 등에 정기적으로 글을 싣고 있다.

| 대표작들 |

Kenichi Ohmae. 1992, *The Borderless World*(국경 없는 세상), New York: HaperCollins.
_____. 1995, *The End of Nation State*(국민국가의 종말), New York: The Free Press.
_____. 2000, *The Invisible Continent. Four Strategic Imperatives of New Economy*(보이지 않는 대륙: 신 경제의 4 전략적 정언), New York: HaperCollins/ Nicholas Brealey Publishing.

▶ 당신의 미래는?

"지금 지도에 정치적으로 표시된 국경이 모든 사람들에게 열려 언젠가는 우리 모두 세계시민으로 살아갔으면 합니다."

지금 도쿄에서 부인과 두 아들과 함께 살고 있는 오마에는 자신이 살아온 이야기를 해달라는 주문에 스스로 늘 미래 지향적인 전략을 곰곰이 생각하고 세우기 위해 따로 시간을 내곤 한다고 운을 떼었다. 그에게 미래 지향적인 전략수립이란 어떤 장소에 매이지 않는 관점에서 선입견 없이 주어진 삶의 정황을 자세히 연구하는 일이라고 한다.

오마에는 지구화 시대에 한 나라의 경제발전에 결정적으로 작용하는 네 가지 힘과 관련하여 국가의 미래를 예측한다. 그것은 바로 자본, 다국적 기업, 정보통신기술, 그리고 소비자이다. 이미 전 지구적 차원에서 작동하고 활동하는 자본과 다국적 기업은 물론이고, 소비자들도 이제 발달된 정보통신기술에 힘입어 전 지구적으로 상품의 질과 가격을 비교하여 가장 좋은 상품을 선택할 수 있다는 것이다.

그에 따르면 기업들은 전 세계적으로 생산자에 의해서가 아니라 소비자에 의해 시장이 결정되는 새로운 경제현실을 직시해야 한다. 오마에는 의식이 깨이고 정보를 충분히 갖춘 소비자의 권력이 생산자의 권력을 압도하고 있다고 믿는다. "소비자들이야말로 지구화된 시장체제의 주권을 장악하고 있어요. 그러니 대기업이나 다국적 기업의 매니저들은 이제 진정으로 전 지구적이고 탈중심적이며 소비자 지향인 경제활동에 적응할 수 있도록 거듭 나야 합니다. 국경 없는 세계경제체제로 가기 위해서는 전 지구적인 관점과 사고방식이 전면에 등장하는 새로운 가치체계의 정립이 필수적이지요.

짧게 묻기

▶ 가장 '일본적'인 것은?

가장 일본적인 것은 평균 임금이 연간 5만 달러를 상회하고, 국민총생산도 국민당 3만 달러를 넘는다는 사실이지요. 좋은 현상 아닙니까? 일본사람들은 수입의 17~18%를 저축합니다. 그래서 평균적인 일본사람은 65세 정년을 맞게 되면 상당한 금액, 그러니까 대충 약 25만 달러 정도를 저축하게 됩니다. 연금 수준도 지금 세계 최고인데, 그럴 수밖에 없는 것이 임금의 30% 이상을 연금으로 불입하거든요. 결과적으로 한 일본사람이, 평균 수명대로 80세쯤 죽게 되면 대개 35만 달러 정도의 재산을 남깁니다. 이런 전형적인 일본사람의 유형은 바로 전쟁세대 유형입니다. 이들은 전후 어려운 시절을 살면서 오로지 저축에만 몰두했지요. 이들은 살면서 행복이라든가, 복지라든가 이런 데는 신경조차 쓰지 않았어요. 나중에 일본이 경제성장을 하고 나서 충분히 그렇게 해도 될 상황에서도 말이죠. 그 대신 이들은 평생 자녀교육, 특히 자녀들의 미래를 위해 희생했습니다. 정작 그 자녀들은 이런 부모들의 삶을 무시하고 있지만요. 그러니 고령에 접어든 이 세대는 자신의 삶의 의미와 목표에 강한 의혹을 가질 수밖에 없는 불행한 삶을 살고 있습니다. 이것을 나는 가장 일본적인 것이라고 생각해요.

▶ 당신을 일본 사람으로 만드는 것은?

물론 나는 살아오면서, 그리고 일하면서 일본과 밀접한 연관을 가져왔지요. 맥킨지 사에서 일하면서 마지막에는 그 일본 지사장을 지냈어요. 지사장의 과제는 일본에 맥킨지 사를 정착시키는 것이었지요. 왜 1970년대, 1980년대는 일본기업들이 세계시장에 나설 때였잖아요. 그 때 나는 일본이 진정 세계 공동체의 일원이 되기 위해서는 스스로 개방되어야 한다는 판단을 내렸습니다. 그래서 지난 10년 동안은 개별기업 상대로 지구화 전략을 자문하는 것보다는, 일본 전체의 개방을 위해 애썼지요. 그러다보니 거꾸로 내가 일본 사람들의 시각을 전 지구적으로 개방시키려 한다는 평가보다는, 일본을 혼란에 빠뜨리고 시장개척에나 혈안이 되어 있다는 오해도 받았어요. 하지만 난 지구화가 불가피한 선택이라고 확신합니다. 왜냐하면 지구화는 이제 물리적인 현실이기 때문입니다. 보세요, 통화나 커뮤니케이션이나 자본이나 기업과 소비자 등 이들은 모두 벌써 모든 국경을 넘어 작동하고 교류하고 있지 않습니까. 이 과정은 이제 멈출 수도 돌이킬 수도 없어요. 이런 변화를 일으키고 추진하는 동력은 바로 좀더 나은 삶, 좋은 삶을 살려는 한 사람, 한 사람의 욕구에서 나옵니다. 그게 가장 우선이에요. 그러니 어떤 나라가 국내기업 보호를 위해 소비자들에게 비싼 값으로 국내 상품을 구입하도록 강요한다면, 이를 간접적으로라도 개입하여 막아야지요. 이런 의미에서 나는 일본 국민들이 좀더 안락한 삶을 살 수 있도록 일본의 사회·정치적 체제를 개혁하는 데 전력을 기울일 것입니다.

▶ 일본의 존재 근거는?

　대부분의 다른 나라들과 마찬가지로 일본은 아직도 국경이 진정한 정치적 독립과 나라의 자율성을 구획해주는 것이라는 일종의 지리적인 환상에 빠져 있어요. 신화에 따르면 이 떠오르는 태양의 나라는 2,600년 정도의 역사를 가졌지요. 아마 지구상에서 가장 오래된 민족국가며, 단일 왕조를 가진 나라일 거예요. 하지만 이건 당신도 알다시피 단지 신화일 뿐이에요. 과학적 역사로 보면 5세기경부터 시작되었다고 봐야 하니 그 역사는 실제로 1,700년 정도가 고작입니다. 17세기에서 18세기까지 일본을 지배했던 도쿠가와 막부는 봉건체제를 구축하고 나라를 거의 완전히 외부세계와 단절하는 쇄국정책을 폈어요. 1868년의 메이지 유신으로, 200년 가까이 닫혀 있어서 모든 면에서 낡고 뒤떨어진 나라를 개방하게 된 것입니다. 그 때서야 비로소 산업이니 철도니 전보 같은 문명이 들어오고, 입헌 정부니 민주적인 선거니 은행 시스템이니 하는 서구적 제도가 도입되지요. 천황체제가 복구된 지 몇 년 지나지 않아서 일본은 세계 강국이 되잖아요.

▶ 일본이 다른 국민국가들과 다른 점은?

일본이야말로 현재 가장 중앙집권적인 나라라고 할 수 있어요. 전 세계적으로 많은 나라들이, 비록 국민국가라고는 하지만 연방국가의 유형을 채택하고 있습니다. 독일이 그렇고, 50개 주가 마치 영연방처럼 독자적이면서도 느슨하게 연결된 미국이 그래요. 하다 못해 중국에서조차 베이징의 지배력이 점차 느슨하게 연결된 개별 지역들로 이전하는 중입니다. 그런데 일본은 1억 3,000만에 가까운 인구를 가진 대국이 아직도 중앙 집중 방식으로 통치되고 있어요. 지역 자치정부나 도시 정부들은 세제나 관료체제에 의해 중앙에 앉아 있는 엘리트들에 의해 통제되고 있고요. 프랑스가 좀 비슷하다고 볼 수 있지만, 프랑스도 이제 유럽연합의 일원으로 중앙정부가 지역에 함부로 권력을 행사하기 어렵잖아요. 반면에 일본은 일종의 관료주의적 독재체제라고 할 수 있어요. 이건 절대로 과장이 아니에요. 소수의 엘리트가 국가 전체를 가장 소소한 사안에 이르기까지 이래라 저래라 통제하는 체제니까요. 예를 들어 저 시골 구석 어디에 가로등을 설치할지, 어디 새로운 항만이 건설될지, 아니 그게 항만일지 아니면 공항일지, 어떤 항로로 비행해야 할지, 이런 시시콜콜한 사안까지 모두 중앙에서 결정하고 통제합니다. 40년 전, 그러니까 일본의 개인별 국민소득이 300달러 수준일 때, 그래서 국민 모두가 정말 열심히 일하지 않으면 안 될 그 때는 이런 체제가 효율적이었겠지요. 흔히 말하는 '일본 주식회사'는 당시 일종의 개인 기업처럼 운영되지 않을 수 없었단 말입니다. 하지만 경제적 지구화만 보더라도 알 수 있듯이, 이제 다른 대안을 모색할 때가 온 것입니다.

▶ 오늘날 국민국가의 과제는?

지구화를 통한 여러 가지 새로운 도전이 있지만 그 모든 도전의 뿌리는 무엇보다도 통화와 자본, 상품과 서비스, 그리고 아이디어와 정보의 자유롭고 전 지구적인 차원의 교류가 점점 더 강화되고 있는 것이라고 할 수 있습니다. 특히 그때그때 가장 최신 상품의 카탈로그를 전달해주는 인터넷의 발달로 국가들의 경계가 허물어지고 기존 법률과 규제조차 의미가 없어지고 있잖아요.

불과 얼마 전 그러니까 소비사회가 등장할 즈음만 해도 국민국가는 외부의 경계가 분명하고 내부로는 국민의 안녕을 책임지는 주권국가의 동의어였어요. 그 국민국가의 전통적 역할은 국민을 외부의 위협에서 보호하고 그들의 욕구와 희망의 충족을 위해 봉사하는 것이었습니다. 한 나라의 경제적 이득을 위해 국경 밖에서 활동할 경우, 군대가 이를 지원했지요. 그렇기 때문에 국가는 곧 독트린이었습니다. 하지만 이런 시대는 지났어요. 전 지구적으로 정보가 확산되는 오늘날에는 인간의 학습능력에 한계가 없지요. 오히려 전 세계적으로 가장 싸고 질 좋은 상품을 구입하고 향유하려는 인간의 욕구충족에 국가가 걸림돌이 됩니다. 국가의 의무가 무엇입니까. 그것은 바로 국민들이 세계 어디서든 가장 싸고 질 좋은 상품, 그리고 서비스를 제공받을 수 있도록 하여 최적의 생활 수준을 보장해주는 것 아니겠어요? 지금 여러 정부들이 행하고 있는 자원이나 시장, 생산 분야, 일자리 보호정책은 모두 국민의 세금을 통해서 유지되는 겁니다.

그러니 국민국가에 주어지는 도전은 결국 지난 세상을 새로운 세상과 연결하여 그 어떤 세상의 장점도 포기하지 않고 모두 취할 수 있는 길을 찾아나서야 한다는 과업입니다.

▶ 국민국가의 앞날은?

정치적인 지도에서 보면 개별 국민국가들의 경계는 아직 뚜렷합니다. 하지만 경제적인 차원에서 보면 그 경계는 사라진 지 오래입니다. 이렇게 주권 국가의 자기 결정권을 소비자의 자기 결정권이 대신하는 혁명적인 변화를 가능하게 한 가장 큰 힘은 아무래도 거침없는 정보의 교류였다고 봅니다. 오늘날 우리는 세계에서 일어나는 일에 대해 직접 정보를 얻습니다. 다른 어떤 지역에서든 무슨 일이 일어나는지 쉽게 알 수 있어요. 또 다른 곳에서 사람들이 어떻게 사는지도 잘 알고 있고요. 점점 더 많은 기업들이 세계시장에 나서고 있고 경쟁하고 있으며, 점점 더 많은 소비자들이 여러 나라의 상품을 비교하여 구매하는 상황에서 국적이나 국민국가의 의미는 점점 사라질 수밖에 없습니다. 물론 많은 변수가 작용하는 오늘날 세계의 미래를 확실히 예측할 수는 없지만요. 어쨌든 지구촌 한 구석에서 일어나는 작은 움직임이, 밀접하게 연결되어 돌아가는 세계경제체제하에서 주식폭락을 가져오기도 하고, 자본유출을 자극하기도 하는 등 엄청난 결과를 초래하는 것만 보아도 국경 없는 세상이 이미 시작되었다는 것은 분명합니다.

캐묻기

▶ 제2차세계대전 직후 국민소득 300달러였던 일본은 이제 국민소득 3만 5000달러로 세계에서 두번째 부자나라가 되었습니다. 하지만 1990년대부터는 경제위기에 시달리고 있죠. 그 어떤 대책도 별로 도움이 되질 않았어요. 당신은 경제 활성화의 징후가 보인다고 생각하나요?

아니요. 일본경제의 침체는 끝나지 않았어요. 바닥도 치지 않았다는 말입니다. 1970년대와 1980년대에 세계시장을 석권하면서 위세를 떨쳤던 일본은 이제 없습니다. 일본의 구태의연한 기업들, 정경유착으로 근근이 연명해온 기업들은 지구화 시대에 더 이상 경쟁력이 없어요. 한동안 강력한 힘을 가졌던 산업부문도 이제 쇠퇴하고 있고요. 많은 은행, 건설회사, 그리고 개인 상점들이 줄지어 도산하고 있잖아요.

▶ 그렇게 어려운 경제상황은 어떻게 설명할 수 있나요?

경제침체의 근본 원인은 정치에서 찾을 수 있습니다. 현 수상인 고이즈미는 개혁을 약속했지만, 아무런 개혁도 하지 못하고 있어요. 개혁 약속은 실행하지 않고 이미 파산 직전에 놓인 부실은행을 지원하는 데 엄청난 세금만 낭비하잖아요. 정부는 그 인기도를 높이려고 세금을 낮춰주고, 국고를 낭비해가면서 국민들에게 현금을 선물하고, 대규모 경기부양책을 늘어놓았지요. 그 결과 낡은 경제

구조는 그대로 살아남고 국가부채만 산처럼 쌓이게 되었어요. 경제 문제를 해결할 수 있다고 눈가림하면서 애꿎은 돈만 퍼부은 거죠. 하지만 이 모든 조처들은 결국 세금을 내는 국민, 그것도 오늘의 국민뿐 아니라 내일의 국민의 부담까지 크게 한 것뿐입니다. 사실 미래 세대에게 벌써부터 이토록 엄청난 세금 부담을 떠안기는 것은 무책임한 일이지요. 국가부채는 벌써 70조 달러에 이르렀고, 한 해 국민총생산을 넘어섰어요. 다음 세대에도 이 빚을 다 갚을 수는 없어요. 일본은 고령화가 세계 어느 나라보다도 급속히 진행된 사회라 지금 20살인 젊은이는 벌써부터 많은 문제를 떠안고 있거든요. 2020년이 되면 일본 인구의 3/4이 65세 이상이 됩니다. 이렇게 되면 모든 3인 가족이 연금 생활자 한 명씩을 먹여살려야 하지요.

▶ 이런 딜레마에서 빠져나올 방법은 없나요?

일본의 불경기는 스스로 자초한 겁니다. 특히 '일본 주식회사'가 21세기에 어디로 가야 할지 그 새로운 방향을 설정하지 못한 정치의 잘못이 커요. 우선 지난 모델이 아주 성공적이었기 때문에 좀처럼 새로운 활로를 모색할 필요성을 느끼지 못했고, 막상 그렇게 하려고 해도 이게 쉬운 일이 아니었으니까요. 하지만 새로운 활로를 찾지 못하면 일본은 곧 중국에게 추월당합니다. 특히 값싼 노동력으로 무장한 중국의 경쟁력을 낡은 일본 모델로는 감당할 수가 없을 겁니다. 일본경제는 지금 기로에 섰습니다. 낡은 과거의 모델을 과감히 버리고 새로운 방향으로 활로를 모색해야 합니다. 그것은 다름 아닌 자본과 지능, 특히 자본과 소프트웨어의 결합입니다. 벌써 몇몇 기업은 이런 방향에서 괄목할 만한 성과를 보였지요. 문제는 정치에요. 이걸 뒷받침해주지 못하고 있습니다. 경제정책은 진작부터 새로운 대안을 찾지 못한 채 쳇바퀴만 돌고 있거든요. 날마다 새로운 정책들이 쏟아져 나오긴 하는데, 서로 연관성도 없고 혼란만 가중시킬 뿐입니다. 더 이상 이런 식으로 1억 3000만 국민의 숨통을 조일 것이 아니라, 정치권이 제발 정신을 차려서 지난 5년 동안 일어난 패러다임의 전환을 깨달아야 해요. 지금까지처럼 그 많은 인력과 자원과 창의력을 무시한 채 오직 한 가지 해결책만 강요할 게 아니라요.

▶ 당신은 책 어디에선가 국민국가가 쇠퇴하고 지역 중심의 경제공간이 대두하는 것에 언급하고 있는데요, 좀더 자세히 설명해줄 수 있을까요?

지금 경제적으로 성공을 거두고 있는 것은 국민국가가 아니라, 일종의 지역공간이라고 할 수 있어요. 물론 싱가포르나 아일랜드, 핀란드처럼 그 지역공간이 국가와 일치하기도 하지만요. 이 공간들은 대개 국가보다는 단위가 아주 작은 지역들이지요. 예를 들어 덴버, 오스틴, 시애틀, 팔로 알토, 실리콘 밸리 등 말입니다. 또 다른 예로는 인도의 뱅갈로레를 들 수 있어요. 지금 인도의 평균 국민소득은 500달러 남짓입니다. 기술 발전에 힘입어 뱅갈로레에서 일하는 기술자는 미국 기술자 수준의 월급을 받게 되었어요. 뱅갈로레에서 일한다고 해도 위성 등을 통한 정보통신기술을 이용하면 전반적으로 낙후된 인도의 기술 수준에 매이지 않고 전 세계적으로 교통하고 거래할 수 있잖아요. 자, 선진 산업국가 수준의 월급을 받으면서 생활비가 저렴한 인도 같은 곳에 살자니 여기서는 아주 호화로운 생활이 가능하지요.

또 다른 사례로는 말레이시아의 페낭을 들 수 있어요. 아주 작은 섬이지만 경쟁력 높은 전자제품의 생산과 수출로 유명해져 '실리콘 섬'이라는 별명까지 얻었지요. 역설적으로 페낭의 성공은 말레이시아 통화의 약세와 같은 말레이시아 경제 전반의 침체에서 출발합니다. 그럼에도 성장을 거듭해 노동력이 모자라는 사태에까지 이르게 되었지요. 그러자 페낭의 기업들은 정부에 압력을 가해 이민법을 개정하도록 하여 가까운 수마트라 섬에서 노동력을 수입합니다. 이와 같이 번영을 누리는 것은 말레이시아 경제가 아니라 페낭의 경제예요.

여기에서 예로 든 모든 지역공간은 세계경제체제와 밀접한 연관을 갖습니다. 중국도 지금 12개 정도의 비슷한 권역, 지역공간을 구축하는 중이잖아요. 이런 추세에 따라 나 자신도 1980년대 중반부터 일본을 11개의 '도르슈' 권역으로 분할하는 노력을 기울이고 있습니다. 이들 도르슈 공화국들이 일본 지역연합을 구성하고 이를 포괄한 연방국가로 가야 한다는 것이 내 지론입니다. 기존의 중앙집권적인 정부를 탈중앙화된 도르슈 정부의 연합으로 대체하고, 이를 통해 세계경제체제의 변화에 맞게 변환을 도모하자는 뜻이지요. 모든 권역은 그 상황에 맞는 독특한 전략을 개발하는 겁니다. 그렇게 되면 적어도 11개의 개별 전략이 개발되겠지요. 어떤 것은 활용할 수 있을 것이고, 나머지는 폐기될 겁니다. 요컨대 러시아와 경계를 짓는 북쪽 홋카이도와 중국이나 한국과 가까운 남쪽 규슈는 서로 다른 전략을 개발해야 된다는 것입니다. 이런 의미에서는 도쿄도 마찬가지로 나름대로 독특한 전략을 개발해야 하는 것이고요.

▶ 경제 중심지로서 도쿄의 사정은 어떻습니까?

지난 400년 동안 일본은 도쿄를 중심으로, 도쿄에서 통치되었어요. 제2차세계대전 후에도 사정은 달라지지 않았습니다. 물론 도쿄는 일본에서 유일하게 흑자를 기록하는 도시입니다. 그러다보니 모든 지역이 중앙의 지원만 바랍니다. 아직도 무역성이 5개년 계획을 세워 경제를 좌지우지해요. 이것부터 달라져야지요. 일본은 분별력 있는 사람들이 많은 성숙한 나라에요. 이제 탈중앙화해야 합니다. 이 나라는 다양한 자치적인 지역정부로 분할되어야 해요. 그래야 외국 기업이나 기술, 그리고 자본이 들어옵니다. 그런데 도쿄가 이걸 가로막고 있어요. 우리 정치인들은 여전히 낡은 틀로 나라를 다스리고 있거든요. 정치적으로는 적어도 일본이 독일에게 10년, 아니 20년쯤 뒤졌어요. 이것부터 빨리 따라가야 합니다.

▶ 세계경제의 성장을 위한 기본전제는 어떤 것들인가요. 어떤 나라나 지역이 부강할 수 있는 가장 좋은 조건을 가지고 있습니까?

경제발전에 나라의 크기가 그리 결정적인 영향을 주지는 않아요. 또 국내시장의 크기 또한 그리 중요하지 않고요. 자연자원의 부족도 마찬가지에요. 자연자원이 너무 많다고 문제되는 것도 아닙니다. 경제발전의 가장 큰 걸림돌은 세계경제체제에 참여하는 것이 별로 중요하지 않을 수도 있다는 생각입니다. 그런 만큼 지금으로선 시장 자유화가 가장 많이 진행되고 보호 장벽을 철폐한 나라가 앞서가고 있습니다. 세계적으로 많은 정부들이 국내 시장, 특히 일자리를 보호하려고 나섰다가 경제정책에 실패하곤 했습니다. 왜냐하면 오늘날 전 지구적으로 연계된 경제가치의 순환을 이해하지 못했기 때문이지요. 예를 들어 브라질은 아직도 완강하게 세계경제체제에 편입되기를 거부하고 있어요. 이처럼 자원이 풍부한 나라일수록 자급자족의 환상에 매달려 개방을 거부하지요. 브라질의 경우

문을 닫아걸고 가능한 세상의 모든 약탈자들에게 기회를 주지 않은 채 혼자서 경제발전을 꾀할 수 있다고 믿고 있어요. 캐나다나 호주도 비슷한 환상에 빠져 있지요. 이들은 특히 자원이 풍부하기 때문에 이렇게 해도 살아남을 수 있다고 믿는 겁니다. 하지만 이것은 불가능합니다. 비록 이들이 지금은 아주 수요가 많은 자원의 유일한 공급국이라고 하더라도 언젠가는 사정이 달라질 것입니다. 그 자원은 그저 대량 소비품에 지나지 않게 될 것이기 때문이죠. 무언가 부가가치를 제공하지 않으면 부가가치를 얻을 수가 없잖아요. 그 자원이 아무리 풍부하다고 해도 그런 자급자족의 환상을 가진 나라는 얼마 지나지 않아 외부세계의 경제적 동향에 완전히 의존적이 되고 맙니다. 그렇게 되면 국내경제마저 규제할 수 없지요. 사실 많은 나라가 개방을 거부하는 것은 외부에 대한 두려움 때문입니다. 그런데 그 두려움은 대개 그런 나라를 지배하는 관료체제가 갖는 두려움일 뿐입니다. 그렇게 국민국가의 깃발 아래 뭉쳐 해마다 조금씩 망가지고, 뒤떨어지는 것입니다. 애국주의와 보호주의는 막다른 골목에 이를 뿐입니다.

▶ 그렇다면 이런 상황에서 부가가치는 어떻게 얻어질 수 있나요?

오늘날에는 시장 자체에서 대부분 가장 많은 부가가치가 생성됩니다. 그러니까 어떤 나라든 하다못해 일자리 창출을 위해서라도 자신의 시장을 세계의 가장 경쟁력 있는 상품이 들어올 수 있도록 개방해야 합니다. 정부가 수출입을 통제하고 기업 활동에 영향을 미치고 있는 한 그 나라는 부강해질 수가 없습니다. 한 나라의 부는 이제 소비자들의 잠재력, 특히 그들의 결정권을 높이는 데서 옵니다. 그러니 고립주의로는 아무것도 할 수 없지요. 국제적으로 연계된 경제체제에 적극적으로 참여해야지요. 해결책은 시장에 있지, 결코 경제통제나 소비억제, 또는 수입규제 같은 정책을 남발하는 정부에 있질 않아요. 거듭 강조하지만 경제적인 부는 이제 세계시장, 그것도 세계적으로 연계된 세계경제체제 안에서만 얻을 수 있습니다. 이것이 가장 중요한 패러다임의 전환이지요.

▶ 하지만 일본도 지난 수십 년간 보호정책을 고수해왔습니다. 전 세계에 수출하는 나라면서도 수입정책은 아주 배타적으로 펴왔지요. 일본은 어떤 변화 때문에 경제조직과 운영 전반, 그리고 지구화 차원의 기업 활동에 대해 근본적으로 성찰하게 되었나요? 그리고 개방은 일본의 경제와 시장에 어떤 영향을 미쳤나요?

언제 어디서나 그렇듯이 보호주의, 수입규제, 외국자본에 대한 경계 등의 정책을 펴는 가장 결정적인 이유는 일자리를 지키려는 것입니다. 이미 1980년대에 이런 사고방식이 단견이었다는 것이 드러납니다. 거기에서부터 정치가들이 일자리를, 그것도 일국 차원에서 지켜낼 수 없다는 사실도 알게 되었고요.

일본도 1980년대 당시 수상이었던 나카소네가 OECD 국가들의 압력으로 시장을 개방하고 규제를 풀기로 한 이후에 이제 거의 무역장벽은 없어요. 그 덕분에 벤츠는 가장 잘 팔리는 외국 자동차가 될 수 있었죠. 물론 미국 자동차들은 아직 일본시장에서 그다지 큰 성공을 거두지 못하고 있지만요. 그것은 미국식 대형 승용차들이 일본에 잘 맞지 않아서 그런 겁니다. 대신 미국기업들은 일본기업에 적극적으로 투자했습니다. 예를 들어 제너럴 모터스가 스즈키에, 포드는 마츠다, 그리고 다임러-크라이슬러가 미츠비시에 투자하는 것과 같이 말입니다. 이런 방식으로 외국자본이 주식투자 등의 방식을 통해서 일본에 들어왔습니다. 외국자본이 일본기업을 살 수 있게 된 것은 아주 큰 변화라고 할 수 있습니다. 지금 말한 대로 1980년대부터 이어진 규제완화의 결과 이제 외국자본은 일본에서 거의 모든 것을 사들일 수 있게 된 것입니다. 소비자들도 세계의 모든 상품을 구매할 수 있게 되었죠. 사실 이제 일본시장은 세계의 모든 상품에 개방되어 있습니다. 무역장벽 같은 것은 거의 없어요. 일본시장에서 성공을 거두고 있는 외국기업들은 이미 일본 고객들의 기호나 이런 것들을 파악하고 있고, 어떻게 하면 고객을 만족시키는지도 알고 있습니다.

▶ 지금 일본의 수출과 수입관계는 어떤가요?

지난 1980년대 중반 시장개방 이후 상황은 많이 달라졌습니다. 벤츠, BMW, 아우디(Audi) 같은 독일 자동차들은 일본에서 아주 잘 팔려요. 이런 점에서는 뭐 별다른 이의가 없을 겁니다. 슈트트가르트, 뮌헨, 잉골슈타트 등에 본부를 둔 이 대표적 독일 자동차 회사들에게 일본은 이제 해외 주요시장이 되었지요. 이렇게 수입개방을 했지만 일본은 아직도 수출 초과국입니다. 하지만 이 무역수지 흑자는 점차 줄어들고 있는 추세인데, 그것은 무엇보다도 우리의 경제 모델이 낙후되었기 때문입니다. 생산시설은 벌써부터 대규모로 해외 이전을 하고 있습니다. 미국이 진작 일본, 유럽, 동남아시아, 멕시코, 캐나다로 생산시설을 이전했던 것처럼 일본도 지금 중국으로 생산시설을 이전하고 있지요. 미국은 그 바람에 지난 25년간 엄청난 무역적자를 기록했고요. 일본도 같은 길을 가고 있는 거지요. 일본기업이 수출하는 상품은 대부분 외국에서 생산한 것들이거든요. 독일도 사정은 마찬가지에요. 그러니 수출과 수입이라는 무역

관계는 점점 복잡해지는 겁니다.

▶ 당신의 책 『보이지 않는 대륙(Invisible Continent)』에서는 아일랜드를 작
  은 나라가 부강한 국가로 발전한 본보기로 삼고 있습니다. 아일랜
  드는 한때 유럽에서도 가장 가난한 나라였는데, 어떻게 오늘날 유
  럽 전자산업의 중심이 될 수 있었지요?

100년 전만 해도 아일랜드 사람들은 계속되는 빈곤과 기아를 피
해 무리를 지어 나라를 떠났습니다. 그 결과 오늘날 아일랜드의 전
체 국민은 350만밖에 안 되지만 전 세계에 흩어져 사는 아일랜드
계는 무려 7,000만에 달하지요. 아일랜드의 유례없는 성공사례는
우선 델(Dell), 게이트웨이(Geteway), 인텔(Intel) 등의 미국기업이 산업
시대의 잔재나 부담이 없는 이 녹색 섬을 지목한 데서부터 시작됩
니다. 아일랜드는 세제혜택과 같은 조치를 진작부터 도입했지만
1960~1970년대까지는 외국기업을 유치하려는 전략이 잘 먹히지 않
았어요. 그런데 그 이후 서비스 부문의 성장과 광범한 커뮤니케이
션 네트워크의 구축으로 외국기업에 매력적인 장소로 부상하게 되
었죠. 우선 미국의 보험회사들이 들어왔고, 협력업체들이 따라오면
서 불과 몇 년 사이에 25만 개의 일자리가 창출되었습니다. 특히
아일랜드계인 마이클 델(Michael Dell)은 더블린의 여러 가지 유리한
입지를 활용하여 이곳을 콜 센터(Call Center)로 만들고 유럽시장을
공략하는 데 성공합니다. 지금 여기서는 유럽 각 나라에서 온 인력
들이 독일어, 프랑스어, 이탈리아어, 스페인어, 스웨덴어, 체코어 그
리고 여타의 거의 모든 유럽 언어들로 온갖 문의에 응답해주고 있
어요.

▶ 당신이 이미 1980년대에 갈파했던 이른바 '노동력의 탈(脫)국경화 (crossborder migration)', 그리고 일자리의 '탈국경화'라는 현상은 이제 오늘날 기업경영에서 가장 중요한 요소가 되었습니다. 이렇게 자본과 일자리가 국경을 넘나드는 현실에 국민국가는 어떤 영향을 받을까요?

오늘날 자본과 노동력, 일자리뿐 아니라 주식, 서비스, 정보, 특허, 소프트웨어나 하드웨어, 기업, 노하우, 재산, 권리, 상표 등이 국경을 넘나들며 거래되고 있습니다. 특히 예전에 무슨 그림이나 특허, 부동산을 거래했듯이 기업도 손쉽게 사고팝니다. 1980년대 말, 1990년대 초에만 무수한 기업이 임금 수준이 낮은 국가들로 이전했어요. 주로 생산시설인 공장을 이전했죠. 하지만 지금은 그런 생산시설에 국한되는 것이 아닙니다. 만일 그렇다면 오로지 중국만 살아남겠죠. 하지만 관건은 이제 간접적·정신적인 노동입니다. 겉으로 드러나지는 않지만 많은 정신적 노동력이나 소수의 창의적인 노동력이 핵심인 산업들이 있잖아요. 예를 들어 신용카드 회사나 보험회사들처럼 엄청난 서류처리를 요하는 기업들은 인도나 아일랜드, 또는 네덜란드를 선호합니다. GE-캐피탈 같은 회사는 미국기업이지만 사실상 만 명이 넘는 인력이 일하는 인도에 실제적인 본부를 두고 있어요.

이런 변화에 따라 오늘날 국민국가는 국경 없이 전 지구적으로 연계된 세계경제체제에 대응할 수 있는 전략과 조직 운영 방식을 개발해야 하는 과제를 안게 됩니다. 한마디로 국가의 역할이 근본적으로 달라진 것이죠. 더 이상 외부의 위협에서 국민과 자연자원을 보호하는 과업이 아니라, 국민에게 전 세계적으로 제공되는 가장 좋은 질의 상품과 서비스를 보장할 수 있도록 하는 과업이 그것입니다. 지구촌 사람들은 이미 이러한 세계경제체제에 참여하고, 그 결실을 향유하려고 하고 있습니다. 이들은 그들의 기호에 맞으면서도 다양한 선택 가능성 중에 우선순위에 따라 상품을 골라 소비하기를 원합니다. 이들은 어떤 중앙집권적인 정부가 자신의 삶의 영역에 특정 선택을 강요하는 것을 거부합니다. 정치의 과제는 이제 선택의 강요가 아니라, 시민들의 선택을 지원하고 용이하게 해주는 것입니다. 그러려면 시민들은 최선의 선택을 할 수 있도록 가능한 한 모든 정보를 얻을 수 있어야 하고, 완벽한 선택의 자유를 누려야 합니다.

▶ 그렇다면 정치와 경제의 관계는 어떠해야 할까요?

정치의 우선과제는 이제 정보와 자본, 상품, 서비스는 물론이고 노동력과 기업의 자유로운 교류를 보장하는 것입니다. 경제에 대한 정치의 개입은 오로지 기업이 공공성을 해칠 때, 그러니까 안전을 소홀히 했거나 건강을 위협했거나 노동자들의 권리를 불법적으로 제한했거나 할 때만 정당성을 갖습니다.

▶ 당신이 주장하는 국경 없는 지구화가 이루어진 세상에서는 정치의 공간이 점점 더 제한될 수밖에 없겠지요?

그렇지는 않습니다. 공공의 이익을 위한 과업은 얼마든지 있지요. 예를 들어 환경보호 기준을 설정한다든지 사회적인 인프라가 제대로 작동하도록 한다든지 건강과 복지 수준을 유지한다든지 교육의 과제라든지 하는 것들 말입니다.

다국적 기업이 국가의 정책을 좌지우지하고 영향력을 행사한다고 하는데 그건 결코 그렇지 않아요. 지구화된 세계경제체제 안에서는 누가 공장을 세우는지, 사무실 건물이 누구 것인지, 대형 할인 매장에 누가 투자했고, 어떤 자본이 국내 일자리를 창출하는지 이런 문제는 중요한 게 아니거든요. 중요한 것은 다국적 기업이 어떤 나라에서 활동할 때 얼마만큼 해당 국가에 책무성을 가지고 활동하느냐지요. 만일 그렇지 못하면 그 기업은 노동력을 구하거나 판매시장을 개척하는 데 곤란을 겪겠지요. 지구화된 기업이 소비자의 바람과 욕구를 충족시켜주지 못한다면 그 기업은 바로 소비자에 의해 몰락할 겁니다.

▶ 소비자의 권력에 대해서 당신은 아주 낙관적인데, 그 근거는 무엇입니까?

엄청나게 빠른 속도로 정보가 전달되고, 이를 통해 소비자들이 그 자리에서 가장 값싸고 질 좋은 상품이 어떤 것인지를 알 수 있는 상황에서는 이들이 선택과 거부라는 권력을 갖지요. 일본의 경우만 해도 그렇습니다. 2000년 일본 사람들은 처음으로 정부에 대해 거부감을 표명하고 정부에 무엇을 바라는지를 밝혔어요. 예전처럼 그저 특권을 가진 한 줌의 무리일 뿐인 엘리트가 어떤 정보가 공개될 수 있는지를 결정하던 시기에는 이런 것을 상상할 수조차 없었지요. 바로 정보를 통해 일본인들은 소비자로서 세계시민이 되기 시작한 것입니다. 기업이 물건을 팔기 위해서는 이제 이 추세에 부응해야 합니다. 앞으로는 전 세계적으로 더 이상 상품을 공급하는 생산자가 아니라 소비자가 시장을 결정하게 될 것입니다. 세계시민이라는 것도 더 이상 무슨 미래학자의 용어가 아니고요. 국민총생산이나 무역 등의 수치만 봐도 이제 이런 사실이 실제적이고 구체적이라는 것을 쉽게 알 수 있습니다.

▶ 일본과 독일을 비교해보면 우선 두 나라 모두 이렇다 할 자연자원을 갖지 못한 점이 눈에 띕니다. 당연한 결과지만 그래서 두 나라는 기술을 부가가치화하고 상품화했습니다. 그런데 최근 국제 학력비교 연구, 즉 PISA 연구결과 독일의 15세 학생들의 수준은 형편없었어요. 그래서 독일에선 지금 교육체제 개혁에 대한 논의가 한창입니다. 일본은 어떤가요?

일본 어린이들은 아주 어려서부터 학교에서 일본이라는 나라가 자연자원이 부족하다는 사실을 귀에 못이 박히도록 배웁니다. 그러니까 당연히 필요한 물건을 사와야 하고, 그걸 사려면 수출을 해야 한다는 사실도 배웁니다. 요컨대 필요한 식량을 사기 위해서는 그걸 살 수 있도록 부가가치를 창출해야 한다는 겁니다. 그런데 부가가치란 단순히 천연자원에 신체적인 노동을 가해서만 얻을 수 있는 것이 아니고, 지식을 통해 이른바 지적인 고부가가치를 창출할 수도 있지 않습니까. 따라서 이제 교육의 중점을 이를 위한 창의력, 외국어 실력, 그리고 의사소통 능력 같은 데 두어야 합니다. 이렇게 볼 때 일본의 교육체제는 낙후되어 있지요. 특히 교육이나 직업 훈련 과정이 지나치게 표준화되어 있고, 불안과 체벌로 점철되어 있습니다. 숫자와 사실, 그리고 비유들만 나열하고 학생들은 이를 죽어라고 외운 다음 곧 잊어버립니다. 우리 교육에서 가장 아쉬운 것은 요컨대 '세계시민 정신' 같은 것입니다. 일본 사람들은 좀더 전지구적이며 네트워크적인 사고를 가져야 해요. 우선 이미 기초가 단단한 자연과학이나 기술정보에 대한 지식을 다양한 외국어로 전달할 필요가 있습니다. 이렇게 해야 개방성과 유연성이 길러지거든요. 학생들이 더 이상 사전이나 책자에 매이거나 주어진 지식을 외우고 규칙을 따르는 데 그치지 않고 스스로 주도권을 가질 수 있도록 해야 합니다. 자라나는 세대에게 미래는 현재와 전혀 다른 모습일 것이며 부모들을 답습하는 일은 이제 더 이상 불가능하다는 것을 알게 해야 합니다.

▶ 당신이 제안한 그런 교육이 실현되려면 교육을 어떻게 개혁해야 하지요?

얼마 전부터 난 '사이버 교육' 영역에서 활발하게 일하고 있습니다. 내가 만든 회사 중에 '비즈니스 브레이크스루'라는 위성방송이 있어요. 여기서 원격교육으로 MBA 과정과 매니저 훈련 과정을 마칠 수 있도록 프로그램을 제공합니다. 이 흔히 말하는 쌍방향 교육방법은 아주 효과적입니다. 사람들은 학교의 교육체제가 직장에서 제대로 작동하지 못한다는 것을 잘 알고 있지요. 그래서 난 이런 시스템을 좀더 확장해서 대학부터 유치원까지 포괄하는 체제로 발전시키려고 합니다.

여기서는 인터넷과 그룹웨어 기술 등이 적극적으로 동원되는데, 이렇게 하면 미국과 유럽의 최고의 교육방법을 쉽게 활용할 수 있거든요. 예를 들어 옥스퍼드 대학의 사이트에 접속하기만 하면, 이들의 가장 새로운 교육방법을 얻을 수 있잖아요. 또 초등학생이나 유치원생들에게 온라인으로 교육을 하죠. 나는 이것을 확산하기 위해서 교육부의 도움을 받을 필요 없이 바로 미국이나 유럽의 교육기관과 협의하고 있어요. 그들의 교육방법을 활용하기 위해서죠. 인터넷의 쌍방향 유형과 확산기술은 엄청난 기회가 될 것입니다. 이런 것들을 통해서 우리는 학교나 대학, 그리고 심지어 개인 사용

자까지도 모두 연결할 수 있거든요. 이를 통해 아마 유럽과 미국의 학교를 위한 큰 시장이 생길 것입니다. 지금 나도 미국과 호주의 학교를 연결하는 프로그램을 실험하고 있는데, 그런대로 아주 잘 되고 있습니다. 질 높은 교육이 요구될 때는 위성방송을 사용하고, 의사소통과 정보교류의 경우엔 인터넷을 활용하는 겁니다.

▶ 『보이지 않는 대륙(Invisible Continent)』이라는 책에서 당신은 인터넷을 통한 세계 경제구조의 변화에 대해 서술하고 있습니다. 보이지 않는 대륙이 바로 정보기술에 대한 비유인 것이죠. 21세기 인간이 더욱 개발해야 할 이 새로운 세계는 아직 우리의 의식 속에만 있는 셈입니다. 물론 그 개발은 1985년부터 시작되었지만요.

그렇습니다. 아마 1985년은 정치적으로나 경제적으로 획기적인 시점일 겁니다. 미국 시애틀에서 마이크로소프트 사가 윈도 1.0을 개발하여 시판한 해이고, 케이블 뉴스 네트워크(CNN)가 미국 애틀랜타에서 전 세계를 상대로 뉴스 방송을 시작한 해이며, 미국 아이오와의 수(Sioux)시티 근처에 있는 한 농장에서 게이트웨이 2000 컴퓨터가 처음으로 생산된 해인 데다가, 첫번째 인터넷 네트워크 루트 생산회사인 시스코(Cisco) 시스템이 캘리포니아에 설립된 해이고…… 간단히 말해서 오늘날 미국의 새로운 경제를 주도하는 사람들이 모두 이 해에 나타났지요.

또한 1985년은 정치적으로도 전환점이 된 해입니다. 이 해에 뉴욕에서 미국, 독일, 일본, 영국, 프랑스 재무장관들이 모여 이른바 플라자(Plaza) 협약을 통해 달러의 평가절하를 결정했어요. 구소련에서는 같은 해 고르바초프를 대통령으로 선출했고요. 또 레이건과 대처는 국경 없는 세상을 만드는 데 가장 중요한 세 영역을 제약해왔던 규제와 통제를 철폐하는 결정을 내렸어요. 바로 교통, 텔레커 뮤니케이션, 재정 분야가 그것이죠.

▶ 이 때 시작된 시장개방은 어떤 효과를 가져왔나요?

게이트웨이나 델, 시스코 같은 기업들은 이 기회를 활용하여 스 스로 거듭나고 과거에서 벗어난 새로운 부가가치 창출에 성공했지 요. 이를 통해 구태의연한 기업구조는 낙후한 것이 되어버렸어요. 그러니까 이들은 전통적인 선형의 피라미드 구조를 극복하고 기능 으로 연계된 네트워크 체제로 좀더 유연하며 경쟁에 빠르게 대처 할 수 있는 구조를 만들었어요. 무엇보다도 중요한 것은 기본적인 태도의 변화인데, 이들은 고객을 자신들의 구조조정 노력의 핵심 사안으로 삼았습니다. 심지어 연구개발까지 고객들의 욕구에서 출 발했으니까요. 고객만족에 중점을 둔 것이죠.

▶ 당시만 해도 모두들 일본이야말로 21세기 세계경제를 주도하게 되 리라 예상했었지요?

1985년을 돌이켜보면, 적어도 세계 개방적인 시각을 가진 사람 이라면, 그 때 전혀 새로운 것들이 시작되었다는 것을 알 수 있을 겁니다. 어떤 특정 국가가 국제적인 주도권을 장악한 것이 아니라 세계경제 전체가 지구화로 진행해나갔습니다. 당시 세계시장의 판 도는 일단 미국, 일본, 유럽이 삼분했고, 막 성장하기 시작한 이른 바 '아시아의 용들'이 뒤를 쫓는 형국이었죠. 이 때 활발하게 재벌 기업들간의 연합이 일어납니다. '도이치 뱅크(Deutsche Bank)'와 '뱅 커즈 트러스트(Banker's Trust)'가 연대하고, 그리고 다임러(Daimler)와

크라이슬러(Chrysler)는 거대한 기업으로 융합합니다. 이러한 연대와 융합은 전 지구적인 시장을 공략하기 위한 아주 중요한 방법이었습니다. 빌 게이츠가 등장한 다음의 세상은 그가 나타나기 전의 세상과 근본적으로 다릅니다. 아마 후세 역사가들은 1985년을 네트워크 사회의 기원 1년이라고 기록할 것입니다.

▶ 바로 그 1985년이 미국이 거듭 본격적으로 세계시장을 석권하기 시작한 해이지요?

미국은 그 때나 지금이나 달러 때문에라도 세계경제에서 독보적 위치를 차지합니다. 세계의 모든 무역이 달러로 결제되기 때문에 미국의 국내시장조차 이미 국가의 경계를 넘어선 의미를 가지고 결국 일종의 거대한 달러 제국을 형성하게 되는 겁니다. 거듭 강조하지만 미국의 달러는 유일하게 전 세계적으로 인정받는 무역통화입니다. 미국 자체가 가장 큰 무역국가인 데다가 모든 결제를 달러로 하잖아요. 그러니까 나머지 나라들은 좋든 싫든 이런 저런 무역행위를 하기 위해서는 달러를 벌어들이고 쌓아두어야 해요. 만약 달러가 모자라거나 떨어지게 되면 빌려야 하고 그것도 안 되면 필요한 물건을 살 수 없게 되죠. 그렇지만 미국은 예외입니다. 늘 달러가 국내에서 돌고 있고, 정 필요한 경우에는 새로 찍어내면 되거든요. 미국과 달러로 교역을 하는 나라들은 그래서 마치 미국 달러의 포로가 된 듯한 느낌을 가질 수밖에 없지요. 그러니까 상징적인 의미에서 볼 때 자신들도 미국의 국내시장으로 포섭된 느낌이 든단 말이에요.

▶ 사회 및 문화비판적인 지식인들 중, 특히 장 보드리야르 같은 사람

은 미국문화가 그 상품은 물론이고 특히 언어로서 다른 나라들을 압도하여 결국 세계가 미국화 되고 이른바 '글로벌 아메리카'가 될 것이라는 우려를 표명한 바 있습니다. 당신 생각은 어떤지요?

적어도 내가 보기엔 미국상품이 세계를 지배할 것이라는 우려는 망상에 지나지 않아요. 물론 미국이 세계 무역시장에서 큰 영향력을 갖고 있다는 것은 사실이죠. 미국은 세계 총 교역의 약 18%를 차지하고 있지만, 독일은 13% 그리고 일본은 12%로 그렇게 결정적인 양도 아니에요. 또 미국기업들은 오랫동안 외국에 투자하고 설비하여 전 세계적으로 무려 830만 정도의 인력을 고용하고 있어요. 그러다 보니 상당 부분 특정 욕구나 기호가 미국적으로 되어가고 있는 것도 사실입니다. 하지만 그보다는 다양한 욕구와 기호가 지배하고 있는 영역이 훨씬 더 커요. 사람들은 바람직하고 좋은 삶이 뭔지 각기 다 다르게 상상하거든요. 보편적인 삶의 유형이란 없어요. 하다못해 한 나라 안에도 없어요. 이건 우리 모두가 아는 사실이죠. 게다가 우린 요즘 와서 전 지구적으로 연계된 세계경제체제 덕분에 그 다양성과 다원성이 훨씬 더 잘 보장되는 시대에 살고 있어요.

그래서 나는 미국 정부나 미국 문화에 대한 우려가 과연 정당한지 의심하지 않을 수 없습니다. 물론 벌써 100년 전에 미국이 태평양 지역에 제국주의적인 팽창정책을 펴기 시작할 때부터 이미 '세계의 미국화'에 대한 우려의 목소리는 높았죠. 오늘날 미국이 세계의 모든 나라 중 가장 독자적인 것은 미국이 바로 그 세계와 다르기 때문이 아니라 가장 비슷하기 때문입니다. 미국은 모든 민족의 용광로이고 그런 점에서 유엔과 아주 비슷합니다. 다문화 사회이고, 이대로 가면 스페인 어를 쓰는 소수민족 집단이 다수를 차지하게 될지도 모르는 사회가 바로 미국입니다.

▶ 이슬람 소수집단은 미국에서 어떤 위치를 차지합니까?

9.11 테러 이후 부시 대통령이 이슬람교를 비판하고 나서, 그는 미국 국민의 상당수가 이슬람 교도라는 사실을 의식할 수밖에 없었죠. 그래서 교훈을 얻었어요. 미국은 워낙 다양한 세계의 문화가 집결해 있는 곳인 만큼 다양한 성향이 공존할 수밖에 없어요. 예를 들어 미국은 속물적이고 교만한 데가 있어서, 그 진부하기 짝이 없는 민족주의 개념으로 여타 세계를 통제하고 싶어하는 성향이 있는 것도 사실이에요. 어쨌든 미국은 지금 세계의 단면을 드러내주는 나라입니다. 특히 미국에서는 공정한 경쟁이 아주 중요한 원칙이기 때문에 정말 좋은 아이디어를 가진 사람들이 지도적인 위치에 오를 수 있습니다. 다른 나라 같으면 주로 기득권층, 사회 주도층 출신만이 오를 수 있는 위치에 말입니다. 미국에서는 심지어 이민온 지 얼마 되지 않은 사람들도 얼마든지 지도적 위치에 오를 수 있어요. 실리콘 밸리에서 일하는 많은 외국 학생들을 보세요. 그래서 나는 감히 주장합니다. 미국의 공식 명칭인 '합중국(United States)'이야말로 세계의 미래를 담고 있다고 말입니다. 어쨌든 이제 미국과의 공정한 경쟁에 우리 모두 잘 준비하고 나서는 것이 중요합니다. 지금 미국이 상징하고 있는 문화적이고 혁신적인 기준과 수준에 대응하지 못하면 우리는 실패할 수밖에 없어요. 이것이야말로 우리에게 주어지는 도전입니다. 어쩌면 처음부터 공정하지 못한 경쟁일 수도 있습니다. 독일이나 일본의 관점에서 보면 미국은 이미 여타 세계를 포괄하는 일종의 거대한 국가로 경쟁에 나서고 있는 형국이니까요. 하지만 이건 기정사실인 걸요. 나는 이런 경쟁을 환

영합니다. 많은 혁신이 미국에서 시작된 겁니다. 다만 우리는 미국이 독점적인 세력이 되지 않도록 감시해야 합니다. 미국 사람들은 처음부터 모든 문화와 인종에 개방적일 수 있는 장점을 가지고 있어요. 이것이야말로 그들의 우월성이죠. 그러니까 이런 미국과 경쟁할 수 있도록 우리 스스로 준비하고 혁신해야 한다는 것입니다.

▶ 그렇다면 새로운 민주주의의 발전에서도 미국과 경쟁해야 할까요? 지금처럼 국가들의 주권이 자꾸 약화된다면 민주주의의 장래는 어떻게 보장될까요?

나는 우선 민주주의가 선험적으로 옳은 정부형태라고 생각하지는 않아요. 민주주의가 제대로 기능하려면 특정한 전제들이 충족되어야지요. 내 생각에 가장 중요한 전제의 하나가 교육 수준입니다. 유권자들은 확실한 정보에 바탕을 두고, 분명한 근거를 가지고 선택할 수 있는 능력을 갖추어야 합니다. 민주주의가 이런 전제하에 기능할 수 있으려면 정부는 시민들을 교육하고 정치적인 토론에 참여할 수 있도록 해야 합니다. 이것이 정부의 기본 임무지요. 무언가 결정할 때는 늘 대안도 제시되어야 하고, 그 결정이 미치는 단기적이고, 장기적인 영향 또한 충분히 고려해야 합니다. 이제 국경 없는 세계에서 각 정부들은 개별 국가의 기업이나 산업을 보호할 것이 아니라 모든 국민의 이해와 바람과 욕구를 대변해야지요. 그러려면 정부의 정책 수행 과정이 투명해야 하고 시민들로 하여금 독자적인 결정을 내릴 수 있도록 해야 합니다. 그렇지 않으면 그것은 그들의 의무인 시민들의 이해를 대변하는 것이 아니라 정부관리들이 자기 이익을 추구하는 것일 뿐입니다.

▶ 정치와 경제는 오늘날 어느 정도로 밀접하게 연계되어 있나요? 예를 들어 기업은 정부의 정책결정에 얼마나 영향력을 미칠까요?

이런 사례를 들어봅시다. 사실 오늘날 보건부 같은 정부기관은 일반의 건강보호를 과업으로 하기보다는 의사들이나 제약회사를 위한 기관이 되어버렸습니다. 교육부도 마찬가지구요. 학생들의 이해를 대변하기보다는 공교육체제 내 교사들의 독점 카르텔같이 되어 버렸죠. 다른 정부기관도 크게 다르지 않을 것입니다. 이들은 주민들, 특히 소비자들에게 봉사하지 못하고 있습니다. 산업이나 이익집단, 그리고 기껏해야 자기 자신에게 봉사할 뿐이지요. 그런데 정부는 아직 정보의 원천을 장악하고 있어요. 예를 들어 통계조사를 독점하잖아요. 그러니 아주 잘 훈련받은 기자라 할지라도 공식 통계에 따른 정보를 90% 이상 담아서 결과적으로 잘못된 뉴스를 전하게 되지요. 그러면서 지금 해당 국가에서 논쟁이 벌어지고 있는 현안이 다른 나라에서는 이미 정책적으로 결정이 난 것이라는 사실도 몰라요. 사실 열린 정치 토론문화와 제대로 된 교육이야말로 제대로 기능하는 민주주의의 보루잖아요. 이게 제대로 발달하지 못한 나라일수록 정신적으로 완숙하지 못한 대중주의나 선동정치가 횡행하게 마련이죠. 예를 들어 "우리 배는 이미 만원이다"라는 식으로 이민에 반대하는 성향 같은 것만 봐도 그렇지요. 지성적인 정책결정을 위한 노력은 없이 감성에 호소하는 겁니다. 이런 대중주의자들이 전 세계적으로 많은 데다 권력을 갖고 있습니다. 앞서 말한 민주주의의 보루인 열린 정치 토론문화와 제대로 된 교육은 아직 많은 나라에서 충분히 발달해 있지 못합니다. 반대로 뉴질랜드 같은 작은 나라를 보세요. 여기엔 정치적 토론이 아주 발달했고 선거참여율이 90% 이상입니다. 이래야 민주주의가 제 기능을 하고 있다고 할 수 있지요.

▶ 그렇지만 발전된 산업국가에서는 투표율이 점점 더 낮아지고 있는 추세입니다. 정치적 토론의 장에 대한 요구도 없고, 그런 장도 사라지고 있는 실정이고요. 일본의 경우는 어떻습니까?

일본도 급격히 투표율이 낮아지고 있는 추세입니다. 지난 총선의 경우 겨우 전체 유권자의 40%만 투표에 참여했어요. 이건 아주 심각한 결과를 초래할 수 있는 일입니다. 예를 들어 어떤 이익집단이 전체 유권자의 21%의 지지만 끌어내면 모든 것을 마음대로 할 수 있다는 뜻이기 때문이죠. 투표에 참여하지 않는 이유는 다양하지요. 정치가 추잡하다는 정치 혐오증, 정치 참여는 이제 유행이 지났다는 느낌, 또는 투표일인 일요일엔 테니스를 치러 가거나 해변에 누워 휴식하겠다는 생각 같은 것들입니다.

▶ 투표에 열심히 참가하는 사람들은 어떤 집단입니까?

일본은 연령집단과 투표성향에 상관관계가 있어요. 25세 인구는 겨우 25%만 투표하는 반면에 65세 인구는 65%가 투표해요. 그 정치적인 의미는 분명하지요. 정책결정은 늘 연금 생활자 편을 들 수밖에 없고요. 그 부담은 결국 자라나는 세대가 지게 되는데도 말이에요. 여기에서 실제로는 세대간의 전쟁이 일어나고 있어요. 다만 젊은 세대들이 이 사태를 분명히 인지하지 않아서 그렇지……. 젊은 세대는 자신들의 정치 무관심과 참여 거부로 인해 나중에 잘못된 정책으로 고통받게 될 것입니다. 아직은 문제가 심각하게 불거지지 않아서 그렇지 불과 5년이나 10년만 지나보세요. 게다가 이들은 설사 투표를 한다 해도 자신들의 이해에 반하는 투표를 한답니다. 아직 자신들의 연금 연령은 멀었거든요. 정부는 이런 걸 이용하여 젊은이들의 돈을 뜯어다가 노인들의 주머니를 채워주고 있어요. 이런 장난은 비단 도쿄같이 돈 많은 지역뿐 아니라 규슈나 홋카이도처럼 가난한 지역까지 어디에서든 벌어지고 있습니다. 그러니까 부담은 늘 투표하지 않은 사람들의 몫이지요.

▶ 이런 투표행태가 장기적으로 오늘날 일반적 민주정치 형태에 어떤 영향을 줄까요?

국민국가와 정부의 통치수단으로서의 민주주의를 잘 살펴보면 내 생각에는 이런 주장이 가능하지 않나 싶어요. 정부가 위에 설명한 변화된 투표유형을 악용하여 선거체제를 조작하고 투표한 사람들에게만 이득을 주는 행태로 갈 수 있다는 주장 말입니다. 그러면서 복지체제의 근간을 잠식합니다. 링컨의 유명한 연설대로, 민주주의가 "국민에 의한, 국민을 위한, 국민의 정치"라면 민주주의야말로 가장 많은 사람들에게 가장 큰 행복을 가져다주어야 합니다. 그런데 이런 식으로는 결코 아니죠. 이렇게 되면 정치는 개별 이익집단에 봉사하고, 이들은 정치야말로 불로소득을 보장해주며, 유일하게 자신들을 지지하는 '산업'이라고 믿어 이런 정치를 또 지지하는 악순환이 벌어지지요. 민주주의 체제가 계속해서 투표율 저하라는 문제에 시달리게 되면 그것은 결국 국부의 불공평한 분배를 일삼는 정부의 문제로 귀결될 것입니다. 이 문제의 해결은 간단해요. 예를 들어 투표율 90% 이하의 선거는 무효로 처리하는 법 같은 것을 만드는 거죠. 또 다른 방법은 호주나 뉴질랜드처럼 선거에 참여하지 않는 사람들에게 20달러 정도의 벌금을 부과하는 겁니다. 물론 이상적인 방법은 아니지만 그런대로 써볼 만한 방법이지요. 어쨌든 인터넷이나 전화투표 등을 동원해서라도 선거참여율을 높이는 것은 바람직합니다. 하지만 그것만으로는 충분하지 않아요. 무엇보다도 선거에 참여해야 하는 이유는 자신들의 부와 재산의 분배라는 중요 사안이 걸린 일이기 때문입니다. 그렇지 않으면 정부는 언제까지나 정치적으로 영향력이 작은 집단의 돈을 빼앗아 영향력이 큰 집단에게 줄 것이거든요. 미국이든 일본이든 세계 어디에서나 이런 현상이 일어나고 있어요.

▶ 구체적인 사례를 들어줄 수 있나요?

지난 10년 동안 일본은 농업지원을 위해 4,000억 달러라는 천문학적 돈을 쏟아부었어요. 하지만 일본은 여전히 최대 농업 수입국입니다. 우선 농업 종사자들의 수가 줄고 있어요. 또 이들은 평균 연령이 59세로 나이가 많아요. 생각해보세요. 일본에서는 종사자의 평균 나이가 59세인 산업부문에 천문학적인 돈을 들여 지원하고 있어요. 이렇게 돈을 낭비하느니, 그 돈을 젊은이들의 창업자금으로 지원해야지요. 새로운 유망한 기업이 수천 개는 생겨날 겁니다.

▶ 비정부기구의 발전과 의미에 대해서는 어떻게 생각합니까?

일본에서도 비정부기구의 활동이 활발하고 많이 발달하여 이제 일본 정부도 정부와 협력하는 새로운 비정부기구들을 재정적으로 지원합니다. 비정부기구가 정부의 지원을 받는다? 정부도 입장이 모호하지요. 아마 이런 전략인 것 같아요. "반대세력이 있는데, 이들에게 돈을 주어 의존적으로 만들고, 주어진 법적 테두리 안에서 활동하도록 묶어놓자!" 일본의 관료 독재는 이미 비정부기구를 순치시킨 셈이지요.

▶ 세상의 앞날은 어떻게 될까요?

많은 종말론자들의 비관적인 전망에도 불구하고, 우리는 국가간의 긴밀한 경제적 연계를 통해 항구적인 세계 평화의 새로운 길을 열 수 있다는 희망을 가질 수 있습니다. 무엇보다도 오늘날 소비자들이 현명한 선택을 한 만큼 필요한 정보를 얻을 수 있고 또 그만큼 선택 가능성이 주어지고 있다는 사실이 큰 도움이 될 것입니다. 물론 똑같은 소비자들이 끊임없이 경제침략이나 권력투쟁 등에 대한 이야기를 읽고, 듣고, 보기만 한다면 이들은 바로 민족주의적인 투표에 나서는 유권자가 되겠지만요. 새로운 시대로 갈 수 있는 장점들은 많이 나타났지만, 아직 확실하게 자리 잡지는 않았다는 뜻입니다. 예를 들어 보호주의의 악령은 아직도 완전히 사라지지 않았거든요.

이처럼 상호의존성이 커져가는 세계에서는 반(反) 카르텔법이나 공정거래법, 지적재산권 보호법, 환경 보호법 등과 같은 영역에서 구속력 있는 법이나 규칙을 만들고 관철시킬 수 있는 적당한 초국가적 기구가 필요합니다. 앞으로 5년이나 10년 뒤에는 아마 이 문제에 대한 의식이 훨씬 고양되어 전 세계적으로 책임감 있는 '거버넌스(Governance)'의 수립과 규칙을 개발할 수 있게 될 것입니다.

룩셈부르크

귀 키르쉬

국민국가의 여정

룩셈부르크 국경일은 7월 23일이다. 이 날은 지난 2000년 10월 부터 룩셈부르크 국가수반이 된 앙리 대공(大公)의 생일이다.

룩셈부르크 역사의 시작은 963년, 아르덴 가문의 지그프리트(Siegfried)가 오늘날 룩셈부르크 수도 지역에 '루시앵부뤽(Lucilinburhuc)'이라는 성을 세우고 룩셈부르크 왕가를 건설하면서부터다. 고대 로마가도의 교차점에 자리한 덕분에 이 성은 중요한 방위도시로 발달하게 된다. 이미 1244년 에메상드 백작부인은 성 주민들에게 인증서를 주어 시민권을 보장했다. 룩셈부르크 왕가의 전성기는 14~15세기 연간인데, 왕가 출신의 4명의 귀족이 신성로마제국의 황제가 되었고 또 다른 구성원들이 보헤미아 지역과 헝가리 지역의 왕이 되기도 했다. 이 작은 나라는 1443년 부르고뉴 공작의 치하에 들어갈 때까지 독립적인 위치를 지킨다. 하지만 그 이후 1815년 빈 회의에 이르기까지 오랫동안 여러 외부 세력의 지배를 받는다. 처음에는 벨기에와 마찬가지로 부르고뉴의 지배를 받다가, 1506년에는 합스부르크 가문의 에스파냐 왕가의 지배를 받는다. 1659년 남부지역을 프랑스가 점령하고 1684년에는 전 지역이 프랑스의 지배를 받게 된다. 루이 14세 치하에서 당시 유명한 건축가인 보방(Vauban)에 의해 룩셈부르크는 유럽 최대의 성채(城砦)로 확장되고 '북유럽의 지브롤터'라는 별명을 얻게 된다. 1697년에 프랑스의 지배가 끝나고 에스파냐의 지배를 받게 되지만 이번에는 1714년 에스파냐 왕위계승 전쟁 후에 오스트리아의 지배에 들어갔다가 1795년 프랑스 혁명 직후에는 다시 프랑스의 영토가 된다. 이 기간에 룩셈부르크는 지도상에서도 사라진다.

룩셈부르크 성채의 중요성을 인지한 유럽 강대국들은 빈 회의 때 이 성채를 중심으로 새로운 국가를 건설하기로 합의한다. 이 때 비로소 독립국가로서의 룩셈부르크 대공국이 탄생하는데, 매우 복잡한 국제법상의 지위를 얻는다. 독립을 부여하면서도 그 지정학적 중요성 때문에 일단 네덜란드 왕인 오렌지-나소 가문의 빌렘 1세가 룩셈부르크 대공에 취임한다. 또 프로이센의 대 프랑스 전초기지로서의 역할도 인정하여 1866년까지는 이른바 '독일 연맹(Deutscher Bund)'의 구성국가가 된다. 1890년까지 유지된 오렌지-나소 가문의 네덜란드와 룩셈부르크 공동 왕 체제는 나소-바일부거 가문으로 넘어가고 룩셈부르크는 비로소 독립 대공국이 된다.

1841년에 첫 헌법이 제정되고, 1868년에는 이를 수정한 자유주의적인 헌법이 마련되어 오늘날까지 유지된다. 그 내용은 이웃나라들, 특히 벨기에 헌법과 유사하다. 유럽 강대국들이 룩셈부르크의 독립을 인정한 1867년의 런던조약은 룩셈부르크 역사에서 중요한 전환점이 되었다. 룩셈부르크 의회가 이 조약을 추인하자 프로이센 군대가 철수하고 룩셈부르크 성이 재건된다. 룩셈부르크는 영세 중립국이 되고 유럽 강대국들은 그 중립을 보장할 것을 약속한다.

그러나 룩셈부르크의 중립은 제1차세계대전과 2차세계대전을 통해 위협을 받게 되는데, 룩셈부르크는 두 번의 세계대전에서 모두 독일군에 의해 점령당한다. 룩셈부르크를 둘러싼 치열한 전투가 벌어지고 나라는 황폐해진다. 제2차세계대전 중 독일 점령기간에 샬로트 대공은 영국으로 피난하여 망명정부를 이끈다. 종전 이후 다시 돌아온 그는 1964년 아들인 장 1세에게 양위하고, 2000년 10월에는 그 아들인 앙리 1세가 대공이 된다. 룩셈부르크는 입헌군주국이며 대공의 권한은 단원제인 의회가 제정한 법률을 승인하거나 공포하는 역할에 머문다.

　이미 양차 대전 사이에 베네룩스 3국, 즉 벨기에·네덜란드·룩셈 부르크는 경제정책에서 긴밀한 협조를 꾀한다. 1932년에 체결된 관세철폐 조약은 제2차세계대전 종전 이후 벨기에와 룩셈부르크 양국의 경제연합에서 베네룩스 3국의 경제연합으로 발전해나간다. 이러한 과정은 룩셈부르크가 영세 중립을 포기하고 정치, 경제, 군 사적인 국제기구에 가입하게 되는 것을 뜻한다. 이렇게 해서 룩셈 부르크는 유엔(1945년)과 나토(1949년), 그리고 유럽 원자력 연맹 (EROATOM, 1951년)의 설립 회원국이 된다. 특히 유럽 내 협력체제 에 강력하게 참여한 결과, 1957년 로마 협약의 체결과 함께 유럽공 동체의 설립 회원국이 된다. 유럽공동체와 그 후신인 유럽연합의 많은 기구들이 룩셈부르크에 소재하는데, 유럽재판소, 유럽의회 사 무본부, 유럽투자은행 등이 그렇다.

　전후 룩셈부르크의 정치문화는, 광범한 합의에 바탕을 둔 안정 된 연정(聯政)이 이어져 각료들의 수명이 긴 편이다. 룩셈부르크의 유럽통합에 대한 신념과 연대, 그 기수로서의 역할은 널리 알려진 바 있고, 특히 지난 1995년에 오랫동안 수상을 지낸 샹테가 유럽 내각의 수반이 된 것이 그 상징이라고 볼 수 있다.

개인 신상

▶ 당신의 출신은?

"내 가슴으로는 룩셈부르크가 고향이고, 머리로는 아주 많은 곳이 고향입니다." 귀 키르슈(Guy Kirsch)는 1938년 9월 1일 룩셈부르크에서 태어났지만 40년 전부터 이 나라 밖에서 여러 나라를 전전하며 살고 일한다. "그러니까 나는 룩셈부르크를 내부에서 경험하고 외부에서 관찰한다고 할 수 있습니다. '내부적인 외부 관찰자'나 '외부적인 내면 관찰자'라고나 할까요."

룩셈부르크 사람들이 흔히 그렇듯이 키르슈도 이중 언어 환경에서 자라 이 나라 공식 언어인 독일어와 프랑스어가 모국어이고 그 밖에도 영어와 이탈리아어에 능통하다.

스무 살 때 룩셈부르크를 떠난 그는 독일로 유학하여 쾰른과 본에서 경제학과 사회학을 전공한다. 1962년에 학·석사 과정을, 1966년에 박사 과정을 마치자 이번엔 파리로 가 국제기구에서 2년간 일하다가 1967년 다시 쾰른 대학으로 돌아온다. 그로부터 5년간 재정경제 분야의 강사로 일하면서 1971년 교수자격을 취득한다. 1972년 스위스의 프리부르크(Fribourg) 대학에 신(新)정치경제학 교수로 취임하여 오늘에 이른다. 키르슈는 또한 스위스의 베른 대학과 노이샤텔 대학, 그리고 브리부크 대학에 '공공부문 경제연구 센터(Center for Studies in Public Sector Economics)'를 설립했다. 그는 아울러 베를린 학술센터 연구위원으로 활동하기도 하고 연구를 위해 자주 미국에 드나든다.

키르슈는 경제학자로서 전공분야 외의 다양한 영역에 개방적이려고 노력한다. "오늘날 세상이 직면하고 있는 문제들은 경제학적으로 접근해야 합니다. 그러나 그저 경제학적인 접근만으로는 부족합니다. 상호학문성(Interdisziplinarität)이 필요합니다. 학문들을 연계하려면 그 해당 학문의 견고한 기초에서 출발해야 하는 것은 물론이고요."

다수의 저작과 논문을 쓰는 것 외에도 그는 독일의 일간지에 자주 글을 기고한다. 또한 유럽 외에도 아시아와 미국을 넘나들며 다양한 강연활동이나 자문역할을 하기에 바쁘다. 그는 늘 자신의 이론적 고찰을 실천경험에 비추어 성찰하고 수정하며, 자신이 얻은 인식과 관점을 사회에 거듭 반영하려고 애쓰는 지식인이다.

| 대표작들 |

Guy Kirsch. 1983, *Neue Politische Ökonomie*(신 정치경제학), Düsseldorf: Werner Verlag.

_____. 1984, *Jenseits von Markt und Macht*(시장과 권력 저편), Baden-Baden: Nomos Verlagsgesellschaft.

_____. 1990, *Das freie Individuum und der dividierte Mensch*(자유로운 개인, 분할된 인간), Baden-Baden: Nomos Verlagsgesellschaft.

▶ 당신의 미래는?

"내 삶이 어디로 갈지는 모르겠어요. 삶의 5개년 계획 같은 것은 없으니까요. 나는 적어도 미래에 대해 개방적이며 내가 가는 길을 갈 뿐입니다. 그 길은 내 삶의 궤적이고요." 귀 키르슈는 개인의 일회성과 독자성에 큰 의미를 두는데, 이것이 바로 그의 자유주의적인 사회과학자 및 경제학자로서의 정체성이다. 그는 무엇보다도 누구나 자신이 살고 싶은 삶을 살 수 있도록 하는 질서를 옹호한다. "그렇지만 사람이 어떻게 길을 가고, 나가는지는 환경에 따라 달라집니다. 그 안에서 사람이 움직이는 환경 또한 늘 달라지지요 미래도 열려 있는 겁니다. 그러니까 우리가 움직임에 제한을 받고 있다거나, 아니면 아예 주위가 닫혀 있다고 생각되면 어떻게 해서라도 모든 것을 열어나가는 것이 중요합니다. 이런 노력 없이 삶은 불가능합니다. 이것은 인류나 개인에게 다 마찬가지지요."

하지만 그는 인간 자체도 한계를 가진 존재이므로 완전성이나 완벽성 같은 이상은 조심해야 하며 인간다운, 매우 인간다운 본성에 충실해야 한다고 말한다. "모든 초인적인 사상은 비인간적인 결과를 낳았습니다." 그러므로 키르슈의 좌우명은 "완전함을 믿을 것이 아니라 개선을 위해 노력하라"이다. 그러면서도 오늘 개선하려고 노력한 결과가 내일 개악(改惡)으로 판명될 수도 있다는 사실을 늘 유념해야 한다는 것이다.

그는 자유주의자로서의 개인 누구나가 자아실현할 수 있는 개방된 사회를 지지한다. 하지만 이런 자유공간의 확보를 위해 감안해야 할 위험성도 놓치지 않는다. "스스로 책임을 진다는 조건하에 사람들이 자신의 삶을 그저 자유롭게 결정하도록 방치하는 것만으로는 충분하지 않아요. 왜냐하면 이런 자유를 누릴 능력이 없거나, 이에 필요한 깨인 정신이나 능동적인 대비가 부족하다는 이유로 자유를 행사할 수 없는 사람들은 늘 있게 마련이고 이들이 바로 그 자유의 희생양이 될 수 있기 때문입니다." 특히 시장경제의 역동성에 따라 모든 것을 완전히 민영화, 사유화하자는 주장에 대해 우려를 표명한다. "자유주의 질서와 정책은 결코 경제적인 자유주의만으로 완성되는 것이 아닙니다."

짧게 묻기

▶ 가장 '룩셈부르크적'인 것은?

가장 룩셈부르크적인 것은 모든 이데올로기를 거부하는 뚜렷한 현실감각이라고 할 수 있어요. 룩셈부르크 사람들은 실용주의자들입니다. 이것은 아마 과거의 역사와 밀접하게 관련되어 있을 텐데, 이들은 대부분 농부 출신이지요. 그것도 아주 가난한 농부 말입니다. 이런 사람들은 이론적인 것을 따질 겨를도 없이, 오로지 일용할 양식에 대해 걱정할 뿐이지요. 또 역사 이래, 그러니까 로마시대 이래, 다른 문화권 사람들이 국경 밖에서뿐 아니라 내부에 살고 있다는 사실에 익숙합니다. 시대마다 로마사람, 부르고뉴 사람, 오스트리아 사람, 프로이센 사람, 그리고 프랑스 사람이 번갈아 들어왔잖아요. 역사를 통해서 외부 사람들과 어떻게 살아갈지를 배워왔단 말입니다. 그것은 생존의 문제였거든요.

그래서 룩셈부르크 사람들은 이런 상황에 대처하여 농부들의 의뭉스러움이랄까, 이런 게 발달했어요. 요즘도 금융시장과 관련해서 관리나 방어전략 같은 데서 여지없이 드러나는 특성이 그것이지요. 이런 전통이 경제적인 위기상황에도 지켜질지는 앞으로 더 두고봐야 하겠지만요. 적어도 지금까지 룩셈부르크 사람들은 자신 있게 말할 수 있었죠. "지금 이대로가 좋다(Mer wöllen bleiwe, waat mer sin)"라고 말입니다. 하지만 이제 깨달을 때가 되었어요. 옛날엔 알고 있었지만 지난 19세기와 20세기 동안 국가건설을 통해 잊어버린 것을 다시 배워서 알아야 한다는 것을 말입니다. 그건 바로 "이대로 있고 싶으면 달라져야 한다"라는 사실입니다.

▶ 룩셈부르크 사람의 특징은?

실용주의적인 경향, 어떤 형태든 완전성을 표방하거나 구원을 설파하는 사람들에 대한 철저한 의심, 약간의 고집과 아집, 이런 것들이 소농(小農)의 전통에서 물려받은 것들이죠.

언어 외에 나를 룩셈부르크 사람으로 만드는 것은, 비록 지고선(至高善)을 표방한 극단주의라고 할지라도, 모든 극단주의에 대한 공포에 가까운 거부감입니다. 거듭 강조하지만 난 어떤 종류의 완벽성이든 거부합니다. 그러면서 뭐든지 좀더 낫게, 아니면 적어도 덜 나쁘게 만들려고 합니다. 이런 실용주의적 경향은 내게 아주 뚜렷하지요. 예를 들어 일단 다른 사람들과 폭력적인 갈등에 빠지기 전에 우선 협력 가능성을 찾아보자는 주의에요. 또 공식적인 해결 이전에 일단 비공식적인 해결을 찾으려고 노력하자는 주의고요.

▶ 룩셈부르크의 존립 이상은?

룩셈부르크는 전형적인 민족국가입니다. 그러니까 민족과 국가라는 두 가지 요소를 가진 나라라는 뜻입니다. 국가는 합리적인 구조물로서, 이 세계에서 특정사안들을 내부 또는 외부와 서로 협력하거나 갈등하면서 처리해나가는 것을 목표로 하지요. 반면에 민족은 일종의 정서적인 집단입니다. 민족은 왠지 모르게, 그리고 물을 필요도 없이 서로 통하고 소속감을 느끼는 사람들의 연맹이지요. 이런 사람들이 단일국가를 요구하고 그것을 인정하면 이 국가는 정서적인 연대를 가진 민족국가가 되는 것입니다. 이렇게 두 가지

요소가 결합된 것이 민족국가인데, 늘 그렇지만은 않지요. 예를 들어 쿠르드족은 오래전부터 민족의식과 감정은 있는데, 아직 국가를 가지진 못했습니다. 옛 소련은 국가였지만 한 민족은 결코 아니었고요.

룩셈부르크는 이런 의미에서 전형적인 민족국가입니다. 민족과 국가가 일치하거든요. 하지만 룩셈부르크 국가의 건설은 사실 영토 내 주민들의 열망이나 노력에 의해서가 아니라 외부 세력들의 이해에 의해서였다는 사실을 언급하지 않을 수 없군요. 특히 19세기에 유럽 열강들의 지정학적인 권력놀음의 결과, 이 지역에 사는 사람들의 요구나 바람과는 상관없이 독립된 주권국가를 만들어놓았다는 사실 말입니다. 그러니까 룩셈부르크는 민족보다 국가가 먼저 생긴 경우지요. 여기서 두 가지 점을 강조하고 싶은데, 하나는 민족이 위험에 처했을 때 연대감이 생겨난다는 사실입니다. 외부 위협에 대한 반응으로 민족적 연대감이 형성된다는 뜻이지요. 벨기에나 프랑스는 여러 차례 룩셈부르크를 병합하려 들었거든요. 양차 세계대전 때는 독일군이 점령해 들어왔고요. 이런 위험과 위협으로 막다른 골목에 몰리자 민족감정이 형성되기 시작한 거죠. 그러니까 룩셈부르크는 위기가 민족을 형성한 경우입니다.

다른 하나는 룩셈부르크 민족은 자신의 역량, 특히 경제적인 역량을 통해 성장했습니다. 처음에는 철강산업으로, 나중에는 국제적인 금융시장으로 자랑할 만한 성과를 이룩했지요. 이 성공체험이 룩셈부르크 사람들의 민족의식에 큰 영향을 주었습니다. 물론 그 밖에도 가톨릭교회나 위기 때 지도자 역할을 충실히 수행한 대공들, 특히 제2차세계대전 때 망명정부를 이끌었던 샬로트 대공 등이 민족적 연대감과 소속감 유지에 큰 공헌을 했지요.

▶ 룩셈부르크가 다른 국민국가들과 다른 점은?

룩셈부르크의 가장 특징적이고 독자적인 측면은 '비자명성(非自明性)'이라고 할 수 있을 겁니다. 예를 들어 프랑스 사람들에게 '공화국(la République)' 프랑스는 자명한 사실이고, 독일 사람들에게 통일된 독일 또한 자명한 사실이지요. 그뿐만 아니라 독일이나 프랑스는 국가로서 다른 나라에서도 자명한 사실로 받아들여지고 있어요. 하지만 룩셈부르크는 좀 다릅니다. 우선 룩셈부르크라는 나라의 국가성은 룩셈부르크 사람들에게조차 어느 정도는 자명하지 않고, 외부 사람들에게는 상당 부분 자명하지 않습니다. 이건 분명히 나라의 크기가 아주 작다는 사실과 연관이 있을 겁니다. 또 역사를 통해 끊임없이 주변 외세의 위협을 받아왔고요. 오늘날 그와 같은 위협, 곧 외국 군대가 탱크가 국경을 넘어 침략해올 위협은 거의 없지만 다른 위협이 있지요. 예를 들어 은행의 비밀을 누설하거나, 세금체제를 변화시키거나 하는 시도는 사실 오늘날 룩셈부르크의 존재를 위협할 수 있는 것이거든요. 옳건 그르건 룩셈부르크 사람들 대부분 이렇게 반응할 거란 말입니다. 그러니까 나라의 크기가 작다는 이유로 직접적이든, 간접적이든 끊임없는 위협을 느끼며 살 수밖에 없다는 것입니다. 어떤 종류든 위협에 처하면 다른 나라들처럼 이를 극복할 힘이 없기 때문입니다. 다른 한편 유럽연합 내에서는 크기가 작다는 점이 긍정적인 가능성으로 작용하기도 합니다. 주권국가로서 다른 나라들과 똑같은 권리를 갖잖아요. 물론 현재 유럽연합 내의 합의 기준에 따라서긴 하지만요.

▶ 오늘날 국민국가의 과제는?

민족국가는 앞서도 말했지만 민족과 국가라는 두 가지 요소로 구성됩니다. 손바닥도 마주쳐야 소리가 난다고, 이런 민족국가가 지난 수십 년 동안 성공적이었던 것은 집단에 대한 소속감과 개인의 이해, 곧 공동체적 정서와 개별 이해의 합리성이 그 이전에는 없었던 차원에서 결합할 수 있었기 때문이지요. 하지만 이제 그 민족국가가 의심을 받고 위협까지 받게 된 것은 민족과 국가라는 구성요소가 꼭 긴밀하게 결합하지 않고 느슨해져도 된다는 견해가 나오면서부터입니다. 그것도 두 가지 측면에서요. 하나는 개별 국가의 주권을 유럽연합 같은 데 이양하는 것이 가능해졌다는 측면에서지요. 꼭 유럽연합만이 아닙니다. 세계무역기구들에서부터 기상회의까지 국제협약에 의해 개별 국가의 주권이 위임되는 일은 많습니다. 이런 방식을 통해서 신성불가침으로 여겨지던 개별 국가의 주권은 상호 국가적이거나 초국가적인 기구들에 이양되면서 더이상 '민족정서', 즉 공동체적인 소속감이 작용하지 않게 됩니다. 물론 유럽연합은 아직 초국가적인 기구는 아닙니다. 다만 초국가적인 측면이 많은 기구일 뿐이지요. 왜냐하면 방금 말한 대로 유럽 전체에 대한 소속감이 아직 생성되지 않은 상태거든요. 유럽에서는 적어도 이렇게 국가적 성격의 상당 부분이 초국가적인 기구로 이전되고 기존 국민국가들은 그것을 상실하게 되었습니다. 그 반대급부로 개별 국가의 국민들 사이에 공동체적인 소속감에 대한 잉여가 생겨서 그것이 지역주의, 그러니까 개별지역에 대한 정서적 결속력으로 나타나기 시작합니다. 예를 들어 독일에서 바이에른 주의 지역의식이 강해지는 것과 같이 말입니다. 또 프랑스의 브르타뉴 같은 지역의 사람들이 프랑스 국민으로서보다 브르타뉴 지역민으로서의 소속감을 더 강하게 느끼는 것처럼 말입니다. 하지만 이런 지역주의에는 정작 합리적 구조나 국가적 제도같이 사람들의 삶에 영향을 주는 틀이 아직 없어요. 하지만 아무튼 오늘날 국민국가는 위와 밖으로는 초국가적 기구에 아래와 안으로는 지역주의에 따른 '국가 내적 하부구조(Infranationality)'에 기반을 잃어가고 있는 것은 사실입니다. 그뿐만이 아닙니다. 유럽연합의 몇몇 결정에 대한 불만이 사람들 사이에 고조되어 그 불만은 여기에 건설적이고 적절하게 대응할 권한과 수단도 없는 해당 국가와 정부에 쏟아지기도 합니다. 마지막으로 한 가지만 더 지적하자면, 민족의식이 개별 국가에서조차 더 이상 자명한 것이 아니게 되자 더욱 수상쩍은 민족주의가 나타나는 성향마저 보인다는 것입니다.

▶ 국민국가의 앞날은?

나는 국민국가가 아직 제 몫을 하고 있다고 믿고, 나름대로 미래도 있다고 확신합니다. 하지만 그 미래는 세 가지 차원에서의 균형이 이루어져야 보장될 수 있습니다. 즉 국가 내부적인 차원과 국민국가적인 차원, 그리고 초국가적인 차원이 바로 그것입니다. 이 모든 차원에서 각각에 상응하는 공동체적 소속감 같은 것이 따라야지요. 어떻게 그런 것이 가능하냐고요? 그거야 먼저 공동의 성공체험과 같은 내부적인 역량과 외부의 압박 등을 통해서겠죠. 지역과 같은 국가 내부적인 차원에서도 마찬가지인데, 오늘날 벌써 많은 연방제 국가들이 지역에 국가적인 성격의 수단과 장치를 허용하듯이, 여기에서 나름대로의 합리적인 행동이 가능하도록 해주어야 합니다.

그러면서 동시에 이 세 차원간의 균형을 도모하는 겁니다. 물론 상호보완 원칙에 따라 아래에서도 통치가 가능하도록 그에 상응하는 제도적 장치를 마련하고, 또 그럴 만한 공동체적 소속감이 생성될 수 있도록 해야지요. 초국가적 기구도 마찬가지입니다. 이렇게 되면 국민국가의 과제영역은 위에서 해서는 안 되고, 밑에서 할 수는 없는 일이 되겠죠.

물론 내가 보기에 사람들이 아직 이런 문제성을 분명히 인식하고 있는 것 같지는 않습니다. 아직도 문제의 근원을 합리적인 구조물, 즉 국가 차원의 국가성에서만 찾고 있는 것 같거든요. 벌써부터 초국가성이니 국가성이니 국가 내부니 하는 말을 하면서도 국가 내부 차원에 대해서는 아직 제대로 언급하지도 않습니다. 겨우 지역자치 정도의 수준에 그칠 뿐이고, 그것도 말뿐이지 정작 실천되고 있는 것은 보잘 것 없어요. 게다가 국가의 정서적 측면은 초국가적이 차원에서든, 국가적 차원에서든 국가 내부의 차원에서든 소홀히 하고 있지요.

이렇게 국가성과 민족의식 사이의 분열과 문제는 유럽연합 자체의 문제에 기인합니다. 유럽연합에 대한 소속감은 아직 약하거나 거의 없는 상태거든요. 예를 들어 저 시칠리아 섬 팔레르모에 사는 죠반니가 코펜하겐에 사는 크누트를 위해 왜 희생해야 합니까? 서로 아무 연줄도 없고, 연대감도 없는 상태에서는 소속감이 생길 수 없거든요. 반대 경우는 더 나쁘지요. 생생하게 체험할 수 있는 소속감은 있는데, 이에 상응하는 제도적 장치가 없다면 말입니다. 그렇게 되면 감정적이고 정서적인 표출을 담을 수가 없거든요. 아니면 겨우 전통예술, 즉 민요나 토속적인 축제로나 표출되겠지요. 이것은 아무것도 아니잖아요. 이런 소속감을 세상이나 공동생활의 방식을 결정하는 수준으로 집결할 제도적 장치가 없으니 어떤 때는 급속히 극단주의적인 망상에 빠지게 되는 거예요. 또 지역주의적인 수사(修辭)가 자주 폭력적인 집단행위로 비화되기도 합니다. 정서적인 에너지는 늘 건설적이지만은 않고 파괴적일 수도 있거든요. 코

르시카 문제가 그 좋은 예입니다. 브르타뉴나 바스크도 마찬가지구요. 국가 내부의 민족문제지요. 중앙집권적인 국가 내 소수민족이면서 모든 독자성, 자율성을 유지하고 있는 이들에겐 다만 구체적인 제도와 장치만 없을 뿐이에요. 지금까지 자신들의 염원을 현실속에 억압당하고 있는 셈이죠. 이들에게 정치적인 행동이 가능한 제도적 수단과 가능성을 보장하는 일만큼 이들의 극단적인 행동을 방지하는 방법은 없을 것입니다.

캐묻기

▶ 당신은 국가 외부로부터의 위협상황이 또 다른 집단적 소속감을 낳는다고 말했습니다. 그렇다면 9.11 테러가 가져온 영향에 대해 어떻게 생각합니까. 이 사태를 통해 국민국가에서 더 멀어질까요, 아니면 다시 국민국가로의 회귀현상이 일어날까요?

마침 9.11 테러 직후에 존 스튜어트 밀의 『자유론』에 대해 강연할 기회가 있었어요. 그러니까 테러의 위험과 테러방지의 위험이 팽팽하게 대립할 때였지요. 밀은 이 책에서 아주 예리한 분석과 함께 개인의 자유를 열정적으로 옹호하지요. 그러면서 도대체 개인의 자유를 포함한 자유가 어떻게, 또는 어느 정도 제한될 수 있는지, 그 대가는 무엇인지 하는 문제를 다루고 있어요. 바로 이 문제와 관련해서 우리는 자유가 한편으로는 테러조직의 개별적 폭력에 의해, 다른 한편으로는 테러방지를 위한 국가적 강제에 의해 위협받고 있는 사태에 대해 다시 한번 심각하게 생각해봐야 합니다.

9.11 테러 이후 몇몇 국가에서는 테러와 관련된 모든 사안을 자신들이 원하는 방향으로 질서를 세우고 길들이는 수단으로 삼으려는 경향이 나타납니다. 그 예는 많지요. 이것은 최악의 상황입니다. 이런 방식으로는 안전을 보장하기보다는 자국 내의 자유와 타국에 대한 자유를 제한할 뿐입니다. 물론 민주적인 국가라고 할지라도 그 본질은 지배와 강제의 기구라는 점을 잊어서는 안 됩니다. 일찍이 니체가 그랬잖아요. "국가는 모든 괴물 중 가장 냉혹한 괴물이다"라고요.

제발 여러 나라들이 초강대국에 맹목적으로 순종하여 사태를 해결하려 들지 않았으면 좋겠어요. 오늘날 우리가 맞고 있는 도전에 대해서는 초강대국도 별 수 없어요. 또 별 수 있다고 하더라도 그 초강대국은 다른 나라들을 인도해야지, 명령해서는 안 되지요. 이 문제에 관해서 미국은 좀더 많이 배워야 합니다. 특히 명령하지 않고 인도하는 방법을 말입니다. 또 다른 나라, 특히 작은 나라들은 이런 초강대국에 의해 인도되더라도 명령에 따르지 않도록 배워야 하고요. 아무리 국제연대라는 구호로라도 무조건적인 순종은 안 됩니다. 그보다는 개인의 자유를 국가권력에 완전히 빼앗기지 않으면서, 테러조직이라는 사적이고 악마적인 폭력을 극복하려는 목표에 합당한 관점에서 출발한 비판적인 상호교류가 중요하지요.

▶ 교토 기상협약은 미국이 회의에 불참하고 합의에 참여하지 않았기 때문에 결국 실패한 것으로 평가되고 있습니다. 하지만 세계적인 기상악화가 인류의 위협으로 다가오고 있는 지금, 이것이 세계를 좀더 결속시키는 계기가 될까요?

환경오염과 그 결과로 생긴 기상변화는 분명히 큰 위협입니다. 그렇지만 미국의 불참이나 거부 때문에 협의가 실패했다는 의견에는 동의하지 않아요. 내가 보기엔 아직 결론이 난 문제가 아니거든요. 부시는 처음에 교토 의정서를 아무 의미 없는 죽은 문서라고 선언했지만, 요즘 와서는 그 실천 과정에 적어도 옵서버 차원에서 다시 참여하고 있잖아요. 마라케시 회의를 보세요. 의미 없는 것은 결코 아니지요. 교토 의정서는 살아 있어요, 다만 미국이 아직 밖에서 지켜보는 것뿐이지요.

▶ 적어도 내가 알기에는 미국의 에너지 재벌들은 유해물질 방출축소 방안에 관심이 없고, 반대로 유럽의 많은 에너지 기업들이 중장기적인 관심을 보여 환경기술개발에 투자하고 교토 의정서를 지지하는 추세인 것 같은데요.

미국에서도 오염권의 거래를 예상하고 경제계에서 정부에 압력을 가하고 있는 중이라는 사실을 지적하고 싶군요. 미국경제 또한 무역 의존도가 높다보니 경제계로선 여기 신경을 쓰지 않을 수 없겠죠. 그러니 아직 교토 협약이 당신 말처럼 실패로 끝난 것은 아닙니다. 이 문제와 관련해서도 미국은 이제 세계가 복합적이고 서로 연계되어 있기 때문에, 초강대국의 일방적인 권력시위가 그리 잘 먹히지 않는다는 사실을 직시해야 합니다.

물론 이러한 나의 근본적인 낙관주의가 사태를 너무 긍정적으로만 보는 오류를 범하지 않기를 바랍니다. 미국이 협약에 가입한다고 하더라도 그동안 나온 교토와 마라케시의 협의결과는 실제 위협에 비한다면 너무나 보잘 것 없고 그 효력이 발휘되려면 시일이 오래 걸리는 내용입니다. 하지만 인류 역사상 최초로 유럽이나 어떤 특정 지역에 국한되지 않은 문제에 대해, 국가간 협력을 통한 해결책을 강구하고 마련했어요. 처음으로 지구적 차원의 문제를 합의했단 말입니다. 지금까지는 겨우 국제무역이나 자유무역 협정 정도였잖아요. 그런데 이제 경제문제를 넘어선 사안, 이번 경우엔 환경구원의 문제에 대해 합의를 도출했어요. 이 협의가 시작 단계에서는 아주 지리멸렬하고 오래 끈 것은 당연한 일이에요. 이러한 문제 협의와 해결에는 지금까지 없었던 새로운 유형의 제도적인 틀과 창의성이 요구되거든요. 여기서 어느 정도 건실한 해결방안이 도출되면 이것은 세계의 다른 문제 해결에 많은 도움이 될 것입니다. 그러니까 이번 경우 일종의 문제해결을 위한 시제품이나, 시사회 같은 기능과 과제를 감당한 것입니다. 그러니까 나중에 상품이 나올 때까지 더 시간이 걸리고 힘도 들고 그런 거지요.

▶ 당신은 방금 경제적 이해가 미국이 세계기상 협약에 참여하기를 결정하는 데 영향을 미친다고 주장했습니다. 그렇다면 경제와 국가정책의 관계 전반에 대한 당신의 생각은 어떻습니까. 지구화 시대에 정치는 경제의 이해나 개별 기업에 종속되는 것이 아니라, 아직도 국가를 위해 봉사하고 있나요?

여기서 지구화와 국제화(Internationlisierug)를 좀 구별해야 할 것 같습니다. 지구화는 모든 국제적 교류에 어떤 질서를 부여할 장치나 기구가 있어야 한다는 개념에서 출발합니다. 하지만 아직 그런 것이 없기 때문에 경제는 전 세계적으로 특정한 질서가 없는 공간에서 움직이지요. 물론 경제 자신의 욕구에 따라 움직이는 공간이야 있겠죠. 그 공간에서는 강자가 자신의 이해에 따라 질서를 부여하겠지요. 한마디로 법이 없는 곳에서는 힘이 곧 법입니다. 그런데 그 힘은 대재벌들의 본부 안에 있고, 법은 국가에 있다고 생각하니까 이제 국가는 경제의, 엄밀히 말해서 대재벌들 총수의 손아귀에 있다고밖에 볼 수 없는 겁니다.

이렇게 이해할 수 있는 국제화 과정에는 아직 다자간 협약에 따라 그 범위 내에서 경제활동을 규제하는 질서를 창출해낼 수 있는 국가들이 엄존합니다. 교토 의정서의 매력과 의미는 바로 이러한 질서가 어떻게 전 세계적으로 관철될 수 있느냐 하는 실험이었기 때문입니다. 교토야말로 국제화 확장의 좋은 사례입니다. 세상에는 많은 인간 사이의, 그리고 제도나 기구들 사이의 교류가 일어나는

데, 이를 국가간의 다자간 협상에 의해 합의된 틀 안에서 유지하도록 하자는 것입니다. 게다가 교토 회의에 참가한 주체는 국가만이 아닙니다. 많은 비정부기구들과 비정부기구 국제단체(INGO)들도 참여했어요. 또 여기서 벌어진 많은 시위 또한 정치적 과정에 속합니다. 다자간 협상을 통해 국제간 교통문제에 질서를 부여할 틀에도 합의했지요. 이 협의 과정에서 개별 국가들이 아직 상당한 역할을 하고 있다는 사실이 드러났어요. 국가는 아직 다른 국가와의 상호작용을 통해 경제를 길들일 수 있다는 말입니다. 그래서 난 교토에서 아주 중요한 정치적 행동의 싹을 발견했습니다. 물론 대안이라면 그저 아무런 규칙도 없는 전 지구적인 공간이나 단일한 지구정부 같은 것이겠지요. 전자는 바람직하지 않고, 후자는 가능하지 않지만요.

▶ 하지만 점점 더 경제가 정치를 압도하고 있고 정치적 행동의 가능성조차 제한하고 있지 않나요?

그렇게 생각하지는 않습니다. 독립된 경제 그 자체는 존재하지 않아요. 있다면 그건 경제 주체들이지요. 경제와 관련해서 미하엘 엔데의 『끝없는 이야기』에 나오는 것 같이, 밀폐된 공간에서 몇몇 수상한 인물들이 끔찍한 음모를 꾸미는 것을 상상해서는 안 됩니다. 이런 것은 영아적인 음모론에 지나지 않아요. 오늘날 경제주체들은 사냥꾼처럼 보이지만 그들 자신이 또 사냥감이기도 합니다. 빌 게이츠나 '도이치 방크' 사장이나 사정은 마찬가지에요. 이들은 가해자인 것 같지만 동시에 피해자이기도 합니다. 아니면 적어도 언제라도 희생자가 될 수 있지요. 왜냐하면 오늘날 경제는 어떤 동력에 의해 움직이는데, 그 동력은 우리가 창출한 것이 아니라 발생한 것입니다. 그렇다고 특정 영역에서 어떤 경제주체들에 의해 영향을 받지 않는 것은 물론 아니지만요. 하지만 여전히 특정 국가에서 경제주체들 자신의 기호나 이해에 따라 정치를 농단하는 일은 그리 쉽지 않아요. 통상적으로 그런 것은 다만 여러 가지 요소 중 하나일 뿐이지요. 지구화 시대에 국가의 정치적 독립성이 약화된 것은 사실이지만, 그렇다고 그 독립성을 개별 경제주체들에 빼앗긴 것은 아닙니다. 그 독립성의 약화는 오히려 전 지구적인 상호작용의 결과지요. 그리고 여기서는 대기업 총수든 정치가든 소비자든 노동자든 비정부기구든 정도만 다를 뿐이지, 모두가 사냥꾼이며 동시에 사냥감이고 쫓는 자이며 쫓기는 자랍니다.

▶ 독일의 경우, 물론 독일뿐만 아니겠지만, 대기업들이 자주 세금납부의 의무를 거부하고 개별 지자체와 세금감면을 담합하곤 합니다. 왜 이런 일이 일어나며, 어떻게 막을 수 있을까요?

그것은 아직 기업이 여전히 특정 지역에 위치하고 또 그만큼 그 지역이 기업 활동에 유리한 환경이 되도록 영향력을 행사할 수 있기 때문에 그래요. 거듭 강조하지만 이것은 다만 기업의 위치가 특정 지역에 한정되어 있고 또 그 지역에 큰 의미를 갖기 때문이란 말이지요. 그렇지만 이제 전 세계가 기업의 활동범위로 된 이상 개별 지역은, 그것이 뮌헨이든 슈트트가르트든 쾰른이든 별다른 의미를 갖지 않습니다. 그렇게 되면 이제 싱가포르, 아부다비나 뉴욕도 똑같이 중요하거든요. 유동성에 힘입어 기업은 그 도시들을 서로 분할통치 하는 식으로 위협하고 이용하여 특정 지역에서 세금혜택을 얻어낼 수 있을 테니까요. 물론 그렇다고 기업의 위치를 결정하는 데 고려할 요인이 꼭 세금문제만은 아닙니다만……

▶ 하지만 국가들에게는 앞으로 어디서 세금을 걷어야 할지가 큰 문제가 되고 있어요. 이제 중소기업들이 더 부담을 지게 되는 걸까요, 아니면 국가의 세금 독점체제 자체가 영향을 받을까요?

그렇게 되지는 않을 것입니다. 국가들이 다자간 협상의 결과 세금의 최저기준과 세금정책의 확실한 기준에 합의하여, 일종의 카르텔을 구성한다면 그럴 수도 있겠지요. 하지만 방금 말했듯이 기업이 위치를 선정할 때 세금 때문에만 특정 지역을 택하는 것은 아니거든요. 이것은 잘못된 생각이에요. 그리고 기업의 입지이전은 그리 쉬운 일이 아닙니다. 이전비용만 생각해도 그래요.

기업이 입지를 선택할 때는 다른 여러 가지 요소들을 고려합니다. 매우 자유로운 세금정책 덕분에 기업들이 스위스 칸톤으로 이전하기도 하지만, 입지를 모두 이전하지는 않는 것만 봐도 그래요. 지금 당신이 말한 것은 현실과는 그리 큰 연관이 없는 기우일 수도 있어요.

▶ 지난 2002년 1월부터 경제적인 면에서 더욱 가까이 결합하고 있는 유럽연합 내에서 향후 룩셈부르크의 역할은 어떤 것일까요?

유럽연합 회원국 중 가장 규모가 작은 룩셈부르크가 주도적인 역할을 하리라고 생각할 수는 없겠지요. 과거에 종종 그랬듯이 간혹 중재자로서 중요한 역할을 할 수는 있겠지만 실용적인 이유에서도 주도적 역할을 할 필요는 없을 것 같아요. 우선 룩셈부르크는 다중언어 국가에요. 누구나 룩셈부르크어말고도 독일어나 프랑스어를 하고 대부분은 영어까지 하지요. 그러니까 우리는 비교적 다양한 문화권에 익숙하면서도 독일이든, 프랑스든 조금은 거리를 가지고 관찰할 수 있는 장점을 가지고 있습니다. 이를 바탕으로 룩셈부르크는 과거에 그랬던 것처럼 중재자의 역할을 잘 해낼 수 있지 않을까 싶네요.

▶ 유럽연합의 현행 체제는 관료주의 때문에 많은 비판을 받고, 또 기피하는 경향까지 있는데요. 당신은 이 관료주의에 대해 어떤 비판을 하며, 유럽연합 체제에 대해 어떤 구조변화를 기대합니까?

두 가지 문제 상황을 지적하고 싶습니다. 그 하나는 바로 국가 차원이나 지역 차원에서 결정하면 훨씬 나을 사안들이 너무 많이 브뤼셀로 위임되었다는 것이에요. 예를 들어 노동시장이나 소비정책, 그리고 교통질서 같은 사안들이 그렇지요. 이건 브뤼셀에서 해결한다고 해야 그리 좋은 방책이 나올 수 없는 사안들이죠. 그러다보니 브뤼셀의 유럽연합 본부는 이미 거대한 규제와 분배기구가 되어버렸어요. 이런 기구는 불가피하게 횡포를 부리게 되지요. 그러니 비록 유럽연합이 좋은 뜻으로 하는 정책도 비인간적이고, 관료적이고, 억압적으로 보일 수밖에 없습니다. 그러니 위와 같은 사안들을 다시 국가나 지역에 위임하는 것이 중요합니다. 물론 어떤 범위에서 그 사안을 위임하느냐, 얼마만큼 다시 국가의 틀 안에서 해결하느냐 하는 것은 다시 협의하고 고려해야 합니다. 그렇게 하면 적어도 지금처럼 괴물과 같이 비대해진 유럽연합의 통제가 좀 더 쉬워질 것입니다.

▶ 어떻게 그것이 가능할까요?

바로 두번째 문제로 넘어가게 되는데요, 그것은 사람들이 유럽에 소속감을 가질 수 있도록 더 신경을 써야 한다는 것입니다. 아직까지도 일반 시민들에게 유럽통합의 이념은 멀기만 합니다. 그러니까 그저 유럽연합의 지원만 바라고, 번거로운 규정이나 유럽연합 일로 장관들이 비싼 여행이나 하고 있다면서 화를 내는 것이지요. 개별 회원 국가들의 합리적인 계산을 통해 초국가적인 차원의 제기구들을 창설했지만 이것으로는 문제해결이나 갈등해소를 위한 노력에 꼭 필요한 유럽의 연대감을 창출하지는 못합니다. 그러니까 어떤 결정을 하든 그것이 시민들에게 제대로 수용될 수 있도록 하려면 연대감 역시 높여야 합니다. 그렇지 못하니까 사람들이 유럽연합의 관료주의를 욕하고, 유럽 정상들의 만남을 추상적인 정치놀음이라고 비판하는 겁니다. 사람들에게 유럽이라는 개념은 아직 낯설고, 사람들은 아직 스스로가 '유럽인'이라는 정체감이 없어요. 이런 소속감은 무언가 함께 노력하여 이룩했을 때 얻게 되는데, 이렇게 함께 노력해야 할 뿐 아니라 그 공동노력 자체가 강조되어야 합니다. 이와 관련해서는 유럽 차원에서의, 그 중에서도 유럽연합 위원회의 주도권이 요구됩니다. 특히 유럽 전체 차원의 공공성은 아직 그 단초조차 보이지 않아요. 사회적 공간의 정치적 담론은 아직도 국가의 틀 안에서만 진행되고 있을 뿐입니다. 유럽의회 선거만 해도 국가 차원을 넘어 다른 유럽인들과 협동하고 작용하는 것으로 받아들여지는 것이 아니라 개별 국가 내부의 정치문제로 받아들여지고 있는 실정이거든요.

▶ 그렇다면 유럽에 대한 소속감을 어떻게 개발할 수 있을까요?

처음에는 사소한 것부터 시작해야지요. 한 가지 예를 들어보지요. 주지하다시피 2002년 1월부터 우리는 단일통화, 즉 유로를 쓰기 시작했습니다. 사람들은 원래부터 돈을 그저 돈이 아니라 제법 심정적으로 연관된 사안이라고 느낍니다. 왜 독일만 해도 이른바 '마르크 애국주의'라고 할 만큼 당시 독일 마르크에 대해 자부심이 대단했잖아요. 내 생각으로는 이런 것이 좀 가시화되었으면 좋겠어요. 그러니까 미국 달러나 스위스 프랑 같은 것에 비교해서 옛날 마르크의 동전이나 지전을 잘 살펴보세요. 여기엔 제법 정서와 감성이 깃든 표현들이 나타나 있거든요. 거기 비해서 차갑고 비인간적인 컴퓨터 그래픽으로 도안된 유로 지폐를 보세요. 사소한 문제라고 볼지도 모릅니다. 하지만 아직 제대로 된, 거대한 유럽에 대한 소속감이 형성되기 전에는 일단 이런 사소한 것들에서부터 시작해서 유럽에 대한 관심을 불러일으켜야 합니다. 작은 가축들도 분뇨는 냅니다. 큰 가축이 없다고 작은 가축에 신경을 안 쓰니 분뇨만 떠안게 되는 겁니다.

소속감을 불러일으킬 수 있는 또 다른 방법으로는 개별 정치가들의 역할을 들 수 있습니다. 정치의 인격화는 오늘날뿐 아니라 과거에도 큰 몫을 했지요. 지난 19세기에 유럽에서 많은 사람들에게 소속감을 불러일으켰던 나폴레옹이나 비스마르크 같은 정치가들을 생각해보세요. 이런 '지도자'급이야 당장 유럽 차원에서 쉽게 찾아보기 어렵겠지요. 하지만 하다못해 유럽연합 위원회 소속 위원장이나 유럽의회 의장이나 모두 제 이름을 알리기에 급급할 만큼 부여된 권한이 너무 미미해요. 그러니 무언가 중요한 정책 결정자로서 부상하기 어려울 수밖에요.

이제 유럽연합의 탈국가화든, 아니면 유럽통합이라는 이념에 대한 초국가적이면서도 정서적인 강조든 유럽 차원에서 이를 위한 크고 작은 노력이 경주되어야 합니다. 여기에는 그야말로 소소한 상징적 노력도 포함되며, 새로운 의식을 창출하려는 노력 또한 필요합니다. 유럽연합이 직면하고 있는 외부의 위협이란 개별 국가로부터 오는 것이 아니라 바로 유럽연합 자체에서 옵니다. 그러니 유럽 차원에서 어떤 성과를 이루게 되면 이것이 특정 국가의 개별적 노력의 결과가 아니라 유럽연합의 노력 결과라는 인식이 있어야 합니다. 특히 유럽연합 위원회는 어떤 정책의 결과가 유럽 전체의 공동노력의 결과라는 사실을 알릴 수 있도록 해야 합니다.

▶ 하지만 유럽연합을 미국, 또는 미국이 주도하는 NAFTA와 비교하면 우선 눈에 띄는 것이 그쪽에서는 언어가 3종류, 즉 영어와 프랑스어, 스페인어 정도인데 이쪽은 당장 현재 회원국에서 사용되는 언어만 해도 15가지가 넘어요. 이 언어문제가 유럽 모델에 장애가 됩니까?

물론 영구적으로 문제가 되긴 하겠지만 결정적인 장애로 보지는 않습니다. 또 장기적으로 보면 유럽연합에서도 대부분 영어로 모든 협의나 협상을 할 수밖에 없을 것입니다. 그러면서도 다른 언어의 존재를 인정해야 하겠지요. 예를 들어봅시다. 내가 있는 프리보크 대학은 아예 이중 언어가 원칙입니다. 그래서 나도 독일어 강의와 프랑스어 강의를 모두 하지요. 세미나에서는 영어, 프랑스어, 독일어를 모두 쓰기도 하고요. 각자 자신이 자신 있는 말로 발표를 하면 모두 이해합니다. 유럽에서도 앞으로 틀림없이 이렇게 될 겁니다. 외국어나 외국어의 이질성은 결코 위협이 아니라 사물을 이해하는 지평을 확장해주는 도구예요. 그 밖에는 어쨌든 지배언어라고 할 수 있는 영어로, 그걸 잘하든 못하든, 서로 의사소통하는 겁니다. 여기에 큰 문제가 있을 것 같진 않아요.

▶ 언어가 장애가 될 수 없다면 유럽통합의 성공의 장애요소로 어떤 다른 문화적 문제를 들 수 있을까요?

내 생각에는 국가 개념에 대한 이해와 같은 차이에 대한 인지력이 문제입니다. 예를 들어 독일과 프랑스 간에 발생하는 많은 문제들은 일단 서로의 국가 개념에 대한 이해 차이에서 기인합니다. 즉, 독일 사람들은 프랑스의 독특한 공화국 개념을, 프랑스 사람들은 독일의 독특한 국가 개념을 이해하지 못하는 겁니다. 그 차이는 아주 크거든요. 이런 개념 이해의 차이는 그 자체로는 크게 문제될 것이 없지만 그런 차이가 존재한다는 사실, 곧 다른 나라 사람들이 자신의 국가 개념에 대한 이해와는 아주 다른 이해를 가지고 있다는 사실을 인지하지 못하고 인정하지 못할 때 아주 위험해질 수 있는 것입니다.

지금까지 유럽연합의 가장 큰 성과는 여러 가지 부족하고 어려운 문제점이 있긴 하지만 유럽 내부의 복지 수준을 끌어올렸다는 점입니다. 그 밖에도 '지역의 국가화'라고 할까요, 지역에 행동권을 부여했다는 것도 성공이라고 할 수 있지요. 예를 들어 독일이 연방주의를 통해 지역에 행동권을 보장한 것처럼 말입니다. 물론 이는 유럽연합 자체는 탈국가화하고 정서적인 의미를 부여할 수 있다는 전제에서 그렇습니다. 그러니까 이런 전제가 충족되면서도 개별 국가들의 고유과제는 그 자체로 존중된다면 가능한 성공사례는 바로 문화적 다양성의 유지일 것입니다. 만일 우리가 이 과제만 현명하게 잘 감당해도 유럽은 분명 아주 다채로운 문화 공동체가 될 수 있을 것입니다. 다양성이란 결코 위협이 아니라 가능성이기 때문이죠.

▶ 구체적인 사례를 들어줄 수 있나요?

아주 구체적이면서 비근한 예를 들어볼게요. 내가 룩셈부르크에 장을 보러 나갔다고 합시다. 그러면 우선 룩셈부르크, 프랑스, 독일, 아니면 벨기에 슈퍼마켓 중 어디에 갈지를 결정해야 해요. 프랑스 슈퍼와 독일 슈퍼에는 전혀 다른 물건들이 있지요. 예를 들어 프랑스 슈퍼에는 카망베르는 있지만, 간으로 만든 소시지는 없어요. 반대로 독일 슈퍼에는 검은 빵이 있지만, 이런 것은 룩셈부르크 슈퍼나 프랑스 슈퍼에는 없고요. 이렇듯 아주 다양하고 각양각색이지요. 이것이 바로 기회고 가능성이에요. 각기 다른 관습, 관행, 그리고 음식마저 그래요. 난 맥도날드를 반대하진 않아요. 그것만 있는 것이 아니라면…….. 이것은 언어나 그 밖의 의사소통 방식도 마찬가지지요. 왜 우리가 어디 여행을 가서 좀 색다른 행동양식을 보면 재미있고 좋잖아요. 사고방식, 인생관이나 세계관, 문학 모두 마찬가지지요. 그러니까 독일 사람들은 프랑스에는 독일과는 아주 다른 오랜 문학 전통이 있다는 것을 배워서 알아야 합니다. 그렇다고 그런 다른 문화에 경탄만 하라는 것이 아니라 그런 다름을 체험할 수 있어야 하죠. 그래야 자신의 생활세계의 지평을 확장할 수 있지요. 전 이것을 유럽의 큰 가능성이자 기회로 봅니다. 제발 획일적인 유럽이 아니기만을 간절히 바랍니다.

▶ 당신은 지난 30년간 유럽연합 지역이 아닌 스위스에서 살고 있습니다. 그렇다면 스위스 학생들에게 유럽에 대해서나 스위스의 유럽 관계에 대해서 어떤 이야기를 합니까?

우선 내 학생들 모두가 스위스 출신은 아니지요. 많은 나라에서 다양한 학생들이 나름대로 독특한 조건을 가지고 옵니다. 당신은 웨일스에서 온 학생 옆에 르완다 학생, 그리고 우크라이나 학생이

나란히 앉아 있는 세미나가 얼마나 재미있는지 모를 겁니다. 특히 매우 수업이 활성화되고 다양한 논쟁이 벌어지거든요. 스위스 학생들의 경우는 이렇습니다. 스위스의 젊은 층은 진작부터 지금까지의 유럽에서의 고립정책은 앞으로 미래가 없다는 것을 압니다. 그렇다고 이들이 당장 유럽연합이란 깃발 아래 회원국으로 함께 할지 그것은 모르겠어요. 또 당장 그렇게 해야 한다고 권할 자신도 없고요. 하지만 다른 유럽 국가들과 다양한 다자간 협약을 통해서 유럽연합에 가깝게 접근해야 합니다. 이미 다자간 협약을 맺기 시작했고 유럽연합과 서로 교통할 수 있는 법률 등을 제정하고 있는 것이 사실입니다. 문제는 이런 식으로 스위스가 브뤼셀의 결정이나 결정될 사안에 적응은 할 수 있겠지만 회원국이 아닌 만큼 그 결정 과정에 참여하거나 영향력을 미치지는 못한다는 것입니다. 그러니 스위스도 유럽연합의 정식 회원국이 되는 것이 바람직하지요.

▶ 그러면 스위스는 현재 독일이나 이탈리아, 프랑스 등 이웃나라와의 합의를 중요시하나요, 아니면 브뤼셀과 직접 관계 맺기를 지향하나요?

그건 단연코 브뤼셀과 직접 관계 맺기입니다. 물론 신문에 자주 나는 오래된 개별 문제들이 있습니다. 예를 들어 취리히 공항으로 들어오는 비행기들이 독일 남부 지역을 통과하는 데 겪는 어려움 같은 것이지요. 하지만 이것은 그야말로 지역적인 문제일 뿐입니다. 스위스는 예전부터 유럽연합의 개별 회원 국가들이 아니라 유럽연합 본부를 파트너로 하고 있는 것입니다. 그래서 화물차들이 스위스 고속도로를 통과하는 것과 같은 사안을 독일이나 오스트리아 정부가 아닌 브뤼셀과 협상하는 것입니다.

▶ 이제 유럽연합을 동쪽으로 확장하는 문제에 대해 이야기해봅시다. 오늘날의 관점에서 볼 때 이 새로운 회원국들의 문제는 어떤 것일까요?

새로운 회원국들의 개별적인 문제와 상관없이 일단 일반적으로 이런 문제를 언급하고 싶군요. 그동안 이 나라들이 과연 유럽연합 회원국이 될 만한 자격이 있느냐에 대해 논란이 많았고, 그건 주로 경제적인 기준에서 그랬던 것으로 알고 있습니다. 이것은 일단 올바르고 좋은 토론이라고 생각합니다. 하지만 새로운 회원국들이 들어오는 시점에서는 공동체적인 소속감이 커지느냐, 아니면 제도적인 부담이 커지느냐 하는 문제를 심각하게 고려해야 합니다. 지금으로선 이를 통해 유럽연합이 법적으로나 협약으로는 확장되지만 그 소속감은 약화될 가능성을 배제할 수 없습니다. 특히 유럽연합의 여러 기구나 제도는 이미 많은 부담을 안고 있는데, 한층 더 큰 부담을 안게 될 것입니다. 또 가뜩이나 부족한 시민들의 이해도나 수용도 또한 문제가 될 것이고요. 내 생각에는 이 과정에서 유럽연합의 부담을 줄이는 것, 즉 많은 역량을 다시 개별 국가로 회귀하는 과제가 더욱 중요하게 될 것입니다. 그렇지 않으면 유럽연합은 확장에 따른 많은 문제들을 감당하기 어려울 것입니다.

말하자면 이제 새로운 회원국들의 가입자격이 아니라, 유럽연합 자체의 수용능력에 대해서 심각하게 고민해야 한다는 뜻입니다. 제반 제도나 기구들이 새로운 과제를 감당하기에 적당한가, 유럽연합의 공동체적 소속감을 어떻게 높일 수 있을까와 같은 고민 말입니다. 새로운 회원국가들 중에는 바로 이 소속감 문제가 심각한 나라도 있습니다. 그러니 이들과 함께 연대감이나 소속감을 갖기가 쉬운 일은 아니지요. 내가 알기에 우리 주변에 리투아니아 사람들에게 기꺼이 정서적인 연대감을 가진다고 할 사람을 찾기는 쉽지 않아요. 우리 모두『용감한 군인 슈베이크』이야기는 읽어서 알고 있지만 체코 사람들과 연대감을 갖기도 어렵거든요. 그런데 갑자기 라인란트 사람이 보헤미아 사람과 연대감을 가져야 한다고요? 당장 독일의 라인란트 사람이 같은 독일의 작센 사람과 연대감을 갖는데도 문제가 있는 상황인데도요? 적지 않은 문제가 닥쳐올 겁니다.

물론 전략적·경제적 고려를 차치하더라도 새로운 회원국들을 배제한다는 것은 말이 안 됩니다. 다만 이들의 가입과 참여 과정이 아무 문제없이 진행되리라 믿는 것은 환상일 뿐이고, 문제를 쉬쉬하면서 과장된 기대를 불러일으키는 것은 더더욱 위험하다는 뜻입니다. 어쨌든 최악의 경우를 막으려면 유럽, 개별 국가, 각 지역의 세 차원이 서로 균형을 되찾고 정서적인 결속을 강화해가야 합니다.

▶ 앞서 언급한 유럽연합의 관료주의 말고도 심각하게 비판할 점이 있다면 무엇입니까?

내 생각에는 우선 유럽연합의 정당성과 합법성의 결손을 반드시 극복해야 합니다. 예를 들어 유럽 위원회는 민주적인 정당성을 갖지 못합니다. 내각위원회 또한 초국가적 기구로서의 정당성이 없고요. 직접 선거에 의해 구성된 유럽의회는 놀라울 정도로 그 권한이 미미합니다. 바로 이런 민주적 정당성의 결손을 극복할 필요가 있어요. 문제는 그렇다면 민주적인 정당성을 가진 유럽 차원의 행정부를 둘 것인가 하는 점이지요.

동시에 우리는 유럽연합뿐 아니라 회원국가 안에, 예를 들어 독일 안에 직접 민주주의적인 요소를 도입해야 한다는 것입니다. 어디든 문제가 되고 있는 정치인들의 자만, 관료조직의 오만, 여기서 오는 비리나 관행은 시민들이 의사결정 과정에 직접 참여함으로써 상당 부분 줄일 수 있어요. 스위스에 오래 살아서 잘 아는데, 여기 서는 독일에서처럼 일종의 정치가 계급이라는 의식이 존재하질 않아요. 왜냐하면 독일 같은 경우 권력자들이 어쨌든 특권을 가지고 다른 사람들 위에 군림하면서 사람들을 깔보고, 적대적으로 대하는 반면, 스위스는 그야말로 보통 사람들이 정부를 구성하거든요. 스위스 국회의원은 당신이나 나 같은 보통 사람일 뿐이에요. 얼마 전 스위스 정부의 장관 한 사람과 이야기할 기회가 있었는데, 그는 '장관(Minister)'이란 단어는 라틴어로 봉사하는 사람이라며 그런 면에서 가톨릭교회에서 미사를 돕는 '복사(Ministrant)'와 어원이 같다는 점을 강조하더군요. 그러니까 장관의 임무는 무엇보다도 주권자인 시민들을 위해 봉사하는 일이라는 것이지요. 또 스위스 시민들은 브뤼셀이나 베를린과 달리 이 점을 충분히 알고 있고요.

▶ 방금 언급한 정당성의 결손 문제는 내가 보기엔 국제화나 지구화를 통해 엄청나게 강화된 영향력을 갖게 된 기업의 경우도 마찬가지인 것 같아요. 이에 따라 근본적인 민주주의 개념이 손상될까요? 기업의 입장과 경제원칙의 압도로 우린 결국 민주주의 기본원칙을 포기해야 하는 걸까요?

개별 국가들은 일단 다자간 협약을 통해 대기업이나 다국적 기업들의 활동공간의 틀과 범위를 제공하거나 제약해야겠지요. 이런 방식으로 위험을 아주 배제할 수는 없지만 적어도 위험을 줄일 수는 있다고 이미 이야기한 바 있지요. 그건 그렇고, 기업 내 민주주의에 관해서는 잘 알려진 이런 비유를 들고 싶어요. 기업이야말로 시장경제라는 바다에 존재하는 계획경제의 섬이라고요.

원칙적으로는 이 계획경제의 섬 또한 주주총회 등을 통해 민주적인 정당성을 얻어야 합니다. 하지만 어떤 이유에서든 주주들에 의한 기업통제 기능은 거의 속 빈 강정이 되어버렸지요. 아무튼 기업경영은 대부분 내부적으로는 별다른 통제장치가 없는 상태입니다. 그러니 미국에서 일어난 대규모 회계조작 사건 같은 문제가 새삼 심각하게 대두되는 것이지요. 권력의 정당성 문제야말로 정말 오래된 문제 아닙니까? 오늘날 그 문제가 거듭 심각하게 대두되는 것은 시장경제에서 단기간이나 상당 기간 권력을 행사하는 많은 기업들이 시장에 의해 통제되지 못하거나, 아니면 일정 기간이나 부분적으로만 통제되는 상황이기 때문입니다. 게다가 기업들 자체가 너무 비대해져서 효율적인 내부통제가 한계에 부딪칠 수밖에 없는 상황이고요.

한 가지 더 지적하자면, 그동안 가치의 전환이 일어나 기업이 비단 경제적인 결정뿐 아니라 사회적으로도 관련 있는 결정을 내리는 상황이 된 만큼, 기업의 민주적 정당성 문제가 새로운 차원에서 제기되고 있다는 것입니다. 그러니까 '지분소유자의 가치(Shareholder Value)'뿐만 아니라 '주주의 가치(Stakeholder Value)'까지 고려한다면, 기업 또는 기업 경영자가 그 정당성을 어디에서부터 어디까지 가지느냐 하는 새로운 문제가 대두한 것이지요. 게다가 이런 문제는 개별 국가가 독단적으로 해결할 수 없고 결국 다자간 협상을 통해서 해결해야 합니다. 장기적으로는 이런 과정을 피할 수 없을 것입니다. 앞에서도 언급했지만 종종 불거지는 재정 및 회계부정 사건 같은 것만 봐도 이 문제가 얼마나 심각한지 알 수 있어요. 또 이런 문제에 대해 법적인 통제의 한계는 분명히 드러났습니다. 왜냐하면 그 문제의 뿌리가 도덕적 해이, 금전 만능주의와 소유욕, 무차별적인 성공욕구 같은 데서 왔기 때문이죠.

네덜란드

사스키아 사센

국민국가의 여정

　네덜란드의 국경일은 4월 30일이다. 이 날은 지난 1980년에 딸인 지금의 여왕 베아트릭스(Beatrix)에게 왕위를 물려준 율리안나(Juliana) 여왕의 생일이고 그래서 '여왕의 날(Konniginnendag)'이라고 불린다.

　이미 기원전 1세기경 로마는 당시까지 게르만 민족계열인 프리시족들과 바타위족들이 거주하던 지역을 점령했다. 아우구스투스 황제 치하에 이미 라인 강 남쪽과 벨기카 지역의 스헬데 강 유역까지 로마의 영토가 되었다. 기원 후 4세기경의 민족대이동 시기에 주로 프랑크족과 작센족이 이 지역으로 이주해왔다. 칼 대제, 곧 샤를마뉴의 치세 동안 이 지역은 프랑크 왕국의 중심 지역이 되었고 9세기의 제국분할 시기에는 로트링거 치하의 중(中)프랑크 제국에 속했다. 925년부터는 일부가 동(東)프랑크 제국의 영토로, 나머지는 칼 2세 치하의 서(西)프랑크 왕국, 즉 훗날의 프랑스 영토로 분할되었다.

　이 지역은 이후 비교적 독립된 지역으로 발전해나가, 특히 교역과 수공업이 발달했다. 네덜란드의 발전에 결정적인 계기가 된 것은 신성 로마제국에서 분리해나온 지역의 느슨한 연합을 14세기와 15세기 연간 부르고뉴 왕가의 공작들이 결집해나가면서이다. 1477년에 칼 용맹공(勇猛公)의 딸과 합스부르크 왕가 출신의 막시밀리안 1세가 결혼함으로써 오스트리아의 영향하에 놓인 네덜란드는 신성 로마제국으로부터의 분리를 완성하게 된다. 막시밀리안은 1512년에 네덜란드 지역과 부르고뉴 지역을 통합하였고, 뒤를 이은 칼 5

세는 그 영역을 더욱 넓혀 1555년에 아들인 당시 에스파냐 왕 필립 2세에게 왕위를 넘김으로써 네덜란드와 에스파냐는 통합 왕국이 된다.

이 시기에 네덜란드는 문화적으로나 경제적으로 전성기를 구가하며 자의식이 생성되고, 합스부르크 왕가라는 외세의 지배에 대한 반감도 형성된다. 곧 이어 벌어진 신교도에 대한 잔혹한 탄압과 강화된 정치 및 경제적 억압에 이 지역 도시들과 귀족들은 단합하여 저항하게 된다. 1567년 필립 2세는 알바 공작을 보내 이들의 저항을 탄압한다. 하지만 그 무자비한 탄압이 오히려 더 큰 저항을 불러일으켜 오렌지 공(公) 빌렘의 주도하에 네덜란드 독립전쟁이 일어난다. 1576년에는 겐트(Gent)의 평화라는 조약을 통해 스페인에 대한 네덜란드 연합군의 전쟁으로 발전한다. 그러나 이 연합은 약 2년 뒤에 신·구교 갈등으로 와해되는데, 남부의 귀족 및 가톨릭 세력이 지배하는 10개 지역은 아라스(Arras) 연합으로, 북부의 공화주의자들과 개신교도들이 지배하는 7개 지역은 위트레히트(Utrecht) 연합으로 분리된다. 그 중 북부지역이 1581년 에스파냐로부터 독립을 선언하고 통합 네덜란드 공화국을 세우는데, 1584년 빌렘 대공의 암살에도 불구하고 이 공화국은 존립하게 된다.

30년 전쟁이 발발하자 네덜란드에서는 또 다시 에스파냐와의 분쟁이 재연되고 1648년의 베스트팔렌 조약에 의해서 네덜란드의 독립은 비로소 국제적인 인정을 받게 된다. 이를 통해 네덜란드는 정식으로 신성 로마제국의 틀에서 벗어난다. 17세기 중반 네덜란드는 유럽의 주도적인 해양 및 교역세력으로 발전하며 특히 자유주의적인 정치사상과 그 예술적 표현의 중심이 된다. 하지만 이후 벌어진 영국과의 3차례의 해상 전쟁(1652~1674), 그리고 프랑스 루이 14세와의 전쟁(1672~1712)을 통해서 네덜란드는 몰락하기 시작한다. 특히 정치 및 경제적 권력이 약화된다. 1795년 네덜란드는 프랑스 혁명군에 의해 점령당하고 바타비아 공화국으로 개명했다가, 나폴레옹의 동생 루이가 왕국으로 만들고 1810년 프랑스에 합병된다.

1815년 빈 회의의 결과, 네덜란드와 뤼티히(Luettich) 공국 두 나라는 왕국으로 통합된다. 그러나 통합왕국의 빌렘 1세는 늘 잠재해 있던 네덜란드와 벨기에의 갈등을 오히려 첨예하게 만드는 정책을 펴, 1830년 9월에는 혁명이 일어나 벨기에 지역의 독립이 선포된다. 1831년 강대국들은 런던에 모여 나라의 분리와 벨기에의 독립을 결정한다. 뒤를 이은 빌렘 2세 치하인 1848년 헌법개정을 통해 자유주의자들이 정치적 주도권을 장악한다. 19세기 후반에는 종교문제, 선거권 문제, 그리고 사회정책에 대한 많은 논란이 일어난다.

제1차세계대전 동안 네덜란드는 중립을 지켜냈고 1922년 보통선거 제도를 도입한다. 그러나 1940년 5월 10일 독일군의 침공으로 네덜란드와 벨기에는 점령당하고 각 왕가와 정부는 런던으로 망명했다가 종전 이후 돌아온다. 1941년 12월에 망명정부는 당시 네덜란드령 동인도 식민지를 점령한 일본에 전쟁을 선포한다. 1945년 8월 일본의 패망 이후 인도네시아는 독립을 선언하지만 네덜란드는 1949년에야 이를 인정한다.

제2차세계대전 이후 네덜란드 역시 전후 복구사업에 열중한다. 정치에서는 가톨릭 대중당 — 후에 기독교 민주 호소당으로 개칭 —, 사회 민주노동당 등이 다양한 연정을 통해 집권하는 판도를 보인다. 1948년 여왕이었던 빌레미나는 딸 율리안나에게 양위하고, 율리안나는 1980년에 베아트릭스에게 양위한다. 종전 이후 중립노선을 포기한 네덜란드는 1948년에는 브뤼셀 협약에, 1949년에는 북대서양 조약기구(NATO)에, 1954년에는 유럽공동체에 가입하고 이웃나라인 벨기에, 룩셈부르크와 긴밀한 관계를 모색하여 이른바 베네룩스 삼국의 관세동맹을 결성한다. 1945년에 네덜란드는 유엔에 창립 회원국으로 가입하고 1948년에는 유럽회의(Europarat), 1952년에는 유럽석탄철강공동체(Montanunion)에, 1957년에는 유럽경제공동체(EWG)에, 같은 해 유럽원자공동체(EURTOM)에 가입하는 등 유럽 통합에 적극적으로 나선다.

오늘날의 네덜란드는 1983년 2월 17일에 개정된 헌법에 따라 의회 민주주의 입헌왕국이다. 옛 식민지 중 수리남은 1975년에 독립했지만 그 밖의 네덜란드령인 안틸레스와 아루바 지역은 아직 본국과 똑같은 권리를 갖는 지역으로 남아 있다.

개인 신상

▶ 당신의 출신은?

"나는 그동안 끊임없이 옮겨다니며 살아왔지요." 이렇게 운을 뗀 사스키아 사센은 1949년 1월 5일에 헤이그에서 태어나 겨우 6개월이 되었을 때 부모를 따라 네덜란드를 떠나 아일랜드 더블린으로 간다. 3년 뒤엔 다시 아르헨티나의 부에노스아이레스로 이주한다. 열여섯 살이 되자 이번엔 가족 모두 로마로 이주한다. 이렇게 여러 나라를 떠돌며 산 덕분에 사센은 5개 국어에 능통하다. 아일랜드 억양이 남아 있어 어떤 사람들은 그가 아일랜드 사람인 줄 안다. 그런가 하면 다른 사람들은 그를 남미사람으로 보기도 하고, 이탈리아 사람으로 보기도 한다. "결국 내가 가는 곳마다 출신이 하나씩 더 추가된 셈이지요. 아무리 세계 곳곳을 돌아다니며 컸지만 그래도 난 근본적으로는 네덜란드 사람이에요."

로마에서 대학을 1학기 다니고 사센은 '가사보조 여학생(Au Pair Mädchen)'으로 뉴욕에 간다. 정식 취업비자가 없었으므로 얼마 후 관광비자가 만료되고 불법 체류자라는 사회적 주변인 신세가 된다. 그는 뒤에 바로 불법으로 체류하는 이주자들의 싸구려 노동력으로 살아가는 삶을 연구하게 된다. 가사보조 여학생으로 일할 때 머물던 집에서 우연히 보게 된 호세 오르테가 이 가세트(Jose Ortega y Gasset)의 책 『대중의 반란(Revolt of the Mass)』을 통해 이미 13살부터 마음먹었던 사회학 공부를 최종적으로 결심한다. 자신에게 사회학 공부를 권했던 인디애나 대학의 교수가 생각났던 것이다. 그리고는 사우드 벤드(South Bend)의 노트르담 가톨릭 대학에서 사회학을 전공한다. 박사학위를 받은 뒤 그는 1971년 프랑스의 프와티에(Poitier) 대학으로 유학하여 철학을 전공하고 '변증법적 방법론'이라는 주제로 박사학위를 받는다.

그의 인생유전 다음 단계는 미국이다. 그의 범국가성 주제에 대한 논문에 주목한 하버드 대학은 그를 박사후과정으로 초청한다. 인터뷰에서 정작 대학에서는 여성이 아닌 남성을 기대한 것으로 밝혀지는데, 물론 이런 경험이 처음은 아니다.

1975년 뉴욕 시립대학에서 첫 교수직을 맡게 된다. 그 이후 퀸스 칼리지에 자리 잡고 만족스럽게 정착하며 열심히 연구에 몰두하여 10년 계약을 맺지만 아직 그의 명성은 알려지지 않는다. 그는 1991년에 출간된 『글로벌 도시들(Global Cities)』로 비로소 널리 알려지기 시작하는데, 이 책은 지구화 시대를 배경으로 개별 도시들의 역할을 서술한 내용이다. "난 주로 전 지구적 차원의 경제활동이 벌어지는 도시들을 조사했어요. 그랬더니 경제의 지구화가 진행될수록 그 중심기능은 아주 제한된 몇 장소로 융합된다는 결과를 얻을 수 있더군요."

남편이자 유명한 사회학자인 리차드 세닛(Richard Sennet)과 함께 팔로 알토(Palo Alto)의 연구소에 머물다가 1996년에 시카고 대학으로 가서 지금까지 도시계획 담당 교수로 재직하고 있다. 1999년부터는 런던의 정치경제 연구소(London School of Economics and Political Studies)의 객원교수로 강의를 하고 있다. 그의 연구의 중점은 지구화 시대 국민국가의 주권문제, 새로운 정보기술 영향에 따른 경제 및 정치권력 관계의 변화문제 등이다.

Saskia Sassen. 1994, *Cities in a World Economy*(세계경제와 도시들), Tousand
　　Oaks: Pine Forge Press.
_____. 1998, *Globalization and its Discontents*(지구화와 그 불만들), New
　　York: New Press.

▶ 당신의 미래는?

"지금 여기서 상상할 수 있는 미래세계는 그냥 내가 당장 해야
할 일을 마무리 할 수 있는 그런 세상이에요." 지금 저술 중인 책
마무리에 몰두하고 있는 사스키아 사센은 이렇게 자신이 상상하는
미래세계에 대한 응답을 시작한다. 그 책은 지난 5년에 걸친 연구
작업의 결과로서 "탈(脫)국가화: 전 지구적 디지털 시대의 영토, 권
위 그리고 권리(Denationalization: Territory, Authority and Rights in a
Global Digital Age)"라는 제목으로 지구화된 세계경제체제에서의 책
무성 문제와 정부권력의 관계를 다루고 있다고 한다.

사센에 따르면 지구화 과정에서 인간 활동이 대부분 사이버 공
간 안에서 벌어지게 되더라도 도시의 의미는 축소되지 않을 것이
라고 한다. 오히려 '지구화된 도시들(global cities)'이야말로 지구화의
근본조건이 될 것이다. 전 지구적으로 활약하는 기업이 그러한 활
동에 필요한 서비스를 가장 잘 제공받을 수 있는 공간에 집중적으
로 위치하게 될 것이기 때문이다. 그렇기 때문에 도시는 비록 인터
넷 공간으로 많은 활동이 이전된다고 하더라도 여전히 중요한 인
간 활동의 공간으로 남을 것이다. 그뿐만 아니라 계속 진행되고 있
는 지구화 도정에서는 무엇보다도 이민이 중요한 의미를 갖게 될
것이다. 인간의 전 지구적인 이동이야말로 사센의 생각으로는 지구

화와 지구화된 도시들에 필수불가결한 요소이기 때문이다.

　자본의 집중과 군사적인 위험성들에 대해 그는 적극적인 정치적 참여로 대응할 것을 촉구한다. "내일의 세상에서는 인간의 운명이 더 이상 이데올로기나 테크놀로지에 의해 결정되는 것이 아니라, 민주주의적 자결권이라는 기준에 따라 결정되어야 할 것입니다."

짧게 묻기

▶ 가장 '네덜란드적'인 것은?

네덜란드 사람들은 아주 현실적이며, 실용적이고, 이데올로기에 반감을 가지고 있으면서도 어느 정도 역설적입니다. 낭만주의적이거나 아주 정서적이지는 못하고요.

▶ 당신의 네덜란드 사람으로서의 특징은?

나는 지금까지 살면서 한 번도 한 곳에 오래 머문 적이 없고 늘 세상을 떠돌아다니며 살아왔죠. 그러다보니 불과 몇 해 전에야 비로소 내 안에도 전형적인 네덜란드적인 요소가 있다는 것을 깨달았어요. 어머니가 다시 암스테르담에 정착한 뒤로 나도 네덜란드에 자주 가보게 됩니다. 그렇게 자주 드나들다보니 정말 전형적인 네덜란드적인 요소가 있고, 그것을 내게서도 찾아볼 수 있다는 사실을 알게 된 거예요. 한마디로 하면 세상을 보는 냉정한 시각이랄까요.

▶ 네덜란드의 존립 이상은?

네덜란드에는 아주 오래된 교역의 전통과 칼뱅주의 전통이 있지요. 이 두 가지 전통이 종합되어 "교역을 통해 이룬 부를 결코 과시하지 말라"라는 좌우명이 생겨난 것이랍니다. 바로 이것이 국가존립의 이상이라고 할 수 있겠지요.

▶ 네덜란드가 다른 국민국가들과 다른 점은?

　앞서 언급한 부를 과시하지 말라는 전통은 미국 중산층에 비하면 아주 대립되는 것이지요. 왜 그들은 즐겨 자신의 부를 과시하잖아요. 이웃끼리 서로 경쟁하다시피 하면서 말이에요. 거기에 비해 네덜란드의 부르주아는 자신의 부를 당혹스러워 하는 듯 보이고, 대개 남들이 생각하는 것보다 훨씬 부자인 경우가 많답니다. 왕가만 해도 아마 영국 왕가보다 월등히 부자일걸요. 하지만 네덜란드 왕가는 돈을 쓰질 않아요. 영국 왕가에서 보여주는 그 호사와 사치, 멋진 행사를 치르거나 성을 짓는 일은 이들에게는 상상할 수 없는 일이거든요. 양쪽 왕가가 가진 권력은 비슷할 터인데, 그 권력을 행사하는 방식이 전혀 다른 겁니다. 앞서 말한 대로 네덜란드 왕가 역시 부가 당혹스러운 것입니다. 누구나 한편으로는 부를 과시하고 싶은 성향이 있기 때문에 더욱 그렇겠지만요.

▶ 오늘날 국민국가의 과제는?

　오늘날 지구화된 경제상황을 고려할 때 세계경제체제 안에서 예전에 비해 개별 국민국가들에게 닥친 새롭고 큰 도전은 개별 국가의 법체계와 다국적 기업 및 초국가적 국제기구들 사이의 관계를 규정하고 조절해야 하는 일입니다. 지금으로선 복합적인 발전 과정이 나타나고 있어요. 한편으로는 개별 국가의 배타적 영역을 보호하고 지키는 법률과 규정이, 지난 19세기 국민국가 형성기에는 상상할 수도 없었던 규모로 만들어집니다. 다른 한편 다국적 기업이나 초국가적 국제기구의 '권리'의 제도화 및 국가간 경계를 넘나드는 활동에 대한 법률적 제도화 또한 눈에 띄게 늘고 있습니다. 이러한 발전 과정을 볼 때 개별 국가의 지구화 과정에 참여하여 규정하고 조절하는 역할의 필요성은 여전히 크다고 생각됩니다.

▶ 국민국가의 앞날은?

국민국가는 우선 스스로 지구화된 경제체제 형성의 길잡이 역할을 한 것에서 자신이 먼저 변화된 상황을 창출했다고 볼 수 있습니다. 이렇게 변화된 상황에 직면하여, 주로 아주 발달한 국가나 개발도상국에서 새롭게 권력을 가진 국가기구가 등장하게 됩니다. 예를 들어 중앙은행이나 재무부서, 이와 관련된 기구들이 그렇습니다. 대신 기존의 강력한 국가기구들, 예를 들어 국가 내 분배나 사회정의를 전담했던 기구들은 그 힘을 잃고 있고요. 이렇게 새로운 권력기구와 기존의 권력기구들 사이의 갈등 또한 첨예해지고 있습니다.

비록 변화된 상황에서 개별 국가들이 새로운 도전에 응전하거나 문제를 해결하는 데 그다지 만족스럽지 못한 성과를 보인다고 해도, 그것이 곧 국민국가의 몰락을 뜻하는 것은 아니지요. 오히려 개별 국가 정부의 역량이나 배타적 독점영역에 변화가 일어난다고 봐야지요.

내 가정은 이래요. 지구화는 현재 국가의 영토 자체는 기본적으로 변화시키지 않으면서, 그 개별 국가의 배타적 영역에는 많은 영향을 줄 것이라는 가정입니다. 이것은 지구화가 국가의 영토 자체에는 영향을 미치지 않지만, 이 지리적 위상의 제도적 틀이나 조건에는 영향을 미칠 것이라는 뜻입니다. 이런 발전 과정의 결과, 현대 국가의 내부뿐 아니라 현대적인 국가체제 자체에서 그 고유한 주권과 영토성 관계가 부분적으로 해체될 것 같아요.

캐묻기

▶ 9.11 테러 이후 세상이 크게 변했다고들 말합니다. 당신 생각은 어떤가요?

실제로 뉴욕과 워싱턴에서 자행된 테러는 세상을 바꿀 수도 있었지요. 어떻게 해서 이런 일이 일어날 수 있었는지 심각한 성찰이 따를 수도 있었단 말입니다. 하지만 그런 성찰은 없었어요. 오히려 그 반대지요. 9.11 테러로 미국인들의 관점은 더욱 좁아져버렸습니다. 특히 미국정부의 지도자들은 이 사건을 오로지 군사적인 논리에 따라 바라봤습니다. 아무튼 이들은 지금 세계 곳곳에서 벌어지고 있는 사회적이고 경제적인 참상과 이 테러사건이 관련되어 있다는 사실을 이해하지 못했어요. 그러니 당연히 자신들이 고집하고 있는 공격적인 정책이 세계 많은 지역에서 더 큰 고통과 분노를 자아내고 있다는 사실을 알 수가 없었지요.

▶ 방금 언급한 세계의 사회 및 경제적 불평등과 테러조직 확산의 관계를 어떻게 보는지요?

테러는 아주 특별한 인간행위지요. 사람들이 이런 행위를 하게 되는 것을 그저 이들의 근본적 욕구가 충족되지 못했다는 사실만으로는 충분히 설명할 수 없습니다. 참담한 생활상이 그런 극단적인 반응의 한 가지 원인일 수는 있겠지요. 예를 들어 그런 상황에서 젊은이들은 테러조직에 가담하거나, 아니면 불법적인 마약거래에 참여할 수도 있으니까요.

가난과 불평등은 점점 더 악화되고 국가의 부채는 늘어만 가는데, 이러한 문제를 극복할 수 있는 개발 프로그램을 실행할 수단이 거의 없는 상황에서는 분노와 좌절, 그리고 절망만 커지게 마련입니다.

▶ 이런 국가채무의 위기에 빠진 나라들이 많지요?

오늘날 약 50개 정도의 나라가 과다한 부채를 지고 있습니다. 과다한 부채는 일종의 함정으로 작용하고 있어서 이를 극복할 만한 행동 가능성의 여지는 아주 제한적입니다. 아무튼 자신들의 힘으로 이 상황을 개선할 가능성은 없어요. 이것은 이제 채무변제의 문제만도 아닙니다. 이 나라들이 다시 새롭게 시작할 수 있으려면 새로운 구조적 조건들을 마련해야 합니다.

▶ 이들 나라가 이런 함정에 빠지게 된 데에는 어떤 구조적인 문제가 있었나요?

이 나라들의 부채문제는 어제오늘의 일은 아닙니다. 또 부자나라들도 빚은 지고 있고요. 문제는 이 부채문제가 지난 1990년대에 질적으로 새로운 차원을 맞게 되었다는 것입니다. 일종의 구조적인 문제가 된 것이죠. 문제의 뿌리가 정부의 부패나 잘못된 경제정책에만 있지 않다는 것입니다. 부채위기의 최종책임은 전 지구적인 재정체제에 있어요. 여기에서 많은 나라의 빈곤의 악순환과 부채의 부단한 증가가 생긴 것입니다. 이들이 여기서 벗어날 가능성은 구조적으로 없습니다. 부채문제는 사실 사람들이 생각하는 것보다 훨

썬 심각해요. 우린 그저 그 엄청난 부채의 금액만 주목하는데, 이조차 세계 자본시장에서 보면 미미한 금액일 뿐이에요. 어쨌든 이제 미국이나 기타 경제대국도 이 문제의 해결에 나서지 않을 수 없는 상황이 왔어요.

▶ 어떤 이유에서지요?

왜냐하면 여기 엄청난 빚을 지고 휘청거리는 주체가 기업이 아니라, 국가이기 때문입니다. 이 함정에는 경제대국도 함께 빠질 수밖에 없어요. 적어도 간접적으로라도 영향을 받게 되니까요. 그것이 불법이민 문제든, 마약이나 무기거래든, 전염병 문제든, 아니면 이미 위험상태에 빠진 생태계 파괴문제든 말입니다.

▶ 어떤 구조개혁이 이들을 부채위기에서 구해낼 수 있을까요?

우선 대부분의 나라들은 지금의 조건으로는 도저히 부채를 모두 갚을 수 없습니다. 예를 들어 이 나라들 자체의 경제부담 때문에라도 상환이 어려운 구조적인 문제들 때문에 그렇습니다. 특히 이 나라들의 국민총생산과 부채를 비교해보면 지속가능한 발전은 어려울 수밖에 없습니다. 이것은 많이 알려지지 않은 사실인데, 지금의 국가부채 문제는 1980년대 남아메리카 나라들의 국가부채 위기 때보다 훨씬 심각해요. 그 때만 해도 우리 모두 이 나라들이 도저히 그 위기에서 벗어나기 어려울 것이라고 생각했는데 말이죠. 오늘날 많은 아프리카 국가들은 평균적으로 국민총생산의 123% 정도의 부채를 안고 있어요. 반면에 남아메리카 국가들은 42%, 아시아 국가들은 28% 정도고요. 여기다가 IMF는 이런 나라들에게 수출총액의 1/4까지 부채를 상환하는 데 충당하라고 요구하고 있는 실정입니다.

▶ 어쩌면 제2차세계대전 직후 독일의 경우와 같은 특혜가 필요하지 않을까요. 그 때 채무국들은 종전 후 8년 동안 독일 국가부채의 80%를 탕감해주었잖아요. 또 당시처럼 수출총액의 3~5% 정도만 부채 변제에 쓰도록 하는 조처 같은 것이 필요하지 않을까요?

지금 상황은 모든 부채를 탕감한다고 해도 해당 국가들이 경제발전을 기약하기 어려울 정도로 심각합니다. 부채를 없애준다고 해도, 이들 나라를 부채위기라는 딜레마로 몰아넣은 경제상황은 해결할 수 없는 과제로 남거든요.

▶ 그것은 구체적으로 어떤 딜레마인가요?

그동안 이 부채문제는 아주 다양한 요소들이 복합적인 원인으로 작용하는 새로운 상황과 관계가 있다는 사실이 드러났습니다. 예를 들어 전 세계적인 자본시장의 급변, 지구화와 나란히 가는 신자유주의 정책 등이 그 요소들입니다. 지난 1990년대까지는 비교적 재정상태가 건전하던 국가들이 갑자기 빚을 지기 시작했어요. 또 1980년대에 이미 막대한 부채에 허덕이던 나라들의 사정은 훨씬 악화되었고요. 물론 그 20년 동안 많은 혁신적 조처들이 나왔지요. 주로 IMF나 세계은행 같은 기구들이 지구화에 발맞추어 새로운 세력으로 등장하면서 구조조정에 나섰던 것입니다. 이들은 모든 나라에 무차별적으로 적용되는 정책을 관철시켰어요. 예를 들어 규제완화, 민영화, 투자의 안전보장 등의 정책을 실업문제나 중산층의 몰락과 같은 심각한 사회적 부작용과 상관없이 관철시킨 것입니다. 이런 이른바 순수한 자본과 재정의 논리가 정당성을 얻으면서, 노동의 입장은 그 정당성을 잃게 되었고요. 세계은행과 IMF는 구조조정을 새로운 기본원칙으로 설정했는데, 이것이야말로 장기적인 경제성장과 개별 국가 정부의 책무성을 보장해주는 수단이라고 받아들여졌어요. 구조조정을 위한 제반조처들은 이른바 국가경쟁력 강화라는 목적으로 정당화되었고요. 그럴 듯한 주장이지요. 하지만 결국 그 결과는 언제나 그렇듯이 이미 그 전에도 양과 질에서 불충분했던 해당 국가들의 사회복지 프로그램을 대폭 삭감하거나 철폐하는 것뿐이지요. 그러면서 모든 사람들에게 지속적으로 복지와 안전을 보장해준다는 약속을 남발했는데, 이것이 지켜질지 역시 아주 불확실하고요.

▶ 해당 국가들의 무역수지 현황은 어떤가요?

해당 국가들 중 무역수지 균형을 맞출 수 있는 국가는 극히 일부뿐입니다. 지구상에 중간 내지 그 이하의 경제수준을 보이는 93개 국가들 중, 2000년 통계로 무역수지 흑자를 내는 나라는 겨우 11개 국가에 불과합니다. 이런 나라들은 수출을 더 늘리고 싶어하지요. 예를 들어 얼마 전 아프리카 내 무역 활성화를 촉진하기 위해 새로 설립된 아프리카 무역보험이 그렇듯이 말입니다. 이런 노력은 그래도 그 전망이 보입니다. 그러나 남반구에 있는 대부분의 나라들은 석유나 식료품, 그리고 산업제품들을 수입할 수밖에 없어요. 그러려면 또 빚을 내야 하는데, 이미 부채가 많기 때문에 이자나 원금 상환 부담이 눈 덩이처럼 커지고, 이는 결국 국내통화의 평가절하를 가져옵니다. 그런데 모든 부채는 국제적인 주요통화로 받아서 갚아야 하니 이들 나라가 부채위기에 빠지는 것은 당연하지요. 이들의 상황은 부자 나라들과 처음부터 다릅니다. 물론 미국도 3,000억 달러라는 천문학적인 무역적자를 기록하지만 자기 나라 통화이기 때문에 아주 좋은 조건으로 빚을 얻는 데 아무 문제가 없잖아요. 하지만 외국 채권자들에게는 저개발국의 통화로 빚을 주는 것이 위험할 수밖에 없고, 그래서 높은 이자를 요구하고……. 결국 이런 식으로 이 나라들은 궁지에 몰리고 있는 것입니다.

▶ 그렇다면 개발도상국들을 부채위기에서 벗어나게 하기 위해 어떤 구체적인 방안이 있을까요?

앞에서도 말했지만 많은 해당 국가들은 일단 물건들을 수입해야 합니다. 서방국가들은 그 대금으로 오로지 달러나 그 밖의 경화만 요구하고 있고요. 이런 상황에서는 부채위기가 악순환을 거듭할 수밖에요. 그러니 그리 많지 않은 해결방안 중 하나는 바로 그 대금을 해당 국가들이 자기 통화로 지불하게 하는 것입니다. 이렇게 되면 이들 국가는 개발에 필요한 재화를 들여오되 그것을 통해서 통화도 안정시키는 상황을 만들 수 있게 될 것입니다.

▶ 다시 9.11 테러로 돌아가봅시다. 이 사건과 세계 곳곳의 끔찍한 삶의 상황이 밀접한 관련이 있다는 사실을 미국이 어떻게 해야 제대로 인식하고 정책을 바꾸어 이 상황의 개선에 나설 수 있게 될까요?

이 사건은 오늘날 우리가 일종의 새로운 비대칭 시대에 살고 있다는 사실을 미국과 나머지 세계에 깨우쳐주었지요. 테러리스트들은 언제라도 국제무대에서 활동하는 비즈니스맨처럼 비행기를 타고 돌아다닐 수 있습니다. 이들은 이제 미국 같은 초강대국을 벌벌 떨게 만들 수 있어요. 왜냐하면 세상을 잇는 네트워크 구조를 활용할 수 있기 때문이죠.

우리는 지금 정보 및 통신기술의 발달로 점점 더 서로 가까워지는 세상에 살고 있습니다. 이런 세상은 새로운 상호의존성이 생기고 또 다양한 상호작용이 일어나는 것이 특징입니다. 서로 깊이 개입되고 연루된 세상이 오늘날의 세상입니다. 여기서는 결코 상호의존성이 무시될 수 없지요. 바로 이런 맥락에서 우리는 이제 어떤 유형의 참담한 현실에 대해서도 눈감아버릴 수가 없어요. 그러니 미국이나 경제대국은 새로운 과제를 안고 있는 셈이지요. 왜냐하면 장기적으로는 이런 모든 불평등의 근본적이고 구조적인 배경을 파악하지 않으면 이 상황을 극복할 수 없거든요. 우리는 무엇보다도 왜 점점 더 많은 사람들이 테러 집단에 가담하고 있는지 그 배경을 이해해야만 합니다. 특히 이런 긴장과 갈등의 배후에는 그저 '성전(聖戰)'과 같은 이데올로기가 있는 것이 아니라, 아주 실제적이고 구체적인 정치적 요구가 있다는 사실을 알아야 합니다.

▶ 전 세계적인 신자유주의의 물결과 정보통신의 발달에 따른 네트워크화로 금융의 이동성은 신속해지고 자본의 유동성은 커졌습니다. 이에 따라 금융시장도 점점 더 근접하고 통합되는 추세고요. 어떤 이동통신 회사의 선전에 따르면, 이제 세상이 이토록 가까워지고 작아졌다는데, 여기 대한 당신 생각은 어떤가요?

언제, 어디서나 정보기술이나 통신기술을 이용할 수 있는 사람들에게는 실제로 세상이 가깝고 작아졌겠지요. 별다른 거리를 느끼지 못할 테니까요. 하지만 여전히 가장 가까운 곳에 있는 식수를 찾아 반나절을 걸어가야 하는 황야지역에 사는 사람들은 다르죠. 이들에게 세상은 가까워지고 작아지기는커녕 자신들의 삶에 직접 영향을 주는 기상변화의 결과로 오히려 더 멀어지고 커졌답니다.

▶ 지구화는 국민국가의 성격에 어떤 영향을 미치고 있습니까?

경제적 지구화는 적어도 국민국가의 경계를 넘어 전 세계적으로 경제활동의 범위를 확장시켰습니다. 그 주도적인 분야만 봐도 알 수 있지요. 전 세계적인 금융이나 서비스 산업은 이제 국가들이 아니라 시장의 논리에 따라 작동하고 있습니다. 이런 추세가 경제활동과 정치권력의 지역 내 조직에 많은 변화를 가져온 것은 사실이지만, 그렇다고 이것이 국민국가들이 자동적으로 전 지구적으로 활약하는 경제주체로서의 중요성을 상실한다는 의미는 아닙니다.

▶ 하지만 그 반대 주장도 늘 제기되고 있지 않습니까?

지구화된 경제와 국민국가 간의 관계는 결코 제로섬 게임이 아닙니다. 지구화된 경제가 결국 국가 차원의 정치적 영향력을 약화시킬 것이라는 생각은 옳지 않아요. 이제 상황을 좀더 변별해서 봐야 합니다. 지구화 과정에서 국가와 정부는 어떤 부분에서는 그 영향력이 강화되고, 또 다른 부분에서는 약화됩니다. 예를 들어 각 나라의 재정 및 금융담당 부서는 권력이 커지고, 사회부문 부서는 영향력이 줄어드는 것과 같이 말입니다. 전 지구적 차원의 금융이동이 국가 내 기관들과 무관하게 진행되는 것이 아니라 국가 내 시장 차원에서 진행되기 때문에 재정 및 금융담당 부서의 힘은 커질 수밖에 없겠지요. 투자든 교역이든 국가의 경계를 완전히 넘어설 수는 없거든요. 동시에 지구화된 경제를 규제하고 조정하는 데 이바지하는 중개 및 전략적 행동 주체들의 역할 또한 중요해졌습니다. 이런 국제적 기능을 담당하는 주체들은 모두 사기업 부문 출신이 아니라 대부분 얼마 전까지 국가 차원에서 일했던 사람들이거든요. 여기에 지구적 차원과 국가적 차원이 교차하는 또 다른 공간이 있습니다. 그것은 지리적인 공간이 아니라 전략적인 공간이라고 할 수 있겠는데요, 바로 각 나라의 중앙은행입니다. 이들은 국가 내 기관이지만 그 활동은 이제 지구적 차원의 경쟁원칙에 따릅니다. 나아가서 전 지구적인 경제주체들과 국가 차원의 정치적 기구들과의 연관 또한 밀접합니다. 그러니 이제는 이 두 영역을 확연히 구분하기가 어려워요. 다만 다음과 같은 원칙에 따라 구획되는 것처럼 보일 뿐이지요. 그것은 경제는 국가의 지나친 개입은 원치 않지만, 동시에 경제활동을 원활히 하기 위한 환경을 조성하기 위해 국가를 필요로 한다는 것입니다.

▶ 하지만 누가 주도권을 갖지요? 누가 누구를 조정하나요?

전 지구적으로 활동하는 다국적 기업들이 집에서 키우는 개처럼 벌써부터 국가의 단속을 받는 것은 아닙니다. 예를 들어 이들은 별 문제 없이 국경을 넘어 활동하고 원칙적으로는 다른 입지를 찾아 마음대로 회사의 소재지를 바꿀 수도 있습니다. 하지만 아직 전 세계적으로 이런 기업들이 자리를 잡고 활동할 수 있는 지역은 그리 많지가 않아요. 그러니 이들도 생각보다는 지역적으로 자유롭지 않은 셈이지요.

▶ 어쨌든 기업 입지에 대한 논쟁이 끊이지 않습니다. 지구화 시대에

도시의 중요성은 어느 정도인가요?

지구화는 일단 국가의 경계를 넘어 진행됩니다. 하지만 전 지구적인 정보통신과 경제 또한 구체적인 공간을 필요로 해요. 모든 것을 다 사이버 공간에서 처리할 수 있는 게 아니거든요. 그러니 도시는 여전히 전략적인 요충지이죠. 예를 들어 조직과 경영의 중요 부문의 활동이 벌어지는 행동공간으로서 말입니다. 경제활동이 아무리 공간적으로 분산 및 확산되어 일어난다고 해도 전 지구적 시장이든, 국내 시장이든 그 중심공간은 필요하거든요. 분산 및 확산된 그 많은 공장이나 서비스 지점들도 결국 중앙의 조정이 필요하단 말입니다.

▶ 방금 언급한 경제활동의 사이버 공간으로의 이전 문제와 관련해서, 당신 저술의 중심 개념인 '지구화 도시'에 대해 묻고 싶은데요. 당신 생각으로는 어떤 도시가 지구화 도시인가요?

'지구화 도시'는 전 지구적인 경제활동의 조정과 경영을 위한 중심적 입지를 말합니다. 이를 위해서는 몇 가지 조건을 갖추어야지요. 일단 주식시장이나 은행, 회계회사나 법률회사, 경영 컨설팅 회사, 광고회사 등 그 인프라가 잘 발달되어 있어야 합니다. 나아가 이들은 전 지구적인 경제활동을 위해 필요한 전문지식, 즉 국제법이나 복잡한 회계체계, 그리고 다양한 광고문화에 대한 충분한 지식을 갖추고 있어야 하고요. 또 그 도시를 중심으로 전 지구적인 네트워크의 관리가 가능해야 합니다. 이런 필요불가결한 서비스가 집중적으로 제공되어야 해요. 점점 늘어나는 국제적 투자나 무역은 이에 상응하는 금융이나 서비스 제공을 필요로 하는 만큼, 이러한 기능이 집중된 지구화 도시는 결국 소비자 차원에서가 아니라 조직 차원에서 형성되는 것이지요. 전 세계적으로 이런 기준에 맞는 지구화 도시로는 뉴욕, 파리, 런던, 도쿄, 그리고 뭄바이와 사웅 파울로 등 35개 정도의 도시가 있습니다. 반면에 베를린의 경우, 문화나 매체영역, 그리고 정부와 의회 이전 이후의 정치영역에서도 지구화 도시로 볼 수 있지만, 금융시장으로 보면 아직 아닙니다. 앞으로도 파리나 런던 같은 진정한 지구화 도시는 되기 어려울 것 같고요.

▶ 지구화 도시들은 결국 세계시장을 지향할 수밖에 없을 텐데, 그렇다면 이 지구화 도시들과 해당 국가와의 관계는 어떻게 될까요?

지금까지 도시란 해당 지역의 경제와 밀접하게 연관되었지요. 그래서 오늘날에도 그 도시의 전형적인 특성은 대개 그 지역 특성의 반영이지요. 하지만 이미 전 지구적인 경제의 요충이 되어버린 뉴욕이나 런던, 도쿄 같은 경우 이제 그 지역에서, 아니 해당국가에서도 벗어나는 추세입니다.

이는 이제까지 일반적이었던 학설, 즉 도시들은 지역 및 국가 차원의 시장 안에 공간적으로 통합되어 있어야 제 기능을 한다는 학설에 반대되는 것입니다. 뉴욕이나 런던, 파리, 프랑크푸르트, 취리히, 암스테르담, 로스앤젤레스, 시드니, 홍콩, 도쿄 같은 도시들이 국제 금융 및 상업의 중심지로서 전 지구적인 경제의 핵심으로 발전한 반면, 비단 개발도상국뿐 아니라 선진 산업 국가들의 전통적인 산업, 항만도시들은 몰락했어요. 예를 들어 파리에는 이제 지난 15년 전에 비해 유수한 기업들과 부가 더욱 집중된 반면, 한때 주요한 경제 중심 도시였던 마르세유는 퇴락해버렸거든요.

▶ 이렇게 경제 권력이 집중된 지구화 도시에도 그 기업이나 은행건
  물 바로 옆에 참담한 슬럼이 형성되어 있지요. 같은 도시 내에서
  지역 사이의 엄청난 간극이 생기는 이유는 무엇일까요?

  지구화 도시 내부에는 중심부와 주변부라는 새로운 지형이 생성
되고 있습니다. 상업지역과 사무실 복합건물 등이 집중된 지역은
부동산 가치도 높고 텔레커뮤니케이션 등의 막대한 투자가 이루어
지는데, 반면에 잘살지 못하는 지역에는 투자할 재원조차 없습니
다. 또 잘나가는 경제 부문에서 일하는 전문 인력들의 임금은 점점
높아만 가는데, 반면에 그렇지 못한 단순 노동력 임금은 오히려 낮
아지는 추세고요. 금융업은 엄청난 이자수입으로 호황을 누리는데,
중소기업들은 생존이 어려운 상황입니다. 그렇지만 지구화 도시에
선 이런 사회적 약자들이 적어도 자신들의 존재를 알릴 수 있기 때
문에 오히려 나은 편이지요.

▶ 무슨 뜻입니까?

  전 지구적인 자본은 도시를 조직의 중심으로 삼지요. 그러면서
인종, 계급, 성, 종교 등 기존 모든 차이를 극복하면서 동시에 새로
운 차이를 낳습니다. 그런데 지구화 도시에서는 자본뿐 아니라 사
회적 약자들도 국제적인 특성을 가지기 때문에 일단 자신들의 요
구를 표출할 수 있어요. 자본과 사회적 약자 양측은 지구화 도시
내에 서로의 갈등과 모순을 해결하고, 자신들의 정치적·경제적 이
해를 관철하는 전략적 요충지를 만듭니다. 다국적 기업과 이주노동
자 집단이 국가의 경계를 넘어 일종의 통합된 성격을 가지면서 동
시에 지구화 도시 내에서 서로 대립하는 주체가 되었다는 말입니다.

▶ 지구화 도시의 기회와 가능성은 무엇일까요?

　새로운 경제적·정치적 가능성이 충분한 지구화 도시는 우선 범
국가적인 정체성과 공동체 의식생성에 아주 좋은 공간입니다. 이
공간은 특정한 전략적 요소로 결합되어 있기 때문에 지역성에서
자유롭고, 지리적으로는 멀되 서로 긴밀하게 연결된 지역에 자리
잡고 있기 때문에 범영토적입니다.

　대도시의 일상적인 재생산 활동은 주로 이주노동력에 의존합니
다. 완전히 디지털화되어 가상공간에서만 활동하는 기업은 아직 없
습니다. 금융처럼 가장 선진적인 정보산업이라고 할지라도 모든 것
을 사이버 공간에서 해결할 수는 없는 실정이라 여전히 창고인력,
사무인력, 청소인력을 필요로 하거든요. 지구화 도시에 이주노동력
은 본질적인 구성요소입니다. 그래서 자본의 다국적화에 대항할 수
있는 거의 같은 수준의 힘이 바로 노동의 다국적화가 됩니다. 특히
지구화된 경제의 순기능을 위한 전제조건으로서 말입니다.

▶ 그렇다면 뉴욕과 같은 도시는 지구화된 경제체제 조절에 어떤 역
　할을 하고 있을까요? 또 이 도시는 9.11 테러로 어떤 타격을 받았나
　요? 런던이 세계 금융시장의 중심으로 뉴욕을 넘어설 가능성이 있
　나요?

　뉴욕과 런던은 합해서 세계 외환시장의 절반 이상을 차지합니다.
또 금융 서비스의 최대 수출지역이고 엄청난 자원과 인재를 보유
하고 있어서 전 세계 금융체제의 작동이라는 복잡하기 짝이 없는
전략적 과제를 수행하는 네트워크의 중심지고요.

　하지만 런던이 뉴욕을 앞지를 가능성은 크지 않습니다. 둘 다 국

제적인 금융 중심 도시들이지만, 바로 그 국제성의 성격이 달라요. 런던은 전 세계의 투자자들이 모여 회사를 만들곤 하는 중심지입니다. 런던 금융지역 건물의 반 이상은 외국인 소유에요. 그것이 바로 런던을 국제금융의 중심으로 만드는 요소기도 하고요. 뉴욕은 반대로 아직 미국의 소유입니다. 미국의 국제성은 미국이라는 나라와 기업의 국제적 지위와 세력에 근거하고 있어요. 9.11테러는 이런 의미의 국제성에 큰 손상을 주지는 못했습니다. 뉴욕의 의미는 건물의 가치나 자본투자에 있는 것이 아니라 조절 역량, 즉 전 지구적인 자본시장을 조절할 수 있는 능력에 있거든요. 테러로 주식시장이 폐장했을 때 이런 능력을 잠시 잃기도 했지만, 그것은 겨우 닷새 동안이었습니다.

▶ 프린스턴 대학 경제교수인 폴 크럭맨(Paul Krugman)은 사실 9.11 테러보다는 지난 2001년 12월 불거진 에너지 재벌 엔론(Enron)사의 회계부정 사건이 세계경제체제에 큰 손상을 주었다고 주장했습니다. 여기에 동의합니까?

그 사건은 신뢰성의 엄청난 위기를 가져왔어요. 미국에서 7번째로 큰 기업의 도산은 결국 자본주의 질서에 대한 신뢰를 잃게 하고, 자유주의 시장경제에 대한 의혹을 키웠지요. 그러니까 자유 시장경제가 자동적으로 부와 안정을 보장하지 않는다는 사실이 여실히 드러난 셈이지요.

이 사건은 또한 내가 늘 강조했던 문제의 표현이기도 해요. 경제활동, 특히 금융서비스와 같이 주도적인 정보산업의 가상현실화가 증가할 때, 그 조절기능은 위기에 봉착할 수 있고, 이 위기는 국가의 역량이나 경제의 제도적 제반장치의 능력을 넘어설 수 있다는 문제 말입니다. 새로운 기술의 발달로 자본이동은 이제 기존의 사설 회계 감시체제나 또는 국가의 회계 감시체제의 역량을 훨씬 넘어선 속도로 진행되고 있기 때문입니다.

▶ 어쨌든 그런 사건이 하필 자본주의의 중심인 미국에서 일어났다는 사실이 놀라운데요. 그동안 미국은 늘 자본주의 경제의 법칙과 틀을 만들고 완벽하게 관리해왔다고 주장하지 않았던가요?

엔론 사건은 민영화의 치명적인 맹점을 드러내준 것입니다. 민영화와 규제철폐는 담당영역과 책무성의 기본구조에 큰 영향을 주거든요. 사설 회계회사들은 공공영역에 대해 충분히 책무성을 가질 수 없습니다. 그러니까 여기서 근본적인 물음이 제기됩니다. 지구화된 경제를 규제하는 주체들이 어떻게 정당성을 확보하는가, 나아가서 예전에 국가가 수행하던 규제의 권한을 위임할 정당성의 근거는 무엇인가 하는 물음이지요.

▶ 당신이라면 어떻게 대답하겠습니까?

대답하기에 앞서 문제의 핵심은 바로 대기업의 권력이라는 부분이 아직 충분히 논의되지 못했다는 것을 지적해야겠네요. 기업들이 정부에 자신의 논리를 강요하고 있는 실정이거든요. 좀더 구체적으로 설명하려면 실제적인 예를 드는 게 좋겠네요. 국제 금융시장은 정부에 대해 엄청난 권력이나 영향력을 가졌을 뿐 아니라, 자체 논리에 따라 국가들이 복종하지 않을 수 없는 일정한 규범을 만들었어요. 그러다보니 멕시코나 브라질 정부뿐 아니라 독일이나 스위스 정부조차도 자신들의 경제정책의 많은 부분을 자본시장의 논리에 맞게 적응시키지 않으면 안될 만큼 국제 금융시장의 압력을 받지요. 남아메리카에서는 이 상황을 신자유주의라고 부릅니다. 미국에선 이 용어가 거의 쓰이질 않아요. 그도 그럴 것이 신자유주의라고 하면 무엇을 말하는지 전혀 알아듣질 못하거든요. 자신들과는 상관없기 때문이죠. 어쨌든 신자유주의란 요컨대 좋은 경제정책의 추진은 무엇이며, 이를 위한 정부정책은 어떠해야 하는지를 처음부터 끝까지 규정하는 개념이라고 할 수 있죠.

물론 미국의 권력체계도 부정과 부패로 점철되어 있습니다. 그렇지만 이 부패의 종류가 개발도상국과 달라요. 미국 기업의 부정은 부정처럼 보이지 않는다는 말이죠. 그래서 엔론 사건은 큰 파문을 던졌지요. 세금을 포탈하고 주주와 직원들의 연금 약 2억 5,000만 달러를 날려버린 사건이니까요.

▶ 어쨌든 그러한 권력 집중, 회계 부정, 경제범죄와 부패를 보고 사람들은 무기력해질 수밖에 없는데요. 그렇다면 도대체 시민들은 정치적 과정에 앞으로 어떤 영향력을 미칠 수 있을까요?

그 대답은 바로 체험 가능한 정치라는 기본적 근거 아래에서만 가능합니다. 사람들이 자기 이해를 위해 참여하고, 또 그 참여가 네트워크로 묶일 수 있어야만 그 가능성이 유지되거나 새로운 형태의 자결권이 생겨날 수 있습니다. 강조하고 싶은 것은 지구화란 결국 대부분 국가 내부에서 진행되는 과정이라는 점입니다. 국가기능들을 민영화하고 지구화에 상응하는 법률을 제정하고 국경을 넘어 무역하고, 이 모든 결정을 정부가 한단 말이에요. 이렇게 국가기관들이 세계화에 참여하는 한 이들 기관은 힘과 의미를 갖습니다. 이 수단을 개인이 활용할 수 있을지, 그리고 이 기관이 그렇게 활용될 수 있을지는 또 다른 문제지만요.

▶ 시애틀부터 제노바, 최근의 칸쿤에 이르기까지 지구화 관련 국제회
  의가 열리는 곳마다 많은 반대세력이 모여 대기업들의 권력 집중
  과 그에 따른 횡포에 항의하는 집회를 열곤 하지요. 당신의 이들
  세력에 대한 평가는 어떠한지요?

이 움직임은 새로운 정치적인 사고와 행동 유형의 단초라고 할
수 있습니다. 많은 사람들이 더 이상 자신의 주주들에게만 책임을
지는 다국적 기업에 의해 지배되기를 원치 않아요. 그래서 지구화
반대세력은 그 불만을 토로하는데, 그 방식 또한 문제제기와 대안
추구에 집중하지요. 인권을 위한 엠네스티 인터내셔널이나, 자연생
태계의 편에서 싸우는 그린피스, 금융시장의 새로운 규제수단을 모
색하는 '어택(Attac)[5]' 등이 그렇듯이 말이에요. 이들은 백마를 타
고 나선 어떤 영웅의 주도하에 구원을 꾀하는 것이 아닙니다. 자신
들이 중요하다고 생각하는 주제에 대해 관심을 일으키고, 행동이
필요한 곳에서 적극적으로 활동하는 겁니다.

▶ 이들의 활동에서 인터넷이 어떤 중요한 역할을 하지요?

특히 개별 집단끼리 교류하고 네트워크를 형성하는 데 인터넷은
아주 효용성이 크지요. 전자기술의 발달로 지금까지 차별받고 불이
익을 당했던 집단들도 제 목소리를 낼 수 있게 되고, 결집할 수 있

---

5) 지난 1990년 중반 결성된 전 지구적 반세계화 조직으로서 자본시장의
   민주적인 조정을 주장하고, 신자유주의에 반대하며 효과적인 정보의 교
   류를 위해 활동하는 단체로 홈페이지를 구축하는 등 전 세계 35개국에
   걸친 네트워크를 갖추고 있다.

게 되고, 나아가서 서로 지원하며 지식을 전파할 수 있게 되었습니다. 일단 사람들끼리 활발하게 의사소통을 해야 정신적으로 능동적이 되고 나아가 그들의 생각과 이상을 행동으로 실천하게 되거든요. 인터넷은 지난 몇 년 사이 엄청난 힘과 능력을 보였고, 특히 불이익을 당하던 집단에게 이런 것을 가능하게 했어요. 비공식적 정치와 비정부기구들의 활동을 활성화해주었죠. 이렇게 시대마다 민주주의 실천의 방법과 방식은 새롭게 만들어지게 마련입니다. 우리는 이제 세상에 대해 전혀 새로운 방식으로 사고하고 이야기하는 법을 배워야 합니다.

▶ 미래의 세상은 어떻게 될까요?

지구화라는 것은 결코 자연적인 힘이 아닙니다. 그것은 사람이 만든 것이고 그런 만큼 사람에 의해서만 인류의 행복에 이바지할 수 있게 될 것입니다. 그러니 앞으로도 그에 대한 정책결정을 국가에 손에 맡겨둘 것인지, 아니면 지구화 과정에 좀더 역동적으로 참여하고 영향을 행사할 수 있는 다른 수단을 모색할 것인지 그 결정은 우리 스스로 해야 합니다. 주권이나 법률은 이제 국가의 독점영역이 아니라 수많은 비정부기구나 다국적 기업처럼 정치적 주체로서 국제 관계에서부터 법률제정까지 적극적으로 참여하는 집단들이 함께 활동하는 영역입니다. 이제 국가가 독점적인 주체가 아니라 다른 세력과 함께 활동하는 주체가 된 만큼 세계에서 일어나는 일들을 좀더 면밀하게 분석하고 그에 대한 세심한 대처방안을 강구해야 합니다. 지구화된 국가나 세계 단일정부 같은 것이 만들어지기를 기다릴 필요는 없습니다. 우리의 미래는 우리 스스로 결정하고 만들어가는 것이기 때문이죠.

오스트리아

요세프 하슬링거

국민국가의 여정

오스트리아 국경일은 10월 26일로 지난 1955년에 중립국 지위에 대한 협약이 조인된 것을 기념하는 날이다.

18세기와 19세기에 오스트리아는 보수주의와 왕정의 보루였다. 프랑스 혁명 이후 유럽대륙을 휩쓴 민족주의와 자유주의 물결이 오스트리아에서는 당시 지배세력인 합스부르크 왕가에 의해 철저히 차단되었다. 그리하여 프랑스 공화국과 전쟁 중이었던 1795년에 프러시아 군이 철수하자 오스트리아는 단독으로 전쟁을 수행할 수밖에 없었다. 이때부터 나폴레옹에 대항한 연합세력과의 전쟁으로 오스트리아는 영토의 상당 부분을 잃는다. 나폴레옹은 결국 유럽의 권력균형을 깨고 오랫동안 존속해온 신성 로마제국을 와해시킨다. 1804년 당시 프란츠 2세가 프란츠 1세로 오스트리아 황제에 취임하면서 신성 로마제국의 황관을 포기한 것이 그 계기이다.

1815년의 빈 회의를 통해 중유럽 및 동유럽에 새로운 질서를 수립하면서 이후 수상(Kanzler)이 되는 메테르니히 백작은 오스트리아의 강대국 지위를 확보한다. 그리하여 알프스 동쪽 지역이 온통 도나우 왕국의 영토가 된다. 독일연맹(Deutscher Bund)에도 가입하는데, 당시 오스트리아 영토의 반 이상은 연맹 국경의 외부에 있었고 독일어권 지역도 아니었다. 따라서 처음부터 연맹 내의 두 강대국 오스트리아와 프러시아는 긴장관계에 있었다. 그 권력관계는 1866년의 쾨니히그래츠 전투에서 프러시아가 승리하면서 비로소 해소된다. 1870~1871년의 프랑스-프러시아 전쟁 때 오스트리아는 중립을 지킨다. 전쟁이 끝나고 통일된 독일제국이 수립되면서 오스트리아를 배제한 통일론, 이른바 소(小)독일주의가 관철되는데 그 근거가 된 것이 바로 오스트리아 동부와 남부의 비(非)독일어권 지역이다.

당시 오스트리아에는 공국, 왕국, 방백(方伯)령 등 다양한 정체(政體)의 소국이 포함되어 있었다. 거기다가 헝가리인, 이탈리아인, 루마니아인, 슬라브족과 독일인으로 민족구성도 복합적이었다. 이 복합적인 민족구성을 결속시키는 유일한 장치는 빈에서 지배하는 황제의 권위뿐이었다. 합스부르크 왕가는 많은 권한을 해당 지역의 귀족들에게 분할함으로써 오랫동안 왕국을 유지할 수 있었다. 그러나 19세기 중반에 이르자 각 지역에서 민족주의가 대두한다. 메테르니히 백작영도하의 보수정부는 모든 민족의 독립과 해방운동을 억압하고 탄압하지만, 자유를 염원하는 대중의 힘은 1848년부터 1849년 사이에 혁명으로 집결된다. 반혁명 세력은 군사력을 포함한 모든 수단을 동원하여 왕정체제를 수호하지만 장기적으로 제국의 분열은 도저히 막을 수 없게 된다. 1866년 이탈리아가 독립하고, 1867년 오스트리아-헝가리 제국이라는 이중왕국이 수립되지만 제1차세계대전으로 와해된다.

1918년 종전 이후 오스트리아-헝가리 제국의 폐허 위에 최초의 공화국이 건설된다. 종전의 책임을 지고 당시 황제 칼 1세가 퇴위하자 1918년 10월 21일에 빈에서는 임시 국민회의가 소집되고 11월 12일에는 공화국이 선포된다. 헌법에 따라 국민의회와 연방의회 양원제의 연방 공화국 체제가 들어서지만, 이 체제는 종전 후 생제르맹 평화협약의 결과로 들어선 것이어서 처음부터 상황은 어려웠다. 오스트리아는 전쟁 책임을 지고 그에 대한 배상을 하며 남티롤 지방, 남슈타이어마르크 지방, 캐른텐 지역의 일부 등 독일어권에 속하는 영토를 포기해야 했고, 옛 합스부르크 왕국의 지배지역 상당 부분을 독립시켜야 했다.

제1차세계대전 이후 들어선 새로운 질서는, 언어나 문화 공동체라는 영토적 통일성을 무시한 채 현실 정치적 권력이 임의적으로 지정학적 지도를 만든 결과이다. 승전국들은 자신의 이해에 따라 국경을 함부로 구획해버렸다. 그 결과 새로운 갈등과 분쟁의 씨앗을 뿌렸고 결국 이것은 제2차세계대전의 도화선이 된다. 이런 의미에서 오스트리아에 들어선 첫 공화국은 모두가 원해서 수립된 것이 아니며, 이러한 형태로는 존립이 불가능하다는 확신 아래 임시국민회의는 1918년 독일제국에 편입될 것을 의결한다. 하지만 이는 베르사유 조약에 의해 거부되고 만다.

국내 정치적으로는 당파간의 분쟁이 첨예하고, 외부적으로는 점점 더 커지는 독일 민족주의 세력의 활동으로 1934년에는 내전이 일어나고 공화국은 급기야 와해된다. 1938년에 나치가 빈으로 입성하여 오스트리아 합병을 선언하자 오스트리아인 다수가 이를 열광적으로 환영한다. 오스트리아는 독일 제3제국의 동부지역으로 편입되고, 제국의 관구로 분할된다.

제2차세계대전이 끝나자 오스트리아는 승전 연합국의 도움으로 1945년 11월에 다시 독립국이 된다. 임시정부의 독립선언문에서 오스트리아는 독일과 어떤 형태의 연관성도 영구적으로 명백히 배제한다. 다시는 제2의 독일 민족국가가 되지 않겠다는 선언이다. 오스트리아 제2공화국은 1955년에 완전히 주권을 회복하고 10월 26일 영세 중립국임을 선언한다.

새로운 민주질서의 시작은 늘 그렇듯이 여러 가지 난관에 봉착하기도 했다. 무엇보다도 자신만의 정치적 정체성을 찾는 일이 그랬다. 우선 처음에는 나치즘의 희생자였다는 입장을 고수해오다가, 가해자이기도 했다는 고백과 반성이 1980년대에 들어서야 겨우 시작되었다. 그런가 하면 서유럽과 동유럽 중 어느 쪽에 더 가깝게 연대해야 하는지도 오랫동안 결정하지 못했다. 서유럽에 속하는 편이 경제적으로 훨씬 이득이 많다는 점이 분명해진 다음에야 오스트리아는 유럽공동체 가입에 노력하게 된다. 유럽연합에는 1995년에 가입한다.

개인 신상

▶ 당신의 출신은?

"내가 선택한 것은 아니지만 내 존재의 배경이 된 그 역사는 받아들일 수밖에 없어요." 이렇게 운을 떼는 요제프 하슬링거는 1955년 7월 5일 저지 오스트리아의 산과 성, 그리고 바로크 풍의 교회가 있는 츠베틀(Zwetl) 지역에서 농부의 아들로 태어났다. 그는 "누구든 미래를 만들어가려면 과거, 곧 자신의 출신을 직시해야 한다"라고 확신에 차서 말한다. 이런 점에서 일찍부터 의식이 깨인 하슬링거는 자신의 부유하고 평화로운 환경이 결국 전쟁, 혐오, 약탈과 야만의 전통 위에 세워진 것이라는 사실을 늘 고민했다고 한다. 열여섯 나이에 부모 곁을 떠난 그는 "내 어린 시절은 모든 정치적인 것에 대한 억압으로 얼룩졌다"라고 기억한다. 어떤 정치적인 사고든 "제발 정치 이야기는 말라"라는 강한 제재만 불러일으켰다고 한다.

수도원 기숙학교에서 권위주의적이고 종교적인 교육을 받았던 경험을 통해 그는 권위주의적인 지배구조에 대한 근본적이 회의와 비판정신을 갖게 된다. 아도르노나 블로흐 등의 책을 읽으면서 이에 대한 저항의식은 더욱 강해진다.

고등학교 졸업 후 빈으로 간 하슬링거는 철학, 연극학, 그리고 독문학을 전공하여 1980년에 독일 시인 노발리스에 대한 논문으로 박사학위를 취득한다. 같은 해 첫 단편집인 『기숙학교 선인장(Konviktskaktus)』을 낸다. 같은 제목의 단편에서 그는 스스로 경험했던 기숙학교의 권위주의적인 교육에 대해 비판하고 있다. 5년 후 나온 작품집『소작인 이그나츠 하이에크의 죽음(Der Tod des Kleinhauslers Ignaz Hajek)』도 가톨릭이 지배하는 오스트리아의 특수한 환경 속에서의 삶을 내용으로 한다. 당시 대통령 후보였던 전 유엔 사무총장 쿠르트 발트하임의 나치과거에 대한 논쟁을 배경으로 하여 1987년에는 에세이집『감정의 정치(Politik der Gefühle)』를 낸다.

그 뒤로 하슬링거는 강사나 객원교수로 독일, 오스트리아, 미국 등에서 학술활동을 한다. 유럽의 격동기인 1989년에는 미국 중서부에 체류한다. 엄청난 변화를 낯선 곳에서 멍하니 지켜보면서 그는 처음으로 자신이 유럽인임을 의식한다. 미국 오하이오 주 오벌린(Oberlin) 칼리지에서 객원교수로 머물던 시기에 조사 연구한 결과를 모아 1992년에는 르포『미국의 빈곤(Das Elend Amerikas)』을 출판한다.

그 후 오스트리아의 외국인 혐오에 의한 공격과 극우세력의 준동에 대항하여 안드레 헬러(Heller)와 함께 반(反)인종주의 단체인 'SOS-이웃사람(SOS-Mitmenschen)'을 만든다. 당파를 초월한 이 단체는 인간적인 이민 및 망명절차를 요구하고 유럽 전체의 엄격한 '외국인법'에 대한 저항활동을 조직한다. 그 선언문에 나오듯이 이것의 목적은 "새로운 정책을 가능하게 하는 이성의 연대"이다.

하슬링거는 1992년까지 빈에서 발행되는 사회비판적인 성향의 문학잡지 ≪벌집(Wespennest)≫의 공동발행인을 지낸다. 철의 장막이 걷힌 후에 다른 작가들이 자신의 임무를 완수했다고 생각하여 정치적 성향을 버릴 때인 이즈음 하슬링거는 더욱 정치적이 되어 정치 스릴러와 사회적 르포를 합친 작품에 몰두한다. 1995년에 출판된 그의 첫 장편『오페라 무도회(Opernball)』가 바로 그것이다. 이 작품은 오스트리아 사회의 표면 뒤에 감추어진 정치, 언론, 법조계와 경찰의 범죄적인 연계를 고발한다. 1년 후 그는 독일 라이프치히 대학의 초청을 받아 지금까지 문학미학 담당 교수로 일하며 미래의 작가들을 양성하고 있다. 2000년 그의 두 번째 장편 『아버지 놀이(Vaterspiel)』에서 그는 거듭 아버지 세대의 위선, 곧 나치 범죄의 희생자인 척 하면서 공범이었음을 부정하는 그들의 이중적 태도를 고발한다.

그는 사람들이 대부분 침묵하거나 잊으려는 것들을 공개적으로 언급하고 사회 및 정치 현실에 대한 날카로운 비판을 통해 늘 세상을 불편하게 하는 동시대인의 몫을 자임하고 있다. 다양한 저술, 논쟁집이나 에세이집, 소설에서 그는 "가장 심각한 난국에서 덕목을 제조해내는 재주를 가진 사람들"의 이름을 밝혀가며 지적하고 "지난 수십 년 동안 오스트리아에 건설된 거짓의 건축물들"을 파괴해 버린다.

| 대표작들 |

Joseph Haslinger. 1987, *Ein Essay über Österreich*(오스트리아에 관한 에세이), Frankfurt am Main: Luchterhand Verlag.

_____. 1995, *Opernball*(오페라 무도회), Frankfurt am Main: S. Fischer Verlag.

_____. 2000, *Das Vaterspiel*(아버지 놀이), Frankfurt am Main: S. Fischer Verlag.

_____. 2001, *Klasse Burschen*(괜찮은 놈들), Frankfurt am Main: S. Fischer Verlag.

▶ 당신의 미래는?

"그 물음에 대답하는 것보다 그것을 열어놓는 것이 더욱 중요하게 생각돼요. 어떤 대답이든 잠정적일 수밖에 없는데, 그 물음은 영구적인 것이니까요."

직장이 있는 라이프치히와 아내와 쌍둥이인 엘리아스와 소피가 사는 빈을 오가며 생활하는 그는, 앞으로도 늘 유럽의 정치 및 사회문제에 비판적인 논쟁을 벌일 것이며 "자신의 예술적인 에너지를 정치현실의 형상화를 위해 바칠 것"이라고 다짐한다. 지금도 그렇지만 앞으로 관심을 가지고 다룰 주제는 오스트리아에서 얼렁뚱땅 넘어간 나치의 과거 청산 문제와 종전 이후에 권력놀음과 자리놀음으로 일관한 밀실정치 문제라고 한다. 이렇게 하슬링거는 갈등을 공개적으로 드러내고 해소하며, 사회적 주제들을 공공의 장에서 논쟁할 것을 촉구하고, 이를 위해 투쟁한다.

특히 하슬링거는 오스트리아 내부의 나치와 관련된 역사, 예를 들어 마우트하우젠(Mauthhausen) 강제노동 수용소에서만 유럽 전체에서 잡혀온 10만 5,000명의 죄수들이 희생된 것과 같은 역사가 더 이상 감추어지고 망각되는 것이 아니라, 명백히 밝혀지고 청산되도록 노력한다. 또 이제 유럽 전체에 번지고 있는 인종차별에 대해 공공의 장에서 논쟁을 통해 대응하기 위해 노력한다. 왜냐하면 국수주의적인 사고가 많은 사람들의 머리에 가득 차서 다른 문화와 평화적으로 공존하는 일을 방해하고 있다는 사실을 매우 잘 알고 있기 때문이다.

그 밖에도 그는 계속해서 책을 읽고 쓰는 일에 노력을 쏟을 생각인데, 그 이유는 "책이야말로 일상에서 벗어날 수 있도록 해주고, 새로운 지평을 열어주기 때문"이라고 한다.

짧게 묻기

▶ 가장 '오스트리아적'인 것은?

내가 보기엔 그것은 정치적 정체성과는 무관한 것들입니다. 그러니까 가장 오스트리아적인 것은 행동 및 소비유형이라고 할 수 있어요. 외국에 있을 때마다 나는 오스트리아 음식, 그 중에서도 밀가루 음식과 와인을 그리워해요. 여기엔 느낌, 그러니까 냄새며 맛처럼 내가 어려서부터 익숙하고 살아오는 동안 젖은 그런 것이 배어 있어요.

오스트리아 국가에서 보자면 가장 오스트리아 적인 것은 아무래도 문화적 강점이지요. 이 문화적 강점은 전통에 근거해 있고요. 그 전통은 자랑할 만한 것이지만 동시에 오스트리아에서는 이 전통을 지나치게 강조해요. 오스트리아에서는 예술이 늘 아주 중요하고 수수께끼 같은 역할을 해왔어요. 왜 오스트리아 예술은 늘 아방가르드적이고 탐미주의적인 성향을 보이는지, 왜 예술이 대중의 의견이나 대중적인 감각을 무시하고 사람들을 모욕하면 좋은 건지, 왜 늘 자극적이고 도발적인지 하는 물음들이 제기되지요. 내 생각에 오스트리아에서의 예술은 정치에 대한 일종의 대체물로서의 표현수단이에요. 정치적인 자율성이나 시민의 자의식이 발달하지 못한 사회에서는 정치적인 공간과 개인의 자율성을 확보하기 위한 싸움이 예술을 통해 벌어집니다. 독자성에 대한 자기주장이 모든 민주공화국 사회의 핵심이라면, 오스트리아에서는 이런 것이 정치적 차원에서 어려운 만큼 예술적 차원에서 강조되는 것이지요.

오스트리아의 맹점이라면 바로 이 '문화적 강대국 지위'가 진정한 의미로 이해되는 것이 아니라 곡해된다는 점입니다. 실제로 오스트리아 안에는 일종의 문화적 과대망상이 팽배한데, 이는 특히 독일에 대해서 더 심합니다. 독일의 부정할 수 없는 경제적 주도권에 대해 문화적 주도권으로 대항해보려는 것이지요. 사실 이것은 말도 안 되는 일이니 당연히 오스트리아 사람들은 문화적 우월성이라는 환상에 빠지게 되고 이를 통해 점점 더 독일이나 미국에 대한 반감이 커지는 것이고요. 솔직히 말하자면 이런 태도야말로 못 말리는 편협한 지방주의라고 할 수 있어요. 여기서 못 말린다는 표현은 일종의 현실에 대한 거부와 같은 뜻이고요.

아무튼 내게는 오스트리아 사람들과 거리를 두는 측면이 두 가지 있어요. 그 하나는 모든 것은 저 위에서 온다는 고집불통의 신앙심이고, 다른 하나는 자신의 나치 과거에 대해 시대변화에 걸맞은 관계를 발전시키지 못하는 무능력이 그것입니다. 요컨대 오스트리아 특유의 역사성에서 나온 망각의 장치가 다른 서유럽 국가들에 비해 더 강하게 작동한다고 할 수 있어요.

▶ 오스트리아 사람으로서 당신이 가진 특징은?

나 스스로 오스트리아 사람이라고 느낄 때는 바로 내가 외국인들과 있거나, 외국에 있을 때입니다. 그 외에 별다른 의미는 없어요. 물론 오스트리아 사람 특유의 정서나 의사소통 방식이 있겠지만, 그거야 오스트리아 내부에도 많은 차이가 있을 거예요. 예를 들어 남부의 캐른텐 사람과 북부 티롤 사람과 빈 사람이 가지는 오스트리아 사람으로서의 정체성은 서로 다르지 않겠어요? 그러니까 결국 나를 오스트리아인으로 만드는 가장 강한 구속력은 문화적 배경이라고 할 수 있습니다.

나는 빈에서 태어나진 않았지만 빈의 문화전통에서 자랐다고 할 수 있지요. 우리가 흔히 쓰는 빈 특유의 '슈메(Schmäh)'라는 말이 있어요. 아주 다양한 의미를 가진 재미난 말이지요. 그 다양한 의미는 늘 의사소통 과정 중에 서로 섞이고요. 원래는 유머라는 뜻인데, 동시에 거짓말이라는 뜻도 돼요. 그런가 하면 두 가지 모두를 뜻하기도 하고요. 또 역설적인 어법이나, 말한 내용을 진실로 받아들이게 해서 남들에게 오해를 불러일으킬 수 있는 사물에 대한 의문이라는 뜻도 있어요. 이 단어야말로 오스트리아 사람의 특성을 한마디로 표현하는 것이 아닌가 합니다. 그러니까 이 사람들이 언어적으로 행동하는 방식을 표현한 것이죠.

▶ 오스트리아의 존립 이상은?

오스트리아는 이상을 바탕으로 건설된 것이 아니라, 역사적인 결과물 자체입니다. 숱한 변화를 겪으면서 거꾸로 나중에 이상이 생겨났지요. 여러 세대 동안 오스트리아의 안정기를 지켜온 유일한 이상이 있다면 그것은 왕국이라는 이상과 다민족 국가라는 이상일 겁니다. 하지만 이 이상은 19세기에 대두한 민족주의에 의해 쇠퇴했고, 특히 독일 민족주의에 의해 몰락했습니다. 그 뒤에 생겨난 이상은 늘 잠정적인 것이었어요. 왜냐하면 그것은 주로 패배한 전쟁을 통해서나 놓쳐버린 기회를 통해서 얻어진 기껏해야 주어진 상황에 대한 적당한 타협에 불과했으니까요.

물론 사정은 제2공화국 때와 제1공화국 때가 달랐지요. 제1공화국 때는 대부분의 정당들이 오스트리아적인 정체성에 대한 신뢰를 잃은 채 독일제국에 편입되기를 바랐습니다. 그리고 사실 그렇게 될까 은근히 기대했던 그대로 되었고요.

제2차세계대전 종전 이후 새로운 상황이 닥쳤습니다. 거대한 독일국가를 다시 건설하는 일은 그 자체로 금기였지요. 정당들은 결국 이 나라를 선호할 수밖에 없는 상황이었어요. 또 그건 단지 과거를 묻어둔다는 전제하에서 가능했고요. 이것이 먹혀들었던 것은 오스트리아의 나치즘의 역사가 오스트리아 내전의 역사와 밀접하게 맞물려 있었기 때문입니다. 제2차대전대전 이후 이른바 나라를 위해 최선을 다한다는 미명 아래 두 정당이 11년 전에 함부로 폐기했던 국가건설 프로젝트를 되살린 겁니다. 이것은 "옛날 이야기는 하지 말자"라는 합의하에서만 가능했던 것이죠.

바로 이런 태도가 전후 오스트리아의 주된 이상이 돼버린 거예요. 그러니 당연히 의회에서보다 밀실에서 정치가 이루어질 수밖에 없지요. 민주주의적인 투명성의 결여라는 문제 때문에 아직도 오스트리아에는 공공성 자체가 제대로 발달되어 있질 못해요. 주요사안을 밀실에서 처리하려 드는 경향이 지배적이고, 시민들에게는 자율적으로 참여하려는 용기가 부족한 것이 현실입니다. 그러니 다른 서유럽 민주국가들에 비해 오스트리아는 해결해야 할 숙제가 많을 수밖에요.

▶ 오스트리아가 다른 국민국가들과 다른 점은?

우선 독자적인 자기만의 언어가 없다는 사실이지요. 같은 말을 쓰는 언어적인 큰 형님이 바로 이웃에 있잖아요? 그래서 오스트리아에는 1955년에 주권을 회복한 이후 이 맹점을 극복하고 독자적인 오스트리아만의 언어 민족주의를 창출하려는 강한 정치적 의지가 있었어요. 그러니까 독일 말과는 다른 오스트리아 말, 아니 오스트리아만의 언어 특성에 중점을 두려고 한 것입니다. 그래서 오스트리아 사전을 따로 편찬하여, 예를 들어 '라디오'라는 단어를 독일처럼 중성 명사로 '다스 라디오(das Radio)'라고 쓰는 것이 아니라, 남성형으로 '데어 라디오(der Radio)'라고 쓴다는 것을 보여주려고 했지요. 오스트리아에서 일반적으로 쓰이는 단어들을 오스트리아 말이라고 규정하고 학교에서 학생들에게 표준 독일어 외에 이를 배우게 한 것입니다. 물론 이것이 얼마나 성공했는지는 좀 의심스럽습니다. 오늘날과 같은 미디어 사회에서 아이들은 대부분 표준 독일어로 된 정보만을 접하잖아요. 그것 때문에라도 오스트리아만의 단어들은 점점 더 잘 쓰이지 않게 되었습니다.

어쨌든 오스트리아 독일어는 독일의 표준 독일어와 구분하기 위해서 정의된 것입니다. 이 사실만 봐도, 좀 일반화해서 말하자면, 오스트리아 민족이라는 개념은 독일 민족에 대칭되는 그런 개념입니다. 무엇보다 20세기 동안 겪었던 참담한 공동 운명의 경험 때문에 "오스트리아 사람은 독일 사람이 아니다"라는 의식이 민족적 자기이해의 가장 중요한 내용이 되었다는 뜻이지요.

오스트리아 사람들은 특유의 교묘하게 균형 잡기, 확실한 입장 피하기, 중립 지키기, 나쁘게 말하자면 기회주의적인 성향을 일종의 좋은 특성으로 정의하고 있습니다. 지난 크라이스키 수상 시대에 오스트리아에는 신민족주의가 성행했는데요, 크라이스키 스스로 자신을 마지막 황제였던 요제프 2세에 비교하면서 그와는 반대로 민족을 가슴 깊이 사랑하고, 민족을 위해 늘 고민하며, 민족을 위해 통치한다고 규정했어요. 그러면서도 그 통치에 누군가 간섭하는 것을 아주 싫어했고요. 이 사례만 봐도 오스트리아 사람들이 얼마나 자의식이나 자기 확신이 부족한지 알 수 있어요.

다른 나라에서는 시민들의 활동영역을 통해서 시민사회와 시민성이 형성된 반면에 오스트리아에서는 이것마저 정당정치의 주어진 틀 안에 묶여 있어요. 시민사회의 제반 제도들이 요람에서 무덤까지, 그러니까 육아조직에서 장례조직까지 모두 이중으로 있어요. 진보당 성향과 보수당 성향으로 갈라진 채 말이지요. 이렇게 정당정치로 갈라진 사회에서 시민들은 비판적인 의식을 갖기보다는 정치적인 수단으로 전락할 수밖에 없지요. 수단화된 시민들은 좀더 나은 직업전망, 싸고 좋은 집, 멋진 휴가, 괜찮은 노후보장 등을 그 보상으로 받아 챙기고요. 이렇게 진보와 보수로 갈라져 이중적으로 존재하는 대중조직에 다행히 지난 몇 년 사이 많은 변화가 일어나기는 했지만요.

▶ 오늘날 국민국가의 과제는?

오늘날 국가에 닥친 가장 큰 도전은 이성적인 이유에서 국가가 점차 스스로 해체되고 있다는 사실입니다. 지난 수백 년 동안 국민국가는 인간의 이성이 아닌 감성세계에서 정치적 정체성을 유지하고 사람들의 마음속에 자리 잡았거든요. 만일 민족주의 이상이 이렇게 쇠퇴해간다면, 우리는 자문하지 않을 수 없겠지요. 우리 아버지, 할아버지, 아니 그 위의 선조들은 도대체 무엇을 위해 그 많은 전쟁을 치렀을까 하고 말입니다. 그렇게 19세기, 20세기의 역사가 완전히 무의미하고 헛된 것이라면 우리네 가족사는 무엇인가 하고 말이죠.

국민국가의 과제는 현실 정치권력에서 소외된 시민들에게 그 안에서 정치적인 주체로 느낄 수 있는 실재적인 틀을 주어 정치적 정체성을 부여하는 것이었습니다. 하지만 그 실재하는 틀이 확장되자 국민국가는 중요성을 잃어버리고 시대착오적인 것이 되어버렸어요. 이것이 지금 유럽에서 진행되고 있는 과정입니다.

나는 민족을 구성하는 데는 세 가지 요소가 있다고 봅니다. 언어, 종교성을 포함한 문화적 정체성, 그리고 고유통화입니다. 마지막 것은 오스트리아를 포함한 유럽 11개국에서 지난 2002년 1월 이후 사라졌지요. 통화는 사실 아주 중요한 정체성의 요소였습니다. 그래서 내 생각에는 유로의 도입은 유럽 전체의 정체성 형성에 지금까지 어떤 제도나 사물보다 중요한 영향력을 미칠 것 같아요. 유로야말로 유럽 개별 국가들의 해체 과정을 더욱 가속화시킬 것입니다.

▶ 국민국가의 앞날은?

국민국가의 앞날은 기대하기 어렵습니다. 다만 문화적 정체성의 미래를 기대해보는데, 이는 꼭 유지되어야 합니다.

일단 국민국가의 이상을 폐기하려면 그 전에 일종의 결산 과정을 거쳐야 합니다. 이제 정치적 정체성의 문제가 아니라 정신적 정체성의 문제가 될 것입니다. 아니 차라리 새로운 정체성의 정치적 정신의 문제라고 할까요. 이 정치적 정신은 이제 인종적이거나 언어적인 구분이 아니라 지역적이고 사회적인 배경에 근거할 것입니다. 예를 들어 나 같은 경우 오스트리아보다는 빈이라는 도시에 더 정감을 가지고 소속감을 느끼는데, 그것은 빈이 내 사회적·문학적·예술적인 배경이 되고, 이 사실이 나에게 국가나 언어의 경계보다 훨씬 중요하기 때문입니다.

그렇다고 아직 국가적 배경과 그 구속력을 과소평가해서는 안됩니다. 우리 모두 결국은 유럽 사람이니 개별적인 민족적 정체성이 중요하지 않다고 설득하는 것은 오히려 비생산적입니다. 유럽은 아직 감성적 공동체는 아니거든요. 그리고 유럽연합의 창설 배경 또한 유럽 전체에 대한 애국심이 아니라, 오늘날처럼 지구화된 경제체제 내에서 국가 차원의 정치만으로는 살아남기 어렵겠다는 냉철한 판단이었고요.

캐묻기

▶ 수필집 『괜찮은 놈들(Klasse Burschen)』에서 당신은 오스트리아의 20세기 역사에는 많은 진실이 교대로 등장했다고 주장하고 있습니다. 또 당신은 "평화 시 어떤 나라의 사회 상황도 이보다 더 파렴치할 수는 없다"라고 할 만큼 오스트리아의 정치현실에 대해 극렬히 비판했습니다. 그러면서도 당신은 늘 오스트리아를 당신의 고향으로 느끼고 있고요. 모순은 없습니까?

지금 인용한 그 문장은 어떤 특정 맥락에서 이해해야 합니다. 내가 '파렴치하다'고 한 것은 바로 오스트리아의 정치적 참상을 무슨 문화적인 사명감으로 적당히 덮어보려는 그 알량한 노력을 두고 한 말이지요. 오스트리아에서는 자국의 역사가 어떻게 잘못되었고 이와 관련해서 얼마만큼 공동책임을 져야 하는지, 이런 데 대한 의식화 과정이 아직 끝나지 않았습니다. 그래서 졸속한 행동으로 원래 목표를 놓칠 수 있는 위험이 늘 있어요. 이런 상황은 조건이 좋은 독일에서도 마찬가지지요. 간단한 예로 나치 당시 강제로 수용된 노동력에 대한 보상 문제를 봅시다. 오스트리아나 독일이나 쥐꼬리만한 보상을 해주고는 온 세상에 이걸 자랑했어요. 물론 역사의 부채를 인정한 것은 좋아요. 책임을 인정하고 과거 타민족에게 행한 억압과 착취에 대해 사죄하고 강제로 수용된 노동력에 대해 보상하고, 우리 스스로 한 일도 아니고 우리 아버지, 할아버지가 저지른 일이지만 이들의 죄과를 우리는 인정하고 보상도 한다, 그러니 우리는 얼마나 '괜찮은 놈들'이냐, 뭐 이런 거죠. 이를 통해 이제 과거사의 어두운 장을 종결하려 드는 겁니다. 더 이상 아버지나 할아버지 세대의 죄과에 묶여 살기는 싫으니까요.

그런데 이 보상 문제와 관련해서 아주 재미있는 사실이 하나 있어요. 보상을 결정하면서 한 가지 조건을 달았다는 것입니다. 강대국 하나가 보증을 서도록 한 거예요. 그러니까 미국으로 하여금, 우리는 분명히 보상을 했고, 이를 통해 문제는 최종적으로 해결되었다는 것을 보장하도록 한 것입니다. 이 사실은 독일이나 오스트리아로 볼 때 아주 흥미로운 것입니다. 하필이면 미국, 즉 어떤 나라보다도 개인의 권리를 강조하는 나라로 하여금, 국가 차원에서 보상 문제는 종결했으니 앞으로는 어떤 개인도 보상을 따로 요구할 수 없다는 보장을 하도록 했으니까요. 나로선 이 과정 전체를 의심하지 않을 수 없어요.

독일이나 오스트리아가 이렇게 한 동기야 자명하지요. 양심의 가책과 죄책감을 빨리 벗고 유럽의 정체성 중 양지 쪽에 편입하려고 서둘러 기회를 잡은 겁니다. 그렇지만 나치 과거를 역사적으로 청산하는 과제는 그렇게 졸속하게 처리할 수 있는 게 아닙니다. 과거에 대한 의식화와 현재화는 진정 성숙한 과정으로 진행되어야 합니다. 가해자의 과거 청산은 언제나 피해자와의 인종, 문화를 포함한 관계에서 수행해야 합니다. 가해자의 후손은 그 과거 청산의 정의를 피해자의 후손에게 결코 강요해서는 안 됩니다.

▶ 당신은 책 속에서 과거 청산이 아닌 과거 망각이라는 문제와 그 기제를 서술하고 있습니다. 독일의 과거 청산에 대한 당신의 평가는 어떻습니까?

우선 독일은 유럽 안에서나 미국에 대해서도 국제적인 관계에서 강한 자부심을 내보이고 있습니다. 독일 통일이 큰 몫을 한 거지요. 또 이런 독일의 새로운 자의식 형성에는 과거에 대한 작업, 아니면 폐기라고 해야 하나요, 이런 것이 밀접하게 연관되어 있어요.

▶ 그 새로운 독일의 자의식이 위험하게 느껴지나요? 아직도 과거에 대한 기억, 그리고 내면화 작업 등으로 이에 대응해야 할까요?

물론 나는 결코 독일이 앞으로도 언제나, 그리고 끊임없이 20세기에 일어난 과거 죄과에 대해 의식하고 기억해야 한다고 생각하지는 않아요. 그렇게 해봐야 정반대의 결과만 가져올 겁니다. 사실상 독일의 젊은 세대는 이제 더 이상 과거의 이 부분과 더는 직접 상관없다고 생각합니다. 그 과거는 68세대였던 선생들이 고통을 주며 주입시킨 학교지식일 뿐입니다. 그 68세대조차 이제는 정말 예순 여덟을 바라봅니다. 물론 68세대는 이 주제에 대해 광범한 사회적 토론을 가능하게 했지요. 이들에게는 자라나는 세대에게 독일의 과거 역사의 죄과에 직면하게 한 공적이 있지만, 다른 한편으로 여기서 무조건 자유롭고 싶어하는 반작용을 불러일으킨 과오도 있어요. 지금 정치적으로도 그런 바람이 표출되고 있잖아요. 이제 도덕적인 교훈만으로는 이런 흐름을 막을 수 없어요. 다만 과거는 과거로 그치는 것이 아니라 언제나 현재성을 갖는다는 사실을 보여주어야지요.

▶ 유럽통합의 과정이 독일이나 오스트리아가 그 민족적 죄과에서 벗어날 수 있는 가능성인가요?

나는 바로 그런 이유에서 지금까지 독일이 앞장서서 유럽통합에 가장 강력한 동력으로 작용했다고도 봐요. 독일은 제2차세계대전 종전 이후 세계 모든 민족과 친구가 되지 않으면 안 되겠다고 느꼈지요. 통일 이후 유럽연합이 동유럽으로 확장하는 데 앞장선 것도 독일이잖아요. 하지만 그 과정에서 지금 구동독지역 사람들이 폴란드나 체코 사람들에 대해 갖는 감정은 공식적인 독일의 입장과 아주 다르다는 사실이 분명히 드러났어요. 이런 점에서 아마 앞으로도 문제가 많은 발생할 것입니다.

▶ 공동체적인 유럽이 사람들이 받아들이기 어려운 인공적인 구조물이 될 위험성은 없나요?

공동체적인 유럽의 형상에 대한 열린 대화가 없다는 점이 문제입니다. 우선 지금 본격적으로 추진되고 있는 여러 과정은 진정한 의미에서 민주적이라고 하기 어려워요. 유럽 각 지역 주민들의 요구나 관점을 수용하고 조정하지 않은 채 그저 정치 엘리트들이 서둘러서 추진하고 있는 것입니다. 그러니 유럽통합을 위한 발전 과정은 민주주의 원칙에 따라 진행되지 못하고 있는 셈이지요. 유럽의회야말로 그 단적인 예입니다. 우선 유럽의회는 유럽 각 국가의 의회에 비해 별 의미가 없어요. 중요한 사항은 여전히 국가원수나 행정수반, 또는 외무장관이나 내무장관 등 관련 각료가 모여서 결정합니다. 여기에 아무런 민주적인 규제나 감시 장치가 동원되거나 작동되지 않아요. 그러니 유럽연합 자체를 민주적인 대표기구라고 하기는 어렵다는 것입니다. 하다못해 유럽 차원의 행정부와 입법부의 구분조차 확연하지 않으니까요. 주지하다시피 법 제정은 입법부가, 그 법에 따른 통치행위는 행정부가 하는 거잖아요. 내 생각으로는 이런 민주주의의 결손이야말로 많은 사람들이 유럽연합을 그저 낯선 체제로만 여기는 주된 원인입니다.

▶ 그런 민주주의의 결손은 주로 어떤 결과를 초래하나요?

우선 유럽정치의 과정 자체가 추상적이 될 수밖에 없지요. 루소
식으로 말하자면 '모두의 의지(volonté de tous)'가 정치가들이 주장하
는 '일반의지(volonté generale)'와 다르다면 이거야말로 아주 심각한
문제지요. 바로 제노바에서 열린 G8회의 같은 것이 그래요. 세계
정상들이 모이는 데 극렬한 시위가 벌어지고 이들이 서로 조우했
어요. 그 때 정치가들은 누구나 알아볼 만큼 당황하고 불안해했지
요. 이런 반대시위는 한마디로 자신의 의견이 받아들여지지 않고
이해되지 못한다는 데 대한 불만의 표시라고 할 수 있잖아요. 여기
서 우리가 얻을 수 있는 교훈은 유럽화고 지구화고 간에 반드시 민
주적인 정당성을 확보해야 한다는 것입니다. 대중의 참여가 필수적
이라는 뜻이죠. 특히 유럽연합의 동유럽 확장도 마찬가지에요. 벌
써 극우 대중주의 세력이 준동하고 있잖아요.

이 사안에 대해 국민투표를 하자는 요구는 충분히 이해할 만해
요. 그런데 오스트리아 같은 경우 이 주장을 가장 강하게 하는 정
당이 바로 오스트리아 자유당인 하이더(Haider) 당이란 말이에요. 그
뿐만 아니라 독일에서 잘 알려진 유럽 정치인인 페어호이겐
(Verheugen) 같은 이도 앞으로 이런 중요한 결정은 국민투표를 통하
는 것이 좋겠다고 제안했잖아요. 민주사회라면 당연한 일이겠지요.
하지만 이것을 통해 오히려 대중과의 대화가 단절되어 버렸어요.
정치 엘리트들은 대중들과 대화하기를 두려워합니다. 아일랜드를
보세요. 거기선 정상회담이나 어디 밀실에서 결정된 사안들에 대해
대중이 강력하게 반대하고 거부하기도 하잖아요.

▶ 오스트리아가 유럽연합에 가입하던 1995년 국민투표에서는 2/3 이상이 찬성했잖아요.

그랬지요. 게다가 그때는 사실 앞으로 오스트리아에서도 유럽적인 정치가 가능할 수도 있었던 좋은 기회기도 했고요. 하지만 그러지 못했습니다. 그뿐만 아니라 사람들에게 그런 변화가 필요하고 그러려면 나름대로 새로운 지향이 필요하다는 것을 널리 알리지조차 않았어요. 오스트리아 정치가들뿐 아니라 언론도 그 책임을 져야 합니다. 불행하게도 오스트리아 언론은 신문부터가 한심하기 짝이 없어요. 내가 보기엔 다양성이나 수준 높은 국제적 보도라는 기준으로 볼 때 한마디로 유럽 꼴찌입니다. 유럽연합 가입 직후에 몇몇 신문이 2-3쪽 정도의 지면을 유럽 주제에 대해 할애하기도 했지만, 몇 달 지나지 않아 도루묵이 되었어요. 지금이라도 한번 오스트리아 신문을 펼쳐보세요, 유럽에 관한 기사는 눈 씻고 찾아봐도 없어요. 아까도 말했지만 현행 유럽연합 체제가 행정부와 입법부의 구분이 확연하지 못한 상황에서, 언론의 역할이 더욱 중요하다는 현실을 생각할 때 참으로 안타까운 일이 아닐 수 없습니다.

▶ 그러니까 오스트리아에서는 언론이 유럽이라는 주제에 대해 유보적이란 말이지요?

네, 그리고 언론이 유럽에 대해 요구하지도 않고요. 정치야 물론 유럽을 다루지요. 그런데 아주 독특한 방식으로 다루어요, 한마디로 기회주의 원칙에 따라서 말입니다. 민주주의는 무엇보다도 정치행위와 언론의 줄다리기 같은 것 아니겠어요. 지난번의 유럽연합 가입에 대한 국민투표는 미래를 향한 일종의 이정표 같은 사건이었습니다. 그런데 실제로는 좀 기회주의적이기도 했어요. 무슨 뜻이냐 하면, 당시 가입을 추진하면서 통합된 유럽의 의미나 그 미래에 대한 생각을 알리고 나누기보다는, 물가인하라든가 새로운 시장에 대한 선전이 주를 이루었거든요.

▶ 지금이라도 노력해서 이런 부족한 부분을 극복해야 한다고 봅니까?

나는 독일이나 오스트리아에서 당장 동유럽 국가들의 유럽연합 가입에 대해 대대적으로 토론하기를 촉구합니다. 폴란드나 체코, 헝가리 등도 이웃나라들이 자신들의 가입을 원하는지 분명히 알아야 하잖아요. 특히 정치가들은 대중의 생각이 어떤지 알아야 하고요. 여론조사야 한다지만 그거야 일정한 성향을 알아볼 뿐이고, 결국 그런 여론조사로 통치할 수는 없는 거 아닙니까. 그러니 이제 무슨 지식인들만 보는 전문잡지에서의 토론이 아니라 대중과 격의 없는 대화가 필요해요. 대중언론까지 포함해서 모든 언론이 참여한 토론 말입니다. 만일 동유럽 가입을 찬성한다면 반대자들을 설득할 수 있어야죠. 이건 사실 세계사적인 의미를 가지는 프로젝트인데 그 의미를 알리고 나누기보다는 "이민문제가 더는 심각하지 않을 것이다" 따위의 신경안정제 같은 구호나 난무하고 있으니…….

▶ 그런데 국민투표가 만병통치약은 아니겠지요. 예를 들어 사형제도 같은 것도 국민투표로 정할 수 있을까요?

물론 사형제도라면 독일이나 오스트리아 모두 대다수 국민이 반대할 겁니다. 난 적어도 그렇게 확신해요. 물론 국민투표는 아무 때나 하는 게 아니고 적어도 근본적인 문제일 때 하는 것입니다. 그리고 당장 벌어진 현안에 대해서는 곤란하지요.

다시 동유럽 국가들의 가입문제로 돌아옵시다. 우선 이를 통해 어떤 장단점이 있는지 열린 토론이 필요해요. 당장 몇 년 안에 어떤 변화가 올지에 대한 정보도 있어야 하고요. 그런데 이런 것은 정치논쟁에서 나오지도 않아요. 우린 지금 정치적인 헤도니즘(Hedonismus) 시대에 살고 있는 것 같아요. 정치가들은 자신들의 최대 과제가 당장 백성들을 행복하게 해주는 것이라고 믿고 있어요. 하지만 이건 정치의 과제가 아니지요. 정치의 진정한 과제는 미래문제에 대한 해결방안의 모색입니다. 우리 아이들과 손자들의 앞날은 어떨까, 50년 뒤의 유럽은 어떤 모습일까, 세계 강대국들의 교향악은 어떻게 될까, 유럽은 세계적인 지배 세력이 될 수 있을까 또는 되어야 할까, 유럽은 미국에 대항하는 대안 세력이 되어야 할까 아니면 미국의 그늘에 머물러야 할까······. 이런 문제야말로 정치가 대중과 함께 직면해야 할 과제들이지요.

▶ 그 과정에 대중의 참여를 보장해야 한다는 말이지요?

네, 그러려면 우선 대중에게 다양한 의견, 심지어 반대되는 의견까지도 표출할 기회를 충분히 주어야지요. 그래야 대화가 시작될 수 있습니다. 하지만 적어도 당장은 그럴 가능성이 없어요. 어느 신문도 어떤 푸줏간 주인이 동유럽 국가들의 유럽연합 가입에 반대한다는 외침을 실어주지 않잖아요. 왜냐고요? 이를 통해 손해를 보는 사람들이 적지 않을 것이고 이들은 기껏해야 단골술집에 모여서 욕설로나 불만을 토로하겠지요. 하지만 왜 이들의 우려나 불안감을 공개적으로 토론하면 안 되나요. 이에 대한 정치적인 토론은 아주 추상적이고 엘리트적일 뿐이에요. 이것이 유럽 언론의 한계고 유럽 의회의 한계지요.

▶ 오스트리아 언론은 당신 말대로 이 점에서도 실패였지요. 이 사안
에 대해 자세히 보도하지도 않았을 뿐더러 그나마도 대중주의식으
로 졸속하게 민감한 주제를 건드려 하이더 같은 극우정치가들의
입지만 강화해주었어요. 이렇게 오스트리아 언론은 대중의 반대성
향을 부추겼을 뿐 아니라 자극하기까지 했지요?

  그렇습니다. 유럽 어디서도 동유럽 국가들의 가입에 반대하는
목소리가 오스트리아처럼 크진 않았어요. 특히 노동시장의 확장과
관련해서 말이죠. 무려 74%가 앞으로도 동유럽 지역에서 유입되는
노동력을 차단해야 한다는 의견이었으니까요. 이런 태도야말로 오
스트리아가 유럽에 기여하겠다는 주장이 얼마나 침 발린 거짓인지
를 드러내는 것이지요. 그저 국내 이해와 자기 자리 지키기에만 급
급하니까요. 이처럼 늘 국가적 이익을 유럽의 이익에 앞세우다간
유럽통합의 꿈은 거듭 민족주의적인 강탈욕구에 의해 무산되고 말
겁니다. 이것은 점점 더 비합리적으로만 가는 정치 탓이기도 해요.
유럽 전체의 이해를 대변해야 할 각종 회의는 대개 각기 제 나라
이해를 관철하기 위한 다툼의 장이 된지 오래니까요. 그러니 국제
회의는 많이 열리지만 그 결과는 늘 초라할 수밖에요.
  여기에 점점 더 큰 권력을 가지게 되는 언론의 역할이 문제가 됩
니다. 언론은 이제 자신이 고백하든 그렇지 않든 더 강력하게 정치
에 개입하려 듭니다. 민주적인 여론 형성은 신문과 무관하게 이루
어질 수 없죠. 이른바 '수준 있는' 신문뿐 아니라, 대중신문도 마찬
가집니다. 늘 대중 편에 서 있다는 대중신문이야말로 유럽에 커다
란 위험요소입니다. 그래서 정치적인 통합 과정은 서두르지 말고,

다만 현실과 나란히 가는 정도의 속도로 추진되어야 하는 것입니다.

▶ 그러니까 국민국가의 해체 경향이 유럽의 민주주의에 위협으로 작
  용할 수도 있다는 말입니까?

당장은 그렇다고 확신합니다. 그 가장 큰 이유는 대중이 현재 유
럽통합의 과정에서 의식적으로 소외되었기 때문입니다. 이것은 발
전이 아니라 퇴보지요. 이미 제2차세계대전 종전 이후 독일, 오스
트리아 또는 다른 유럽 국가들이 노력해서 달성했던 대중의 공적
영역에 대한 참여, 곧 '공화국(res publica)'의 수준에 훨씬 못 미치니
까요.

▶ 그렇다면 어떻게 해야 브뤼셀의 권력기구를 민주주의적인 토대 위
  에서 재구성할 수 있을까요?

우선 유럽의회의 권한을 대폭 강화해야지요. 물론 이를 통해 통
합 과정이 지연될 수도 있겠지만요. 동시에 이 모든 과정을 더욱
광범한 의견수렴을 통해 추진해야 합니다. 유럽연합과 같이 거대하
고 복합적인 제도가 지속적으로 제 기능을 다하려면 필수불가결한
것이지요.

▶ 당신이라면 지리적으로 유럽을 어떻게 정의하겠습니까? 다른 말로
  하면, 유럽의 중심은 어디입니까? 지브롤터와 베를레박(Berlevag) 중
  간 지역인 함부르크쯤 될까요? 아니면 브레스트에서 이스탄불 중
  간인 트리에스트(Triest)쯤 될까요? 프라하, 빈, 또는 아헨? 그리고 그
  거리는 무엇을 기준으로 해야 할까요? 그저 거리를 재는 킬로미터

단위로, 아니면 공중 화장실의 청결도로?

지리적으로 보자면 유럽의 중심은 폴란드 북동부와 리투아니아 쯤, 그러니까 예전 '유럽 중앙에 위치한 제국', 즉 도나우 제국의 경계쯤이 될 겁니다. 정치적으로는 독일과 프랑스의 협력체제 중간 쯤이 되겠고요. 만일 그 협력체제가 제대로 기능한다면 말입니다. 그렇지만 최근의 경우처럼 그 협력체제가 제대로 작동하지 않는다면 민족주의적 이해가 상충되어 그런 중심은 찾기 어려울 것입니다. 요컨대 유럽의 개념을 처음부터 지금 유럽연합의 경계나 동유럽 가입국가의 경계로 한정하는 것은 잘못이라고 생각합니다. 유럽 정치가들은 폴란드 문제로는 속을 썩이면서도 그 바로 이웃인 우크라이나 문제에는 아무도 신경 쓰지 않아요. 이는 정말 단견이 아닐 수 없습니다. 폴란드가 회원국이 되면 유럽은 당연히 우크라이나 문제에 직면하게 될 것이거든요. 어쨌든 오스트리아 입장에서 보면 우크라이나와의 경계가 독일과의 경계인 '보덴 호수(Bodensee)' 보다 더 가깝게 느껴집니다.

▶ 정치적으로야 브뤼셀이 유럽의 중심이 아닌가요?

네, 앞으로도 그렇겠지요. 제2차세계대전 이후 유럽을 오로지 서유럽만으로 국한해서 정의하면서 그 동쪽 경계가 이미 사람들에게 내면화되어버렸지요. 그런 서유럽만의 유럽연합에 정말 너그럽게도 몇몇 주변 국가들을 받아들여준다는 식의 태도잖아요. 그러니까 유럽 전체를 아우르는 이상은 없어요. 유럽 전체의 문화공간에 대한 생각도 없고요. 하기는 이런 문화공간조차 있는지 의심스럽지만요. 그런 게 있다고 하더라도 헤게모니 쟁탈의 장으로 있다고 해야

맞겠지요. 그러니까 유럽 전체의 민주주의적 문화공간은 이제부터 형성해나가야 할 과제입니다.

폴란드

야누슈 라이터

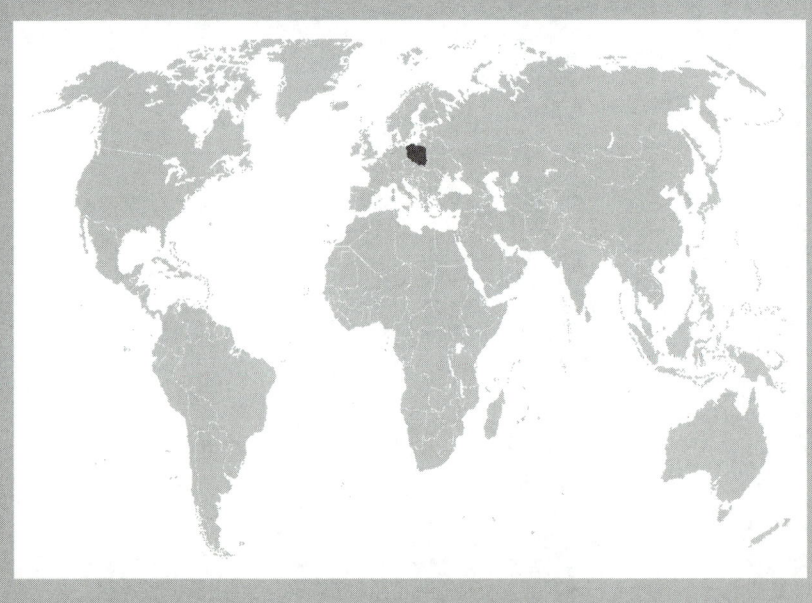

국민국가의 여정

　11월 11일은 폴란드 독립기념일이다. 지난 1918년 폴란드 공화국 건국을 기념하는 날이다. 그 밖에 5월 3일도 국경일인데, 이 날은 1791년의 첫 헌법 제정을 기념하는 날이다.

　10세기 전반, 바르트 지역 중부에 미에슈코 1세의 강력한 지배 아래 폴인, 또는 폴라니에족 중심의 공국이 건설된다. 이 공국은 963년 게로 방백의 원정에서 패배하는데, 이것이 공식적인 폴란드 역사기록의 첫 장이다. 미에슈코 1세는 966년 로마 가톨릭 신앙을 받아들이고 형식상 신성로마 제국의 오토 3세의 권위를 인정한다. 이렇게 해서 폴란드는 서구 국가세계에 편입된다.

　14세기에 폴란드-헝가리 왕국 공주인 야드비가와 리투아니아 공국의 야기에우워의 결혼으로 성립된 야기에우워 왕조는 종말을 고하고 1572년 모든 귀족이 모여 왕을 선거하는 샤로흐타, 곧 사족계급의 지배체제로 이행한다. 처음에는 폴란드 귀족들에게만 주어졌던 선거권은 이후 외부 강대국 세력의 영향하에 들어간다. 이 때부터 폴란드는 이웃 나라들의 영토 팽창 정책과 권력 확장 야욕에 희생된다. 우선 1772년 첫번째 폴란드 분할을 통해 영토의 1/3과 인구의 절반을 잃는다. 그 반작용으로 대대적인 개혁이 일어나 1791년에는 유럽 최초의 성문헌법을 제정하기도 한다. 하지만 1793년 러시아의 개입과 반동적인 귀족들의 야합으로 제2차 폴란드 분할을 당하게 되어, 국가로서 존립이 어려울 정도로 국력이 약화된다. 타데우슈 코취스코 영도 아래 일어난 저항 봉기마저 실패로 돌아간 1795년에 폴란드는 프러시아, 오스트리아, 러시아의 세 나라에 의해 3차 분할을 당하고 만다.

　나폴레옹의 등장과 함께 대두된 유럽 전반의 민족주의 영향으로 폴란드 또한 민족 부활의 희망을 품었으나, 나폴레옹의 몰락과 더불어 개최된 빈 회의에서 이른바 '성 연합'에 가담한 승전 국가들의 지배 아래 놓이게 된다. 어쨌든 프랑스 혁명과 1830년 7월 혁명의 정신은 폴란드 민중에 지대한 영향을 주어, "우리와 당신들의 자유를 위해"라는 구호 아래 러시아 차르 지배에 대해 민족해방 전쟁을 벌이고 이는 곧 전 유럽적인 사안이 된다. 그러나 폴란드 해방은 결국 실패로 돌아가고 폴란드는 제1차세계대전이 끝나는 1918년까지 다만 민족적·지리적 개념으로만 살아남는다.

　제1차세계대전 발발과 함께 일단 러시아, 오스트리아, 독일 군대에 나뉘어 편입되어 서로 전쟁을 치루면서도 민족해방과 독립의 꿈은 무르익어간다. 종전과 함께 '폴란드 부대'에 속했던 병사들에 의해 1918년 11월 7일 일단 폴란드 공화국이 건설된다. 1921년 3월 17일에 제정된 헌법에 따라 의회민주주의 정체가 도입된다. 신생 독립국 폴란드의 국경은 바로 이 1918년과 1921년 사이에 정해진다. 베르사유 조약의 결과 서쪽으로는 독일 영토의 상당 부분을 포괄하게 되고, 폴란드-소련 전쟁의 결과 동쪽으로도 파리 평화조약에 규정된 브레스크-리토프스크 경계지역보다 훨씬 광활한 지역을 획득한다.

　이미 바이마르 공화국 때 제기되기 시작한 영토반환 요구는 히틀러의 집권과 함께 독일의 공식적이고 정치적인 목표가 된다. 1939년 9월 1일 독일군의 침략과 그 2주 후에 시작된 소련군의 침략으로 폴란드는 다시 분할 점령되고 만다. 점령지역에서는 지식인들에 대한 탄압과 대량 이주, 그리고 체계적인 '인종청소'가 벌어진다. 또 폴란드에 거주하던 많은 유태인들은 나치에 의해 거의 전

멸당한다.

테헤란과 얄타 회담의 결과로 폴란드의 동부지역은 다시 소련의 차지가 되고, 그 대가로 폴란드는 서부의 옛 독일영토 지역을 할당받는다. 이런 국경의 변화에 따라 1948년까지 인구구조에도 현격한 변화가 일어난다. 무엇보다도 그 지정학적 중요성 때문에 소련은 폴란드를 충실한 위성국가로 만들기 위해 1944년부터 1948년 사이 공산당 일당 독재정권을 도입하고 그 밖에 반대세력과 저항세력을 철저히 배제한다. 첫번째 공산당 지도자인 당서기 고물카의 비교적 독자적이고 민족주의적인 색채에도 불구하고 중요한 결정은 오로지 모스크바의 명령에 따르는 체제가 지속된다. 특히 외교적인 측면에서 종속적 운명은 강화되어 1955년에 바르샤바 조약기구가 설립되자 폴란드는 그 주축이 된다.

1970년대 말 식품 물가상승에 반대하여 시작된 광산, 조선을 비롯한 노조의 시위가 본격적인 반체제 운동으로 비화하면서 일당독재를 극복하고 사회 전반을 민주화하려는 노력이 집중된다. 그 결과 1980년에는 자유노조연대, 곧 '솔리다노쉬(Solidarnosc)'가 결성되고 처음으로 공산지배에 대항하는 합법적 야당세력이 출범한다. 1981년 12월 13일 계엄령이 선포되고 독립노조는 불법화되지만 그 세력은 그대로 남아 1989년 이른바 '원탁회의'를 통해 공산지배의 종식을 이끌어내는 주역이 된다. 곧 이어진 선거에서 자유노조연대 지도자인 바웬사는 초대 대통령에 선출된다.

1999년 폴란드는 나토에 가입하고 2004년에는 유럽연합에 가입한다. 이를 통해 폴란드는 1791년 유럽 최초로 민주헌법을 도입한 전통을 잇는 새로운 출발을 다지는 중이다.

개인 신상

▶ 당신의 출신은?

"내 출신은 고향을 떠나면서부터 중요한 의미로 다가오기 시작했어요."

야누슈 라이터(Janusc Reiter)는 1952년 8월 6일에 폴란드 단치히에서 50킬로미터쯤 떨어진 소도시 코시에르치나에서 태어나 9살 때 고향을 떠나 바르샤바로 가서 1971년부터 1976년까지 김나지움에 다닌다. "고등학교를 졸업하고 나는 넓은 세상을 떠돌아다니면서 살았죠. 그러면서 점점 더 내가 태어난 그 작은 도시가 중요하게 생각되는 것을 느꼈어요." 그의 이 고향도시에 대한 소속감은 조국 폴란드에 대한 것만큼 중요하다. "왜냐하면 폴란드는 늘 걱정거리지만 그렇다고 딱히 보호할 필요는 없는 그런 나라이기 때문입니다."

대학 공부를 마치고 라이터는 ≪취시 바르샤비≫라는 신문의 해외 담당 기자로 일한다. 1981년 자유노조연대 솔리다노쉬에 연대했다는 사실이 밝혀지면서 신문사에서 쫓겨난 그는 주로 외국 언론과 지하신문 등에 기사를 쓴다.

솔리다노쉬는 1981년 계엄령 선포와 함께 불법화될 시점에 이미 그 회원 수가 1,000만 명을 넘었다. "이렇게 많은 사람들을 결속시킨 것은 우선 공산당 일당독재 지배체제에 대한 불만과 그 지배체제 종식 이후 폴란드의 미래에 대한 기대 등이었죠. 어쨌든 이것이 공산지배에서 해방될 수 있는 가장 큰 힘이 되었던 것은 사실입니다." 라이터는 이렇게 회상한다.

1984년에서 1989년까지 라이터는 가톨릭계 주간신문 ≪프르체글라드 카톨리키≫의 편집위원을 지내고, 1989년부터 1990년 동안에는 폴란드 국영 TV의 논설위원, 그리고 ≪가제타 위보르차≫의 논설위원을 지낸다.

직업 외교관은 아니지만 1990년 공산당 몰락 이후 첫 수상이 된 마조비에츠키의 권고로 독일 주재 폴란드 대사로 임명받는다. 1995년까지 대사직을 수행하면서 그는 새로 출발한 폴란드의 '선전 매니저'로서뿐 아니라, 폴란드 민주화를 위한 제반 제도의 구축, 시민단체 설립, 그리고 무엇보다도 자유언론의 창달에 노력하여 유명해진다. 특히 폴란드에 자유시장 경제를 정착시키고 법치국가를 건설하는 것에 매진한다. 이미 당시에 그는 폴란드의 나토가입이나 유럽연합 가입 등을 위해 정열적으로 노력한다.

대사로 있을 때의 이야기를 묻자 라이터는 이렇게 대답한다. "독일에 있는 동안, 나는 외국인이라는 느낌이 거의 없었어요. 다른 일로 독일을 떠났다가 돌아올 때면 마치 고향에 가는 것 같았다니까요." 반대로 폴란드에서의 삶에 대해서는 이렇게 대답한다. "고백하지만 나는 폴란드 역사에서 벗어날 수가 없어요. 그야말로 좋을 때나 나쁠 때나 폴란드 역사는 내게 각인되어 있으니까요."

1998년부터 라이터는 바르샤바의 독립 국제관계 센터(CSM)의 장으로 일한다. 이 센터는 공산주의 몰락과 냉전 종식 이후 유럽의 새로운 질서에 대해 연구하고 실천하는 기관이다. 그는 또한 폴란드 외무부 자문이며 유럽연합 확장문제의 전문가로 활동한다. 그는 유럽을 새롭게 형상화하고 새로운 미래 전망을 제시하는 것을 자신의 핵심 과제로 삼고 있다. 아울러 아직도 폴란드 2대 일간지의 하나인 ≪르체츠 포스폴리타≫에 정기적으로 기사를 쓰고 있다. 라이터는 지난 2002년 구동독 소재 오더 강가 프랑크푸르트 시에 있는 비아드리나(Viadrina) 유럽대학이 주는 바이드리나 상을 받았다. 무엇보다도 그가 독일과 폴란드 관계개선에 세운 공을 기리는 상이었다.

"9.11 테러사건은 우리 모두에게 엄청난 충격이었고 새로운 불확실성의 등장이었어요. 고백하지만 나토나 유럽연합 가입 이후 폴란드의 미래에 대한 내 기대마저도 조금은 정체되었을 정도니까요. 서구의 일원으로서의 폴란드야말로 일종의 역사의 결말 같은 것으로 여겼거든요. 역사적인 적대감은 사라지고, 유럽의 지정학적인 정치놀음도 끝나고, 유럽통합의 길이 열렸다고 믿었어요. 그런데 이런 일이 일어났고, 모두 꿈만 같았어요. 그래서 스스로에게 물었죠. 과연 모든 꿈이 사라진 것인가 하고요. 하지만 결코 그런 것은 아니에요. 생각해보세요, 동유럽 국가들이 배제된 나토나 유럽을 말입니다. 그래서 폴란드는 여전히 러시아와 독일 사이에 어디에도 속하지 않은 어정쩡한 국가로 남았다고 말이에요. 이렇게 되면 유럽은 더 큰 불확실성, 그리고 불안정성에 빠지게 될 겁니다. 우리가 그토록 일원이 되기를 바라는 '서구'는 아마 존재하기 어려울 것이고, 유지되기 어려울 거예요. 그러면서 몇몇 경쟁하는 이해 당사자 나라들로 합종연횡하면서 해체되겠지요. 서로 많이 다른 길을 가면서 말입니다. 그렇게 되면 새롭게 민주화된 중유럽이나 동유럽 국가들은 아주 힘겨운 상황에 처하지 않을 수 없습니다. 그래서 이들의 나토, 그리고 유럽연합 가입을 우리는 '정착'이라고 부르는 것입니다. 이 표현은 그만큼 우리가 안정과 조화를 원하고 있다는 반증입니다. 안정은 찾게 되겠지만, 조화는 포기해야 할지도 모르지요."

| 대표작들 |

Janusz Reiter. 1992, *Wie viel Nationalgefuhl braucht ein Volk*(한 민족에 필요한 민족감정은 얼마쯤인가), Munche: Piper Verlag.
_____. 2003, *Die Erweiterung der Europaischen Union*(유럽연합의 확장), Stuttgart: Robert Bosch stiftung

▶ 당신의 미래는?

라이터는 국민국가의 한계에 대해 매우 잘 알고 있으며 그런 만큼 폴란드의 유럽연합 가입이 주는 기회와 가능성에 집착한다. 물론 복지와 안정에 대한 기대가 하루아침에 이루어질 수는 없지만, 동유럽 사람들 모두의 더 나은 생활수준에 대한 기대야말로 유럽의 일부가 되려는 배경이다. 인구구성으로 볼 때 폴란드는 비교적 젊은 나라다. 많은 폴란드 젊은이들은 성공과 변화를 희구하면서도 동시에 조국과 그 전통에 대한 소속감을 버리고 싶어하지 않는다. "국가는 장기적으로 사람들이 결코 포기할 수 없는 결속의 대상으로 남을 것입니다"라고 라이터는 강조한다.

다른 기존 회원국들과는 달리 폴란드는 국민국가로의 전통도 그리 오래 되지 않았고, 자의식도 강하지 않기 때문에, 브뤼셀의 과도한 영향력이나 또는 유럽의 초국가성에 대한 두려움도 그리 크지 않을 것이라고 라이터는 내다본다. 물론 유럽연합 가입으로 모든 문제가 해결된다고 생각하지는 않는다. 그는 서로 다른 출발점과 접근이 쉽지 않은 목표설정 등만 봐도 향후 몇 년 동안은 심각한 갈등이 따를 것이라고 본다.

짧게 묻기

▶ 가장 '폴란드적'인 것은?

폴란드의 전형성, 이것이야말로 내가 별로 신뢰하지 않는 개념이에요. 왜냐하면 난 역사의 운명성 같은 것은 믿지 않아요. 어떤 민족이든 역사의 그늘에서 벗어날 수 있다고 생각하거든요. 폴란드만 해도 1989년, 그리고 그 이후 몇 년 동안 엄청난 전환을 이룩했어요. 지금 생각해보면 역사가 우리를 앞지른 것 같은 느낌이 들어요. 예를 들어 폴란드 특유의 역사를 통해 형성된 개인주의는 한편으로는 아주 강력한 힘을 발휘하기도 하고, 다른 한편으로는 아주 얄궂은 작용을 하기도 해요. 예를 들어 지금 정당문화가 그래요. 수많은 작은 그룹의 지도자들이 건설적으로 토론하고 합의를 찾는 것이 아니라 서로 갈등을 일으키고 제 자신의 문제에나 허덕이고 있으니 도대체 안정적인 판을 만들기가 얼마나 어렵겠어요.

▶ 당신의 폴란드 사람으로서의 특징은?

내게 폴란드 사람이라는 인식은 주로 사람들, 정경, 그리고 어린 시절의 추억들과 밀접하게 연관되어 있어요. 그렇다고 민족 정체성에 늘 사로잡혀 있는 것은 결코 아니고요. 누구나 어느 정도 정상적인 삶의 상황에서 안정되게 살 수만 있다면 그 일상세계에서 민족 정체성 같은 것은 그리 중요한 게 아니잖아요. 하지만 독재정권 하에 산다거나 위협 속에 산다면 사정이 다르지요.

내게 폴란드 민족주의를 깨우쳐준 사람은 20세기 가장 독창적인 예술가인 곰브로비치입니다. 그는 뼛속까지 전형적인 폴란드 사람으로서 특히 민족주의적인 악습에 대해서 통렬한 비판을 하지요.

또 나는 지난 1970년대 폴란드에서 발달한 매우 지적인 대중문화를 아주 자랑스럽게 생각해요. <어르신 만담(Altherren Kabarett)> 같은 TV 프로그램 말이에요. 그것은 공산치하에서 엄격한 검열에도 멋진 노래들을 만들곤 했던 두 어르신이 만들어가는 정치 풍자극인데요. 우아함, 가벼움, 그러면서도 아주 높은 문화적 소양 때문에 정말 많은 사람들의 관심을 끌었지요. 이 프로그램에 나왔던 아주 섬세한 유머는 정말 귀한 것이었어요. 특히 지금 보면 이것이야말로 당시의 폴란드에 살면서 그 모든 것을 겪지 않은 사람은 도저히 이해할 수 없는 것이라는 생각이 들어요. 이렇게 내가 수백만의 다른 사람들과 공유하는 경험, 이것은 소중한 것입니다. 그러니까 나를 폴란드 사람으로 만드는 것은 어렵던 시절, 무슨 영웅적이고 순교자적인 방식이 아니라 아주 섬세하고 역설적인 방식으로 재현되었던 바로 그 경험입니다.

▶ 폴란드의 존립 이상은?

그 물음에 정확하게 대답하기란 어려운 일입니다. 먼저 지난 18세기 폴란드 분할 이야기부터 시작해야겠네요. 그 다음으로 양차대전 사이에 제2공화국이 있었고, 제2차세계대전 이후에는 공산체제가 있었고요. 그러니까 지난 200년 동안 끊임없는 외세의 침입과 탄압을 받으면서 폴란드 사람들은 마치 겹겹이 포위당한 성에 갇혀 사는 것 같은 정서를 갖게 되었습니다. 이런 정서의 일부가 바로 민족 전통에 대해 자기비판적인 태도를 보이는 것을 무조건적으로 두려워하는 것입니다. 많은 예술가나 지식인들은 민족의 결속을 다지는 일이 자신의 임무라고 생각했죠. 특히 문학의 경우 민족 감정의 고취를 의무로 삼았고, 가톨릭교회 또한 이를 자신의 임무로 여겼지요.

제2차세계대전 이후, 특히 1980년대 솔리다노쉬의 탄압 이후 국가에 대한 민족적 저항문화는 되살아났습니다. 마치 19세기로 돌아간 듯한 그런 분위기였어요. 그런데 폴란드는 일반적인 각본과는 동떨어진 길을 걸었습니다. 요컨대 대규모 대중봉기는 없었고, 그 대신 민주세력이 집권세력과 타협을 통해 정권을 넘겨받습니다. 물론 집권세력 자체가 스스로 와해되면서 더 이상 권력을 행사하고 나라를 다스릴 사정이 못 되었기 때문에 그랬지만요. 바로 이러한 경험, 어떤 사람들은 아주 비판적으로 보는 이 경험이 오늘날 폴란드 사람들의 사고를 지배하고 있습니다.

십자가를 진 공동체로서의 낭만적이고 심지어 메시아적이기까지 한 민족과 애국의 비전은 이렇게 종말을 맞은 겁니다. 물론 그 비전은 그 전에 위기에 빠졌습니다. 점점 더 많은 젊은이들이 나라를 등졌어요. 이들은 왜 자신들이 더 이상 십자가를 져야 하는지를 이해할 수가 없었던 겁니다. 공산지배 체제의 종말은 민족적 곤경의 종말을 뜻했고 이에 따라 애국심의 정의도 달라진 것입니다. 물론 이 과정에 고통이 없을 수 없겠지요. 솔리다노쉬 운동을 기억해보세요. 이 독립노조 운동이야말로 바로 민족적 연대감에 기반을 둔 것이었습니다. 이런 연대감이야말로 오늘날 필요한 것입니다. 물론 다른 형태로 말이죠. 오늘날 위기에 빠진 것은 국가가 아니라 구체적인 사람들입니다. 이제 개별적인 사람들과, 사람들끼리 연대해야 합니다.

▶ 폴란드가 다른 국민국가들과 다른 점은?

역사를 통해 폴란드는 다른 나라와 구별되지만, 결코 다른 나라들과 분리되진 않습니다. 무슨 뜻이냐 하면 폴란드 역사에는 아주 현대적이고 유럽적이었던 시기가 있어요. 예를 들어 폴란드와 리투아니아 연합 시대와 같은 귀족 공화정치 시대 말입니다. 당시 유럽에는 절대주의가 횡행하고 있었는데, 이 귀족 공화정치 시대에 폴란드에서는 상대적이긴 하지만 다른 나라에선 상상할 수도 없는 자유를 누렸지요. 당시 폴란드는 다민족 국가였고 다원적 문화를 가지고 있었는데, 소수집단도 상황으로 보면 상당한 권리와 자유를 누렸어요. 귀족의 40%는 개신교도였는데, 구교도들과 평화롭게 지냈지요. 물론 반종교개혁 물결이 밀려온 16세기부터 17세기까지는 전투적인 가톨릭이 전횡하던 시대가 되었지만요. 어쨌든 당시에는 유태인들에게도 상당한 권리가 보장되었습니다. 체제의 몰락과 함께 사정은 달라졌지만요. 아무튼 폴란드는 역사적으로 민족의 개념을 결코 인종의 틀로 정의한 것이 아니라 문화적·정치적으로 정의했던 나라입니다. 이것은 아주 현대적인 것이지요.

▶ 오늘날 국민국가의 과제는?

구동구권 국가들은 오늘날 근대화라는 과제에 직면해 있습니다. 이들은 역사적으로 형성된 특수성 같은 본질적인 것만 빼고는 근본적으로 개혁되어야 합니다. 개혁을 하더라도 헝가리적인 것, 폴란드적인 것, 또는 체코적인 것은 유지해야 하고요. 사람들은 결국 낯선 물건, 이념, 기술, 그리고 언어가 지배하는 세상에서는 살 수 없거든요. 아무튼 그렇게 많은 낯설고, 다른 문화를 그 짧은 시간에

접하고 소화한다는 것은 엄청난 과제입니다. 이를 위해서 폴란드는 오히려 오랜 전통에 귀의할 필요가 있습니다. 이 급격한 변화라는 버거운 시대의 도전에 직면하여 정체감이나 지속성이야말로 중요한 심리적 버팀목이 아닐 수 없으니까요.

▶ 국민국가의 앞날은?

그 질문에는 누구도 정확한 대답을 하기가 어려울 것입니다. 분명한 것은 국가가 아직은 예전에 스스로 약속했던 대로 행동하는 척 하지만 이제 그대로 실행할 수 있는 시기는 지났다는 거예요. 물론 그렇다고 통합된 유럽이 국가의 종말을 뜻하지는 않을 것입니다. 사람들에게 안온한 품 같은 느낌을 주기엔 유럽 전체가 너무 크기 때문에 사람들은 국가를 필요로 할 테니까요. 또 국가는 우리가 지키고 돌볼 대상으로 가장 알맞은 형태지요. 그렇게 남아야지요.

캐묻기

▶ 당신은 자신의 책에서 "한 민족은 얼마나 많은 민족정서를 필요로 하나"라는 질문을 던지고 있습니다. 이 질문을 폴란드에 한다면 어떻게 대답하겠습니까?

변화무쌍한 역사적 경험을 통해 폴란드야말로 자존감을 갖기가 아주 어려웠지요. 이제야 비로소 안정된 상태인데, 그것은 바로 자기 자신에 대해 어느 정도 거리를 두고 나름대로 비판적인 성찰을 할 수 있는 조건이 성숙했다는 뜻입니다. 한 가지 예를 들면 최근 폴란드에서는 과거에 대한 논쟁이 벌어지고 있지요. 예전에는 이런 논쟁이 불가능했어요. 왜냐하면 폴란드는 늘 피해자로서 수동적인 태도만을 취했거든요. 그러니 기조는 늘, 모든 것을 빼앗겨왔는데 하다못해 민족정서라도 지키고 역사에 대한 자부심은 가져야 하는 게 아니냐 하는 것이었습니다. 이렇게 역사에 대한 자부심은 방어기제였고, 가지지 못한 무언가에 대한 대체물이었습니다. 그런데 점차 자신의 정체성과 역사에 대해 비판적으로 접근할 수 있는 분위기가 조성되기 시작한 것입니다. 물론 이것 때문에 한쪽에서 격정하듯이 폴란드 정체성이 공동화되지는 않을 것입니다. 오히려 근대화되고 강화되겠지요.

▶ 폴란드의 과거에 대한 성찰은 어떻습니까?

자신의 역사에 어느 정도 거리를 둘 수 있다는 것은 이제 나름대로 온전한 자기 존중감을 가졌다는 뜻입니다. 나는 적어도 지난 1980년대에 시작되어 1990년대에 활발해진 폴란드 과거역사에 대한 성찰을 이렇게 봅니다. 가장 어려웠던 부분은 역시 폴란드 유태인의 역사였죠. 여기서 문제는 유태인 박해와 학살에 폴란드의 책임이 얼마만큼이냐가 아니라, 피해 민족으로서의 폴란드의 정체성과 가해자의 가능성에서 자유롭지 못한 폴란드의 정체성이라는 두 가지 진실을 어떻게 포괄하고 수용하느냐입니다. 이것은 독일과의 관계에서도 마찬가지입니다. 물론 아무 죄 없는 독일 사람들이 폴란드에게 불이익을 당한 점도 없지 않지만, 그 사실만으로 폴란드가 나치 테러로 당한 유례없는 고통과 피해를 덮을 수는 없지요. 이 점은 지난 1989년 이후 폴란드 언론이 여러 차례 제기한 바 있습니다.

많은 폴란드 사람들은 이런 논쟁을 통해 제2차세계대전 이후 폴란드에서 일어났던 일들을 거듭 정당화해야 하지 않을까 두려워하고 있습니다. 이해는 하지만 이건 근거 없는 거예요. 그런 이유로 과거에 대한 성찰을 하자는 게 아니거든요. 폴란드 역사는 미화될 필요가 없어요. 폴란드 민족에게는 역사가 곧 정체성입니다. 과거 성찰은 성숙한 자기이해의 노력이에요. 유럽에서 역사는 중요한 의미를 갖습니다. 역사를 통해 현재를 해석할 수 있거든요. 내 생각에는 바로 지금처럼 여러 가지 불안감이 있는 시기에야말로 온전한 역사의식이 길잡이가 될 수 있습니다.

▶ 이전에 폴란드의 과거에 대한 입장은 어땠습니까?

공산정권은 역사의 어두운 과거에 대한 성찰을 철저히 봉쇄했습니다. 생각해보세요. 폴란드 땅에서 주로 일어난 홀로코스트 같은 사건이 교과서에 나오지도 않았다니까요. 그래서 난 유럽연합 가입과 관련된 토론을 통해서 폴란드가 스스로를 현대적이고 개방된 유럽의 일부로 이해할 수 있는 능력을 길렀으면 합니다. 그리고 유태인 측에서도 좀더 세심하게 이 민감한 문제에 접근해주었으면 하고 바랍니다.

▶ 민주화 이후 첫 외무장관이었던 스쿠비즈에프스키는 일찍이 폴란드의 유럽화는 오로지 독일 통일을 통해서만 가능하다고 말한 적이 있어요. 그렇지만 통일된, 더욱 강력해진 독일에 대한 불안감은 있지요?

아직도 많은 폴란드 사람들은 이웃인 독일 사람들과 열린 공간에서 함께 살 수 있다는 생각을 하기 어려워해요. 그런데 이것은 제2차세계대전의 아픈 기억에서라기보다는, 오히려 너무 강하고 돈이 많은 이웃에 대한 불안감에서입니다. 근본적으로 차이는 있겠지만, 독일 통일 직후 구동독 사람들이 가졌던 불안감과 비슷한 거지요. 분단되었던 한 민족이 합쳐지는 것보다는 다른 두 민족이 서로 받아들이고 교류하는 것이 당연히 어렵지 않겠어요. 물론 이 불안감은 상대화될 수 있습니다. 폴란드는 예전에도 비슷한 과제를 해결한 적이 있다는 의식을 가져야지요.

▶ 어떤 나라든 소수민족 문제를 안고 있는데요. 당신은 폴란드를 다민족 국가라고 규정했습니다. 폴란드 역사에서 소수민족 문제는 어떠했나요?

우선 중세에 폴란드는 폴란드와 리투아니아를 중심으로 한 다양한 민족으로 구성되었죠. 오늘날 많은 리투아니아 사람들은 그 과정에서 폴란드화 되어버렸다고 한탄하기도 합니다. 심리적으로는 그럴 수 있지만, 역사적으로 보면 올바른 주장은 아니에요. 누구도 폴란드 안에서 폴란드화되기를 강요받은 적이 없으니까요, 아무도 그런 범주조차 생각한 적이 없고요.

다양한 민족 출신이 폴란드 왕이 되었잖아요. 헝가리, 스웨덴, 작센…… . 사실 폴란드 역사에 인종적 편견은 거의 없어요. 그것이 폴란드의 매력이었죠. 크라크푸라는 도시 역사만 보더라도 많은 민족들이 이 도시건설에 참여했어요. 네덜란드인, 독일인, 유태인, 폴란드인, 리투아니아인…… . 이렇게 다양한 민족들이 폴란드에 인간 중심의 문화적 근간을 마련했기 때문에 역시 다양한 민족들이 쉽게 통합될 수 있었지요. 흥미로운 것은 폴란드가 늘 이렇게 외부의 영향을 받으면서도 결국은 이를 잘 통합하여 결코 낯설지 않게 만들었다는 점이에요. 오늘날 지구화의 관점에서 보자면 이렇게 낯선 것을 전통 안에 통합해내는 힘은 사실 굉장한 장점이죠. 오늘날 폴란드는 이런 능력을 거듭 발휘해야 하는 과제를 안고 있습니다. 어느 나라든지 이렇게 외부 영향과 낯선 것을 수용해야 하는 처지에 놓여 있는데, 특히 구공산국가들에는 이와 관련한 과제가 산적해 있는 형편이고요.

▶ 소수민족 문제와 관련해서 짚고 넘어가야 할 문제가 있지 않습니까? 슐레지엔 지역, 그리고 거기서 자행된 추방정책 같은 문제 말입니다.

그렇습니다. 슐레지엔의 독일 소수민족은 이중으로 문제입니다. 이들은 비단 종교적으로뿐 아니라 역사적 경험 차원에서도 주변의 폴란드 사람들과 다릅니다. 물론 오늘날 이 역사적 경험은 다르다는 맥락에서보다는 함께 성찰하고 해결해야 할 과제로 이해할 필요가 있지만요. 고향에서 각기 추방된 독일인과 폴란드인은 이제 지금까지 서로를 분리했던 부분이 둘을 결속시키는 부분이 될 수 있다는 점을 깨닫게 되었습니다. 아주 바람직한 발전이 아닐 수 없습니다. 자신이 속한 민족의 역사에 대해 나름대로 상대적인 평가를 하게 된 것이거든요. 특히 유럽 중동부의 여러 민족은 지금까지 역사적 경험이란 남들과 나눌 수 없는 자기들만의 것이라는 편견에 지나치게 사로잡혀왔어요.

▶ 폴란드와 유럽관계를 이야기해봅시다. 전 독일 수상 콜은 이런 말을 한 적이 있지요. "폴란드를 뺀 유럽은 그저 허상에 불과하다"라고요. 폴란드는 유럽연합에 어떤 기대와 우려를 하고 있나요?

폴란드는 지금 과도기에요. 물론 지금까지처럼 계속 이래서는 안 되겠다는 의식은 팽배해 있지요. 하지만 열린 유럽, 즉 경계가 무너진, 그래서 보호되지 않는 유럽 안에서 살아가야 한다는 새로운 비전은 많은 사람들을 불안하게 하지요. 유럽 안에서 살아가는 일이 좋고 나쁘고의 문제가 아니에요. 오히려 문제는 정말 폴란드가 유럽 안에 들어가는 것이 옳을까, 유럽이 폴란드를 정말 원할까, 행여 폴란드가 유럽연합 내에서 2등 국가로 전락하는 것은 아닌가, 뭐 이런 것들이지요.

▶ 당신에게 유럽은 대체 무엇이며, 유럽연합에 대한 당신의 의견은 어떤 것입니까?

내 생각에 유럽연합은 평화의 공동체입니다. 결국 유럽연방이야 말로 폴란드의 궁극적인 이익을 보장할 것이고, 그런 면에서 그 연방의 구성원인 한 국가에 산다는 일은 전혀 불안해할 일이 아니라고 확신합니다.

▶ 최근 들어 국민국가의 역량과 기능에 대해 논란이 많지요. 유럽연합의 경우 어떤 결정을 국가 차원에서, 또 어떤 결정을 연합 차원에서 내려야 할까요?

이 사안에 대해 최종적인 판단을 하기는 어렵습니다. 결국 일종의 새로운 균형을 찾아야 할 텐데요. '통제와 균형(Check and Balance)'이란 위로부터 규정한다고 되는 게 아니고, 서로 다른 전통과 다양한 이해 사이의 치열한 다툼과 논쟁을 통해 얻어지는 것입니다. 내가 보기엔 특히 유럽 차원의 외교 및 안보정책이 그래요. 개별 정부 차원에서 조직되고 운영되어야 하는지, 아니면 유럽 차원에서 그래야 하는지 말이지요. 다만 여기서 분명한 것은 유럽의 외교 및 안보정책이 프랑스나 영국, 또는 독일과 같은 몇몇 강대국의 이해에 따라 조직되고 운영되어서는 안 된다는 점입니다. 이렇게 되면 유럽의 정책이라고 할 수가 없을 테니까요. 그나저나 어디까지가 국가의 영역이고 어디부터 유럽에 위임할 영역인지 지금 결정하는 것은 조금 때가 이르지 않나 싶습니다.

▶ 교육문제를 예로 들어봅시다. 독일 같은 경우 교육은 각 주정부 관할입니다. 그런데 브뤼셀에서 교육정책을 유럽 전반에 걸쳐 통일한다고 결정하면 어떻게 될까요?

교육이나 문화정책을 전적으로 국가 차원에만 맡겨놓게 된다면 그건 좀 섭섭한 일입니다. 왜냐하면 이번에 유럽연합에 가입하는 국가들은 재정적으로 어려움을 겪고 있는 상황이라서 교육영역에서 다른 유럽연합 부자 나라들과 어깨를 나란히 할 수가 없으니까요. 이런 점에서 유럽연합 기존 회원국과 새로운 회원국 간에 교육수준의 격차가 나지 않도록 유럽연합 차원의 재정적인 연대가 필요합니다.

▶ 주지하다시피 유럽공동체는 지난 양차대전의 경험을 통해 상호 적대와 위협상황을 극복하기 위해 결성되었습니다. 따라서 당시 많은 사람들이 유럽이라는 이상에 근거한 평화적 미래에 많은 기대를 걸었던 것이 사실입니다. 그렇지만 그런 평화적인 미래는 아직 요원한 것 같습니다. 특히 9.11 테러 이후 유럽 차원의 안보문제가 거듭 중대사안으로 대두하고 있는데요. 유럽의 안보정책은 어떻게 마련해야 할까요?

최근의 테러 위협은 우리에게 자유란 늘 새롭게 획득하고 또 지켜져야 한다는 사실을 여실히 보여주고 있습니다. 유럽연합이야말로 이를 위해 가장 이상적인 기본틀을 제공해줍니다. 지금 절실한 것은 무엇보다도 일종의 정서적 변혁입니다. 물론 이것은 위험성이 다분한 장기적인 과정입니다. 아무튼 나로서는 유럽은 유럽 자체만 책임지고, 나머지 세계는 미국이 책임지는 그런 안보정책은 상상할 수 없어요. 그렇게 되면 유럽은 주변화되고 말 거예요. 유럽은 미국과 더불어 전 세계 안보에 대한 책임을 나누어야 합니다. 물론 그렇다고 저 아시아 어느 분쟁지역의 군사작전을 위해 돈을 내야 한다는 뜻은 결코 아닙니다. 그렇게 되면 독일이나 폴란드, 또는 포르

투갈 사람들은 그게 무슨 상관인지, 왜 거기다 돈을 퍼부어야 하는지, 이해하지 못할 것이기 때문이죠. 미국이야 그렇게 하는 것이 어렵지 않습니다. "바로 그 곳에서 우리 이익이 위협받고 있으며, 우리가 추구하는 가치를 지켜야 한다"라고 미국 대통령이 선언하면 미국 정치계는 당연히 따라주잖아요. 또 언론도 받쳐주고요. 유럽은 그러기가 어렵지요.

미국은 유럽처럼 이른바 철저한 권력의 남용과 오용의 경험이 없으니, 힘의 정치에 대해 그리 거리낌이 없어요. 하지만 유럽은 그런 경험 때문에라도 초강대국 노릇을 하기가 어렵고 아시아나 아프리카에 파병하기도 쉽지 않은 것입니다. 이런 의미에서 나는 우리가 좀더 유럽에 대해 자긍심을 가져도 된다고 봐요. 그러면서 고립이 아니라 유럽의 개방을 통해 문제 해결에 노력해나가면 됩니다.

▶ 당신은 앞에서 폴란드 사람들의 불확정성에 대한 성향과 그에 따른 혼란스러운 자존감을 이야기했지요. 그런 약점이 유럽연합 안에 통합되는 데 걸림돌이 되지는 않을까요?

사실 개별 국민국가가 독점했던 주권을 다른 민족들과 나눌 수 있으려면 그 개별 민족의 자존감이 온전해야 하고 자신감이 있어야지요. 그렇지 못하면 통합에 두려움을 느낄 수밖에 없어요. 자신의 정체성을 잃게 되지는 않을까, 더 강하고 크고, 힘을 가진 민족에 치어 소외되지는 않을까 하는 두려움 말입니다. 중세 유럽에서 작은 규모의 민족들이 늘 가졌던 두려움이 그것입니다. 하지만 우리는 오늘날 일종의 혁명을 겪고 있는 중입니다. 유럽의 각 민족은 과거의 악몽에서 벗어나 자신의 주권을 포기하는 것이 아니라 공유하려고 합니다. 이는 위로부터의 혁명이 아니라, 일종의 정서적인 혁명입니다. 아직 모든 사람을 포괄하지는 못했고, 또 그럴 수도 없겠지만, 아무튼 다수가 참여하고 있는 것은 사실입니다.

▶ 유럽연합의 동유럽 확장은 유럽연합에게나 또 새로운 회원국들에게 어떤 기회가 될까요?

새로운 회원국들, 특히 우리 폴란드는 유럽연합에 아주 중요한 지역인 유럽의 동쪽 경계, 그러니까 우크라이나나 벨로루시, 그리고 러시아에 대한 풍부한 이해를 갖추고 있습니다. 이 지역은 유럽의 미래를 함께 결정하게 될 곳입니다. 이런 점에서 새로운 회원국, 특히 동유럽 국가들의 역량은 유럽연합에 큰 도움이 될 것입니다.

그 밖에도 나는 개인적으로 이번에 새롭게 함께 하게 될 동유럽 사람들과의 만남을 통해 서유럽 사람들이 유럽공동체 설립 초기의 경험을 기억해주기를 기대합니다. 유럽공동체 결성 당시에는 사실 우유생산량 할당 같은 사안이 중요했던 것이 아니라 평화보장, 상호연대, 그리고 세계 속의 유럽의 미래 같은 주제들이 핵심이었잖아요. 물론 이렇게 커진 유럽연합 안에서 쉽지는 않겠지만, 아무튼 이 기구의 본질에 대해 다시 한번 생각해볼 수 있는 계기가 되었으면 합니다. 또 불필요한 짐들을 정리할 기회도 되었으면 하고요.

한 가지 더 언급하자면 새로운 회원국들을 통해 유럽연합에는 무궁무진한 성장가능성을 가진 시장의 확대가 실현됩니다. 이 나라들의 동력과 잠재력은 엄청납니다. 또 주민들도 지금 품고 있는 심리적 압박감, 열등감, 지방주의 같은 것만 극복한다면 열정적인 유럽인이 될 수 있을 것이고요. 연방주의자로서 유럽 공동의 외교나 안보정책에 열광하는 유럽인 말입니다 물론 결코 쉽지는 않겠지요. 유럽 전체에 아직도 지방주의 경향이 강하니까요. 그래서 유럽연합의 확장은 자칫 지방주의를 심화시킬 수도 있지요. 아니면 유럽연합의 개방을 통해 유럽이 세계 전체에 대해 더 책임감을 갖게 되는 계기가 될 수도 있고요. 사실 나는 정말 이런 유럽에서 살고 싶습니다.

▶ 유럽의 미래에 대한 전망은 어떤가요?

유럽이야말로 내 삶의 희망이라고 할 수 있습니다. 지난 20년과 앞으로의 20년을 돌아보고 내다보면서 늘 감사하는 마음입니다. 나는 유럽이라는 초강대국을 결코 바라지 않아요. 그렇다고 개별 국가들의 폐허 위에 새로운 유럽연방 국가가 건설되어야 한다고 생각하지도 않고요. 오늘날 우리 유럽인을 하나로 묶는 사상이 있다면 그것은 유럽연방, 그러니까 평화가 보장될 뿐 아니라 공동의 민주주의 원칙이 지켜지고 모든 개인이 어디서든 살 수 있고 마음대로 움직일 수 있는 그런 공간에 대한 미래전망이 아닐까 합니다. 이런 유럽이 구체적으로 어떤 모습일까 하는 것을 감히 지금 이야기하기는 어렵지만요. 다만 바라건대 마치 미국이 가진 것처럼 유럽이 공동의 사명의식 같은 것을 가졌으면 해요. 자신의 모델이 보편적일 수 있다는 확신 같은 데서 오는 사명의식 말입니다. 그러려면 유럽인이 좀더 과감하게 자신의 가치를 적극적으로 지키고 펼쳐야겠지요.

현재 유럽 전체의 발전 속도나 여러 가지 불확실한 요소들을 고려할 때, 30년 뒤나 40년 뒤에 대해 이런 저런 예단을 하는 것은 의미가 없어요. 차라리 아주 실용주의적으로 일단 개별 국가들에서 소속감과 안정감을 찾아야 한다고 생각해요. 왜냐하면 많은 유럽인들이 유럽통합을 기회보다는 위험으로 받아들이고 있거든요. 점점 더 유럽인이라는 사실에 안도할 수 있다면 개별 국가의 필요성이 작아지겠지요 이렇게 한 20년쯤 지나면 우리는 부지불식간에 국민국가라는 것이 그다지 의미가 없다는 사실을 알게 되지 않을까 싶어요. 우리가 억지로 해체해서가 아니라, 스스로 불필요하게 될 테니까요. 그렇지 않고 누군가 국민국가를 우리에게서 빼앗는다고 합시다. 당장 위협으로 느끼겠죠. 실험은 이제 시작되었고, 난 이 실험이 잘될 것으로 봅니다. 너무 서두르지만 않으면요. 지나친 모험은 사람들을 놀라 주저하게 만들거든요.

미국

벤자민 R. 바버

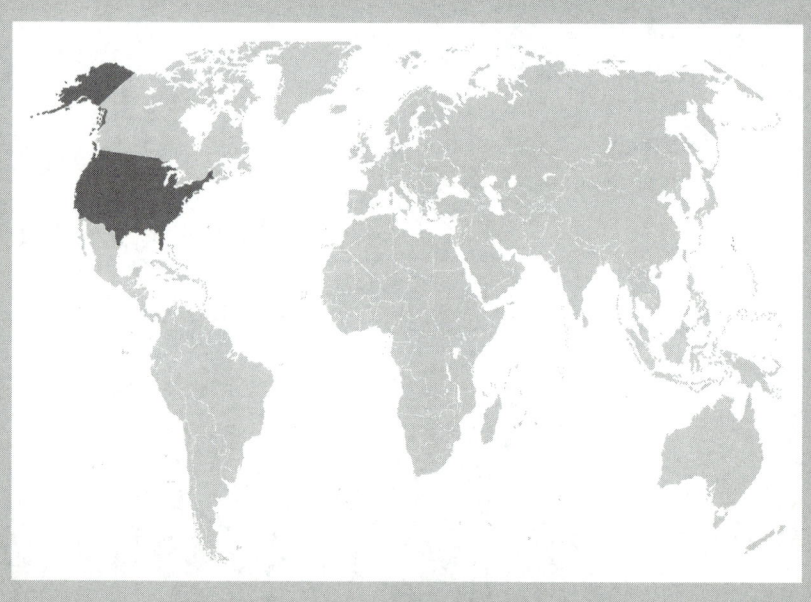

국민국가의 여정

　미국의 독립기념일인 7월 4일은 1776년 필라델피아에서 13개 주 대표가 모여 독립선언서에 서명한 사건을 기리는 날이다.

　미국이라는 지구상에서 가장 오래된 근대 민주국가 체제의 실험은 이미 16세기 일군(一群)의 유럽 사람들이 이주해오면서 시작된다. 이들은 다양한 이유에서 신천지에서 새로운 행복을 찾기 위해 유럽을 떠나온다. 북부에는 주로 종교적이나 정치적인 박해를 피해 자유를 찾아온 사람들이, 남부에는 주로 경제적인 매력을 좇아나선 사람들이 이주한다. 17세기 후반부터는 아프리카에서 많은 수의 노예가 끌려오기도 한다.

　18세기 중반에 이르자 식민모국 영국과의 갈등이 첨예해진다. 영국은 점점 더 많은 경제적 이득을 얻기 위해 무역과 관세장벽을 높이고 새로운 세제를 도입한다. 반면 식민지에서는 독립의지와 독자적 국가 정체성을 찾으려는 자의식이 높아진다. 1774년 필라델피아에서 열린 첫 대륙 대표자회의에서 영국과의 무역 중단과 공동의 군사적 대응을 결의한다. 최고 군사지도자로 나중에 초대 대통령이 되는 조지 워싱턴이 선출된다. 1776년 7월 4일 '미합중국(United States of America)'이라는 국호로 독립을 선언한다. 이 독립선언문은 국민국가로서 미국의 주권원칙을 천명(闡明)한 문서로 역시 뒤에 대통령이 되는 토머스 제퍼슨이 기초한 것이다. 특히 만인의 자유와 평등, 그리고 선거로 구성되는 행정부 의무조항 등을 규정한 전문이 그렇다. 1783년 파리에서 체결된 평화협약에 의해 결국 영국도 미국의 독립과 주권을 인정하게 된다.

그 이후 한동안 개별 주들이 자신들의 이해관계에 따라 연방의 결속을 위협하고 의회의 기능을 마비시키는 일이 자주 일어난다. 연방의 와해를 막기 위해 1787년에 제헌회의가 소집되어 3월 4일에는 합중국 헌법을 제정한다. 이 헌법은 자주원칙과 권력분립 원칙에 근거하고 있다. 2년 뒤 10개 항이 추가되는데, 이것이 바로 권리장전으로서 인권의 기본목록을 내용으로 담고 있다.

1840년부터 영국 및 북유럽과 중유럽에서의 이민이 늘어난다. 미국의 경제발전으로 증가하는 노동력 수요에 따라 유럽에서 기회를 얻지 못한 많은 사람들이 신분상승의 기회를 찾아 새로운 대륙으로 왔기 때문이다. 이들은 미국에서 서부지역 개척과 경제발전에 이바지한다. 하지만 그 과정에서 흔히 인디언이라고 불리는 선주민(先住民)들을 죽이거나 추방하여 보호구역에 수용하는 등 멸종에 가까운 위기로 몰아넣는 범죄도 저지른다.

1867년에 이르자 미국은 오늘날과 같이 무려 300만 평방킬로미터에 달하는 광활한 지역을 차지하게 된다. 이것은 에스파냐나 프랑스, 멕시코로부터 땅을 사들이기도 하고, 1814년 영국, 1848년 멕시코와의 전쟁에서 땅을 빼앗기도 하여 이루어진 것이다. 이와 함께 경제력도 눈부시게 성장하여 이미 19세기에 유럽 많은 나라들의 수준을 넘어서게 된다. 주로 남부에서 일반화된 노예제도 폐지를 놓고 첨예하게 대립하던 끝에, 1861년에 일어난 남북전쟁이 1865년까지 계속되어 60만 이상의 인명을 앗아간다. 결국 경제력이 우월한 북부가 승리하고 의회는 노예제도의 폐지를 공식 결정하며 노예 상태에서 풀려난 이들에게 시민권과 선거권을 부여한다.

1890년부터는 제국주의 시대가 시작된다. 과잉생산과 협소한 시장문제로 고민하던 미국은 새로운 시장을 찾아 중·남미와 동아시아에 이르는 광활한 지역으로 진출한다. 이때부터 미국은 세계적인 강대국이 되었지만 제1차세계대전 중에는 일단 중립을 고수하고 전쟁 당사자들 사이의 중재역할을 자임한다. 이러한 고립주의는 미국 외교정책의 기조(基調)였으나 제1, 2차세계대전으로 더 이상 이를 따를 수 없게 된다. 예를 들어 1941년 12월 일본의 하와이 진주만 공습이나 독일과 이탈리아의 선전포고 등으로 미국 또한 세계대전에 참전한 일이 그렇다. 미국의 절대적인 기술과 자원의 우위는 1945년 일본 히로시마와 나가사키에 투하된 원자폭탄이 웅변하는 것으로, 그 결과 일본은 무조건 항복한다. 그러나 미국의 안보체제는 제2차세계대전 이후 미국에 대항하는 공산국가들의 집단과 대치하는 냉전까지 막을 수는 없었다. 1962년 일어난 쿠바 위기 때 미국과 소련이라는 두 초강대국의 핵전쟁 위험이 고조된다. 그 이후 공식적인 선전포고도 없이, 국제법상 허용되지 않는 수단으로 진행된 베트남 전쟁은 미국의 자기인식에 많은 질문을 던지게 되는 계기가 되었고, 오랫동안 심각한 정치적 부담으로 작용한다.

베트남 전쟁 패전의 악몽은 1991년 당시 부시 대통령의 이라크 전쟁 개전에도 작용한다. 미국은 이라크의 쿠웨이트 침공에 대한 유엔의 최후통첩 시한이 지나자마자 전쟁을 시작한다. 이 때 일어난 제1차 걸프전쟁은 3개월 만에 끝난다.

2001년 9월 11일에 미국은 이슬람 근본주의자들의 테러 공격의 표적이 된다. 자살 특공대가 4대의 민간 항공기를 납치하여 워싱턴 국방성 건물과 뉴욕 무역센터 쌍둥이 빌딩에 충돌한 것이다. 부시 대통령은 이 "자유에 대한 공격"에 응전하기 위해 테러의 배후로 지목된 아프가니스탄을 공격하고 2003년에는 이라크 전쟁을 일으킨다.

국제적인 비판여론에도 미국은 자신의 전쟁행위를 정당화한다. 미국은 개인의 권리와 자유에 대한 신뢰를 근간으로 하는 만큼 이를 방어할 책임이 있다는 근거에서다.

개인신상

▶ 당신의 출신은?

"얼마 전부터 미국인과 유럽인의 차이를 대중적으로 이렇게 비유하잖아요. 화성에서 온 미국인과 금성에서 온 유럽인이라던가요? 난 둘 다 아닙니다. 난 뉴욕 출신이에요. 여기서 태어났고, 자랐고, 10년 정도 떠나 있었지만, 다시 여기 돌아와서 사니까요."

작가인 벤저민 R. 바버는 1939년 8월 2일 허드슨 강가의 이 도시에서 태어난 이래 지금까지 늘 강한 소속감을 가진다고 한다. 그러면서도 그는 "물론 어디 출신이냐는 그 질문이 어떤 맥락에서인지에 따라 다르지요"라고 덧붙인다. 국경을 넘을 때면 당연히 미국 여권을 내보인다. 세상을 널리 체험했지만 늘 고향을 잊지 못하는 바버는 그러면서도 자신이 세계시민이라고 자랑스럽게 말할 수 있기를 바란다고 한다. "'나는 세계시민이오' 하고 말할 수 있는 것이야말로 멋진 일이지요. 하지만 세계시민이란 것은 아직 너무 지적이고 내용은 없으면서 거짓말같이 들리는 아주 추상적인 단어일 뿐이잖아요."

열일곱 살에 바버는 유럽으로 가서 그라우뷘덴에 있는 슈바이처 칼리지에 다니다가 1958년에 런던 정치경제 대학으로 옮긴다. 이미 당시 미국의 성숙한 민주주의와 전후 유럽의 새로운 민주주의 발전 사이의 차이에 대해 성찰하던 그는 "어린 나이에 유럽에서 공부하면서 내 미국을 보는 눈이 날카로워질 수 있었다"라고 한다. 행정학으로 1963년에 석사, 1966년에 박사학위를 하버드 대학에서 취득한 그는 미국의 여러 대학에서 교수생활을 한다. 1984년 첫 학술저서인 『강력한 민주주의』를 내는데 이 책은 얼마 지나지 않아 민주주의 이론의 고전으로 인정받는다. 이 책에서는 이른바 자유민주주의와 선거에 의한 정부형태라는 허울 속에 정치학에서나 정치계가 교만하기 짝이 없게 시민을 대하는 태도를 적나라하게 고발하고 비판한다.

이미 그 3년 전에는 『매리지 보이스(Marriage Voice)』라는 소설을 출판했다. 그 이후에도 학술활동 못지않게 탁월한 문학적 재능을 발휘한다. 예를 들어 조지 퀸시의 오페라 「집과 강」의 대사 부분을 쓰기도 하고, 유명한 안무가인 아내 레아 크로이처를 위해 「카스파 (Kaspar)」의 퍼포먼스 대본을 쓰기도 한다.

발칸 전쟁이 한창일 때 그 경험을 통해 그동안 뉴저지의 룻거 (Rutger) 대학 교수가 된 바버는 유명한 『지하드 대 맥월드(Jihad vs. McWorld)』이라는 책을 낸다. 1995년 출판된 이 책은 그동안 20여개 언어로 번역될 정도로 널리 알려진다. 이 책에서 바버는 우리 시대의 근본 갈등구조를 적시한다. 그것은 다름 아닌 모든 것을 지배하는 조절 불가능한 초국가적 자본주의, 즉 '맥월드'와 그에 반대하는 시대착오적이며 배타적인 근본주의, 즉 '지하드'의 대립이다. 상호 대립하는 이 갈등구조는 문화간의 충돌이 아니라, 문화 내의 충돌이다. "이 두 흐름이 우리 안에서 대립하면서 결국 민주주의의 근본을 파괴하게 된다"라고 바버는 단언한다.

저술가 패트릭 왓슨(Patrick Watson)와 함께 바버는 1998년 TV 다큐멘터리 <민주주의를 위한 투쟁> 대본을 쓰기도 한다. 클린턴이 대통령이 되자 고문을 지내고 그 경험을 담은 책 『권력의 진실』을 낸다.

그가 재직하는 뉴저지 룻거 대학 부설로 민주주의의 장래를 연구하기 위한 '월터 화이트 맨 민주주의 문화 및 정책 연구센터(Walt Whiteman Center for the Culture and Politics of Democracy)'를 설립한 바버는 2001년 메릴랜드 대학의 민법교수로도 취임한다. 그뿐만 아니라 뉴욕시 부설 '협동 민주주의(Collaborative Democracy)' 연구소의 소장으로도 일한다.

바버는 유럽을 자주 방문하는데 2002년 초에는 베를린 미국 아카데미에 다임러-크라이슬러 초청 연구원으로 오기도 했다. 9.11 테러 이후 워싱턴에서 이른바 예방전쟁 정책이 결정되고, "국내 안보라는 미명 아래 미국의 시민적 자유권이 고갈되는 사태가 시작되자" 바버는 이에 대한 비판과 경고에 나서지 않을 수 없게 된다. 2003년에 출판된 『공포의 제국』이라는 책에서 그는 부시 행정부의 정책을 비판하면서 시민의 권리와 전 지구적 차원의 민주주의에 대한 자신의 신념을 강조한다. "공포에 공포로 대처하려는 어리석고 실패할 수밖에 없는 정책을 제발 포기하기를 바라는 마음을 담은 내용"으로서 말이다.

| 대표작들 |

Benjamin R. Barber. 1984, *Strong Democracy*(강력한 민주주의), L.A.: University of California Press.

_____. 1995, *Jihad vs. McWorld*(지하드 대 맥월드), New York: Random House.

_____. 2003, *Fear's Empire. Terrorism, War and Democracy*(공포의 제국: 테러, 전쟁, 민주주의), New York: W. W. Norton.

▶ 당신의 미래는?

"흔히 말하는 '미국식 생활방식(American Way of Life)'의 미래 따위에는 관심이 없습니다. 내 관심은 '인간적 생활방식(Human Way of Life)'의 미래입니다. 그것은 생활양식의 다양성, 차이, 그리고 복합성 등과 관련이 있지요. 인간의 자유란 다양성을 통해서만 형성될 수 있는 개인과 집단의 개별적 표현에 근거합니다. 우리가 모두 같다면 자유란 필요 없을 겁니다. 바꿔 말해서 바로 인간의 본질인 다양성 때문에 자유가 필요한 거고요."

그래서 바버의 미래 희망은 단연코 다양하고 복합적이며 다원적인 사회유형이 반영된 지구화된 생활유형이다. 그의 생각에 일방적인 가치체계만 허용하는 다원주의는 다원주의가 아니다. 그는 다원주의가 어떤 특정한 가체체계를 따르는 사람들만의 전유물은 아니며, 획일성으로 차이를 무시해서는 안 된다고 확신한다.

"오늘날 우리는 이제 '독립 선언(Declaration of Independence)'에 기초할 것이 아니라 '상호의존 선언(Declaration of Interdependence)'에 기초한 국제적 사회계약을 필요로 합니다. 여기에는 지구촌에 사는 모든 사람들이 참여할 수 있는 정의로운 질서를 추구한다는 의지가 천명되어야지요. 또 모두가 권력 사용에 대한 결과에 책임을 져야 하며 세계의 모든 자원과 복지에 참여할 권리가 있다는 사실도 마찬가지고요."

바버는 미국이 지금까지의 일방적인 정책을 포기하고 좀더 현명하게 안정적인 다자간 협의에 기초한 정치 질서를 만들어, 문화간·국가간의 상호 이해와 협력에 적극적으로 나서기를 촉구한다.

짧게 묻기

▶ 가장 '미국적'인 것은?

선주민들의 후손을 빼고는 현재 미국시민 거의 모두 나름대로 미국영토 바깥에 그 뿌리를 두고 있잖아요. 그래서 미국인들은 모두 하이픈으로 연결된 어디 계 미국인들이죠. 독일계 미국인, 유태계 미국인, 이탈리아계 미국인, 아프리카계 미국인 이렇게 말입니다. 그러니까 미국적 정체성은 우선 이 하이픈에서 시작됩니다.

그 다음으로 미국적 정체성의 특성은 화려하고 유혹적인 소비문화에서 찾아볼 수 있고요. 팝 음악, 드라마, 패스트푸드, 청바지 등 말입니다.

또 다른 미국적 정체성의 한 부분은 루소가 처음 사용한 개념인 '시민적 신앙(Civil Religion)'으로 설명할 수 있을 것입니다. 토크빌도 벌써부터 이 개념을 써서 널리 알렸는데요. 내 생각에는 미국시민 대부분이 그 뜻은 제대로 몰라도 그 원칙은 알고 있고 또 그렇게 표현도 한다고 봐요. 예를 들어 아프리카계 미국인, 푸에르토리코 사람, 할리우드 영화 제작자, 뉴욕의 유태인 변호사, 보스턴의 가톨릭 신도, 이런 사람들한테 서로의 공통점을 묻는다면 이들은 대개 이렇게 대답할 겁니다. "우리는 같은 역사를 공유하고, 자유와 관용, 공정성, 사적영역의 보호 등의 가치를 믿고, 서로를 존중하며, 개인주의를 따르고……" 하는 식으로 말입니다. 바로 시민들의 신념체계, 곧 시민적 신앙에 속하는 가치들의 목록을 열거하고 있는 셈이지요.

▶ 당신의 미국인으로서의 특징은?

내가 미국인이라는 의미는 무엇보다도 먼저 특정한 시민사회의
원칙을 인정한다는 뜻입니다. 독립선언, 권리장전, 세네카 판례에
따른 엘리자베스 캐디 스탠턴 선언, 노예해방 선언, 링컨의 게티즈
버그 연설, 킹 목사의 "나는 꿈이 있다네" 연설 등은 앞서 말한 시
민적 신앙의 내용을 이루는 기본 문서들이지요. 여기 담긴 시민사
회의 원칙이 그것입니다.

'시민적 신앙', 또는 하버마스의 말에 따르면 '헌법 애국주의'는
미국인의 정체성에 가장 중요한 부분입니다. 왜냐하면 앞서 말한
하이픈 정체성에도 불구하고 모든 사람을 한 국가의 일원으로 결
속시켜주는 것이기 때문이죠. 이런 시민적 신앙 외에, 그다지 강력
한 구속력을 갖지 않는 중앙정부와 미국의 지역주의적인 연방주의
에도 불구하고 미국인을 미국인으로 만드는 것은 역시 소비문화와
대중문화겠지요.

나야 소비문화나 대중문화에 그리 관심이 없으니, 내 미국인으
로서의 정체성은 역시 시민적 신앙에 근거할 수밖에 없겠지요.

▶ 미국의 존립 이상은?

미국은 건국 이래 늘 자신을 특별한 존재로 생각해왔어요. 그래
서 자주 자신은 다른 나라들의 운명이나 그들과의 협력관계에 적
용하는 법칙에서 초월해 있다고 믿지요. 미국의 애국심은 피의 힘
에서 온 것이 아니라 사상에서, 민족구성이 아니라 법에서, 인종적
뿌리에서가 아니라 자유의지에 따른 선택에 의한 공동체 소속감에
서, 종교적인 정통성이 아니라 헌법에 대한 신념에서 유래한 것입

니다.

　미국은 18세기에 이미 다문화 사회였어요. 에스파냐나 프랑스나 영국에 비해 미국은 당시 훨씬 복잡한 요소들로 구성되었지요. 도시 지역과 농촌 지역, 노예와 자유인, 공업 지역과 농업 지역, 이렇게 말입니다. 이런 혼합적인 사회구성 요소들이 공유하는 게 있었다면 그것은 공동의 가치였습니다. 잘 알려지고 많이들 읽는 크레브쾨르(Crèvecoeur)의 『미국 농부의 편지』라는 책에는 미국이 근거하고 있는 기본 원칙뿐 아니라, 그 원칙에 따라 살아가는 '새로운 인간형'이 잘 서술되어 있지요. 크레브쾨르는 이 원칙에 따라 새로운 인간의 정체성이 형성되었다고 보는 것입니다. 특히 18세기에는 미국은 유럽과는 다른 원칙에서 세워진 나라라고 생각했어요. 그래서 '미국이라는 예외의 경우'라는 말을 하곤 했지요. 헌법만 해도 제임스 매디슨의 의견에 따르면 아주 실험적이었어요. 특히 정치이론과 같은 학문적인 관점으로도 봐도 그래요. 예를 들어 미국 헌법은 당시 유명한 유럽의 이론가들인 그로티우스나 홉스, 또는 로크의 사상을 그대로 받아들인 것이 아니에요. 아주 새로운 이론과 실천에 근거하고 있지요. 페인의 주장대로라면 세상은 미국을 통해 다시 처음부터 새롭게 시작한 것입니다. 그래서 미국인들은 스스로 '역사의 새로운 시작'이라는 자부심이 대단해요. 특히 제퍼슨이 기초한 독립선언문은 인권에 대한 그 이전의 어떤 문서보다도 포괄적인 개념에서 출발하고 있어요. 그것은 남·오용되는 권력에 대한 저항과 그 극복 노력마저 정당화하고, 모든 민족마다 "독립적이며 평등한 지위를 가지며, 자연법과 신이 부여한 법에 의해 그 정당성이 인정된" 권리로서의 인권입니다.

▶ 미국이 다른 민족국가들과 다른 점은?

기존의 전통적인 민족국가라면 공통의 언어, 역사, 종교, 인종, 민족구성 등을 통해 형성되었지요. 예를 들어 이탈리아 사람이라고 하면 특정 인종에 속하고, 이탈리아어를 사용하고, 가톨릭교도이며, 로마제국까지 거슬러 올라가는 역사를 가진 사람이라는 뜻입니다. 다른 말로 하면 이탈리아 사람은 자신이 선택한 것은 아니지만 태어날 때부터 이탈리아 국적이라는 정체성을 가지게 됩니다. 그런데 이와는 달리 미국에서는 국적이라는 정체성부터가 일종의 자유로운 선택으로서 계약과 같은 것입니다. 다른 어떤 나라의 국적을 가진 사람이든 요건을 갖추면 기존 국적을 포기하고 미국 국적을 취득할 권리를 가진단 말이에요. 이것은 아주 특이한 경우입니다. 흥미로운 비교 사례로는 프랑스를 들 수 있지요. 프랑스는 우선 태생적인 프랑스 국적의 정체성을 갖고 있어요. 가톨릭교도이며 프랑스말을 하는 등 프랑스적인 내용으로 말이지요. 그러면서 동시에 가치체계와 선택에 근거한 또 다른 국적 개념을 갖고 있어요. 그래서 다른 나라 사람들도 이와 같은 가치체계와 원칙에 따른다면 자유의지에 따라 프랑스 사람이 될 수 있지요. 미국이 다른 민족국가와 다른 점 하나는 처음부터 이민국가로 출발했기 때문에 이민에 대해 독특한 입장을 가진다는 것일 겁니다. 어떤 종교집단에 속하든 유럽보다는 미국에서 새로운 고향을 얻기가 더 쉽습니다. 예를 들어 아주 종교적인 이슬람교도는 이미 세속화된 유럽의 어느 사회보다 아직 종교적이면서도 다원주의적인 미국에 정착하기가 더 쉽다는 말이지요.

▶ 오늘날 국민국가의 과제는?

지난 200년 이상 정치적 정체성의 상징이었던 국민국가는 좌우에서 심각한 압박을 받고 있습니다. 이 좌우의 힘들은 기존의 국가를 거의 같은 힘으로, 그러나 정반대 방향으로 끌어당기고 있습니다. 그 한쪽은 '맥월드'라는 개념으로 내가 부르는 지구화와 통합의 장입니다. 즉 기술과 환경, 지구화된 시장 등이 국가의 경계를 무너뜨리고 있습니다. '맥월드'는 국가뿐 아니라 개인에게도, 이제 국민국가의 일원으로서가 아니라 중앙 집중적이고 지구화된 조직 형태와 권력구조에서 정체성을 획득하도록 강력한 영향력을 행사합니다. 이렇게 국민국가는 위로부터의 지구화에 의해 공격당하는가 하면 동시에 아래로부터도 위협당합니다. 내가 '성전(Jihad)'이라고 상징적으로 부르는 힘이 그것입니다. 지하드는 본래 민족국가의 정체성 말고 다른 정체성을 강요하는 인종이나 종교의 외피를 쓴 시대착오적인 집단행동인데, 이를 통해 국민국가가 와해되고 있는 실정입니다. 국민국가였던 르완다는 종족분쟁에 의해 와해되었잖아요. 구(舊)유고나 구소련도 이 아래로부터의 분리주의 힘에 의해 와해되었고요. '지하드'와 '맥월드'는 둘 다 국민국가에 적대하고, 국가적 정체성을 파괴하려고 노력합니다. 국민국가가 지구화된 세상에 집중된 거대권력을 통제하기에는 너무 작고, 그렇다고 모든 이들에게 시민으로서의 정체성과 소속감을 주기에는 너무 크다는 말은 이제 누구나 아는 상투적인 이야기입니다. 어쨌든 바로 이런 점에서 앞서 언급한 두 가지 종류의 압박이 생겨납니다. 국민국가는 지구화된 경제 권력의 압박 때문에 '위로' 해체되고, 대안과 의미부여를 앞세운 집단의 압박 때문에 '아래로' 해체되는 것이죠.

▶ 국민국가의 앞날은?

국민국가는 비록 많은 위험에 처했지만 아직 그 종말을 고하기엔 때가 이릅니다. 요즘에는 너무 섣부르게 국민국가의 종언을 이야기해요. 오늘날 지구화와 '종족화(Tribalisierung)'의 추세 속에서도 고전적인 형태의 국민국가는 민주주의의 터전으로 남아 있습니다. 국가는 당분간 가장 역량 있는 공공 기구이면서 안정성을 보장하는 최선의 기구로 남아 있을 것입니다. 이제 민주주의의 힘은 국가가 초국가적인 행정구조나 법제와 협력의 국제적 기제, 또 민주적인 지배유형의 전 지구적인 방식 등을 개발하기 위해 얼마나 나설 수 있는지에 따라 새롭게 입증되지 않을까요?

캐묻기

▶ 당신의 책 『지하드 대 맥월드』를 읽고 1995년에 벌써 그토록 정확하게 후에 9.11 테러로 현실화된 갈등의 발전 과정을 예측한 데 놀란 적이 있습니다.

　지난 9.11 테러 당시 전 세계가 TV를 통해 지켜본 그 끔직한 사건은, 결국 미국에 적대적인 테러리즘으로 무장하고 스스로 성전을 자임한 이슬람 세력이 전략적으로 사용한 회심의 한 수였어요. 이들은 동아시아 무술인 유도의 기술, 즉 상대편의 힘을 이용하여 상대를 제압하는 수를 썼단 말이죠. 이데올로기로 위장하고 종교마저 수단화한 테러리스트들은 미국의 재래식 군사적 우위를 바로 자신들의 무기로 쓴 것입니다. 미국이라는 개방사회 전체를 적으로 삼고, 미국의 상징이면서 절대 불가침 지역으로 여기는 지역과 공간을, 바로 미국의 통신기술 및 교통수단을 역이용해서 공격했어요. 이들은 자유주의 기업문화의 성지인 뉴욕과, 군사력의 성전(聖殿)인 워싱턴을 공격하고 파괴했습니다. 그뿐만 아니라 미국 전체에 공포심을 유발하여 자신들의 작전을 성공시켰어요. 이 공포야말로 테러리즘의 유일한 무기이기 때문에 이들은 늘 공포라는 전염병을 퍼뜨리는 데 부심하거든요.

▶ 그 공포는 어떻게 나타나며, 그 사회적인 영향력은 어떤 것입니까?

　그 공포가 사람들에게 어떤 영향을 미치는지는 다음과 같은 예가 잘 보여줍니다. 사건 이후 도입된 색깔로 등급을 매긴 경계단계를 보면 미국정부는 결국 테러리스트들의 게임의 법칙을 그대로 받아들인 꼴이 되었어요. 그러니까 주민들이 언제 얼마큼 안전한지를 끊임없이 알려줌으로써, 사실은 늘 불안감에 싸여 살도록 한 거지요. 이렇게 불안과 공포가 인간의 감정 상태를 지배하게 되면 결국 물리적인 테러보다 더 심한 손상을 입게 됩니다.

공포심이야말로 바로 테러리즘의 가장 가까운 동맹군입니다. 만약 이런 공포심이 세상 사람들 감관을 지배하게 되면 테러리스트들은 총 한 발 쏘지 않고도 전쟁에서 이기는 꼴이 돼요. 이렇게 되면 테러리스트들은 한번쯤 테러를 저지르거나, 몇 차례 아주 교활하게 계산된 테러 위협을 잇달아 전하고는 저 아프가니스탄 동굴 속이나 카라치 어느 은신처에 편안히 앉아 세상이 공포에 빠져 스스로 무너지는 것을 느긋하게 지켜볼 수 있으니까요.

▶ 9.11 테러 이후 그 책임소재는 금세 규명되었습니다. 오사마 빈 라덴과 그의 테러조직인 알 카에다, 그리고 이슬람의 성전, 곧 지하드 등 말이죠. 그런데 지하드의 구체적인 의미는 무엇인가요?

내 책 『지하드 대 맥월드』에서 나는 성전, 곧 지하드라는 개념을 현대화와 지구화에 저항하는 세력에 대한 상징의 의미로 썼어요. 이 세력은 비단 이슬람 세계에서만 찾아볼 수 있는 것은 아닙니다. 또 테러도 이슬람의 전용물이 결코 아니고요. 게다가 종교적 근본주의 집단은 전 세계 모든 지역, 모든 종교에 나타나며 미국 또한 예외가 아니지요.

종교적 근본주의는 무엇보다도 지구화를 통해 확산되고 있는 세속적이고 물질주의적인 가치들의 지배에 대해 위협을 느낍니다. 그 결과 전통적인 종교성을 띤 사회들은 고립되거나 스스로 바깥세계를 차단합니다. 이 또한 이슬람 세계에서만이 아니라 미국에서도 나타나는 현상이고요. 상업화된 사회, 맥월드, 그리고 미국이라는 국가에 대한 공격과 선동이 그렇습니다. 예를 들어 오클라호마시에서 일어난 폭탄 테러사건은 미국 시민들 사이에도 이런 불만이 얼마나 고조되어 있나를 보여주는 것이었죠. 또 미국에는 전통적으로 연방 차원의 국가나 민주주의적 정체를 부정하고, 연방정부야말로 지역 차원의 민주적 정체성을 파괴하는 데 나쁜 영향을 미치는 주범이라고 지목하는 강력한 세력이 있어요. 또 미국에는 현재 물질주의적이고 세속적인 문화에 반대하는 기독교 신앙을 가진 200만 이상의 사람들이 아이들을 공교육 기관에 보내는 것을 거부하고 있고요. 유럽에서도 일종의 덜 극단적인 지하드라고 할까요, 분리주의적인 경향이 늘고 있지 않습니까? 이들 모두에 공통된 점은 새로운 정체성을 찾고 있다는 것입니다. 그러면서 역사나 종교, 또는 시대착오적인 기득권이나 관습 같은 데 의지합니다. 설사 그런 것이 실제로는 과거에도 존재하지 않았다고 해도 말입니다.

▶ 당신은 지하드에 대립되는 세력을 세계를 지배하는 한 기업의 이름을 따서 맥월드라고 지칭했는데요.

인종적이고 종교적인 지하드가 남을 배제하고 혐오하는 방식으로 혈연과 영토의 공동체를 강요하는 반면, 맥월드는 소비와 이윤의 세계시장을 창출하고 공공의 이해나 공동선의 추구를 기존 국민국가와 그 정부의 책임에서 빼앗아 자유 시장경제의 보이지 않는 손에 맡기고 있습니다. 그러니까 맥월드는 사유화, 상업화, 보편적인 소비문화의 상징입니다. 전 세계적인 유통망을 통해, 그리고 천문학적인 돈을 들인 마케팅 전략에 의해 이제 지구촌 어디서나 똑같은 뮤직 비디오나 브랜드 운동화, 탄산음료 등이 대량으로 소비됩니다. 맥월드의 확산으로 공공영역에서 활동하던 시민들은 이제 자신 안에 매몰된 개인으로 전락하여 획일적인, 마르쿠제의 표현대로 하면 '일차원적인 인간'이 되고 맙니다. 할리우드 영화를 보거나 맥도날드를 사먹거나 코카 콜라를 마시거나 청바지를 입거나 운동화를 신으면서 말이에요. 지구화의 진행으로 점점 더 많은 국가들이 다국적 기업의 상업주의적인 정보나 광고로 점철된 획일적인 문화에 전염되고 있습니다. 똑같은 영화에, 똑같은 호텔에, 똑같은 게임에, 똑같은 음식이 전 세계를 지배하고 있어요. 이렇게 해서 문화적 다원주의가 파괴되는 것입니다.

▶ 지하드와 맥월드의 두 흐름 중에 어떤 것이 더 강한 힘을 발휘하고 있나요?

신문의 경제면만 보면 국가간 경계가 없어지고, 기업합병을 통해 세계경제가 단일한 시장으로 통합되는 등 지금 우리가 사는 세상이 점차 하나가 되어간다는 인상을 받을 거예요. 하지만 정작 신문의 1면은 아직도 내전과 국가 분열 등의 기사들로 장식되어 있어, 이것만 보면 정반대의 결론을 얻게 될 것이고요.

성전을 표방한 소규모의 전쟁들은 앞으로도 오랫동안 세상을 사로잡고 긴장하게 만들 겁니다. 하지만 종국에는 맥월드의 승리로 끝나겠지요. 사실 어떤 특정한 정치적 압제에 대해서는 저항할 수도 있고, 적이 분명하니 대항해서 싸울 수도 있지요. 하지만 맥월드의 전횡에 대해서는 대항하기는커녕 인지하기조차 어렵습니다. 맥월드는 그렇게 슬그머니 뒷문으로 들어오거든요. 또 사람들은 여기에 자발적으로 순종하게 되고요. 이것이야말로 맥월드의 진정한 힘이지요.

▶ 그렇다면 맥월드의 주인공은 누구인가요?

그야 다국적 기업, 국제은행, 전 세계적으로 연결된 정보 네트워크지요. 이들은 사회정의나 자결권, 독립적인 사법권, 그리고 공동선에는 전혀 관심이 없어요. 그러면서도 점점 더 강력해져서 우리 삶을 규정하지요. 머독이나 게이츠, 스필버그 등은 왕년의 포드나 록펠러, 카네기보다 훨씬 더 강력한 권력을 누립니다. 알다시피 오늘날과 같은 정보사회에는 이제 자동차, 철강, 석유 등의 물질적 자원이 아니라 비물질적인 자원이 세계를 지배하니까요. 이들은 오늘날 세계의 영상, 상징, 그리고 아이디어를 지배합니다.

이러한 전 지구적인 시장논리는 결국 시민대중의 자결권을 공동화합니다. 이 논리에 따르면 공동선보다는 이윤이 우선하고, 공공성보다는 사유권이 중요하니까요. 이 논리 속에서 인간은 다만 소비자일 뿐이고, 공공의 이익에 따라 연대하는 존재가 아니라 상업적인 이익에 따라 거래되는 대상일 뿐이지요.

▶ 이러한 발전 과정이 미국의 정책에 대한 더 큰 증오를 낳아 결국 테러 공격을 유발했다고 보나요?

그 원인은 여러 가지입니다. 소련의 붕괴 이후 미국은 마지막으로 남은 세계 초강대국입니다. 역사적으로도 전례가 없는 이런 상황에서 미국은 자신의 경제적, 문화적, 그리고 군사적 우위를 더 공고히 하는 데 기여할 단일한 세계경제체제를 구축하는 데 성공합니다. 그러나 이런 절대적 지배 상황에서 미국은 중요한 실수와 직무유기를 거듭해왔는데, 바로 그 앙갚음을 당한 셈이지요.

특히 국제협약에 대한 교만과 오만으로 미국은 스스로의 위신을 손상시켰고, 반미주의 분위기를 고조시켰어요. 예를 들어 1992년 리우에서나 2002년 요하네스버그에서 인류의 미래에 대한 중요한 회의가 열릴 때 미국은 아주 소극적인 태도를 취했지요. 또 이산화탄소 배출 억제를 통한 이상기후 대처방안을 결정한 교토 의정서 인준을 거부했고요. 그뿐만 아니라 대인지뢰 금지협약도 거부하고, 국제법정 설치 또한 반대했어요. 이렇게 해서 국제적인 국가사회를 모욕했단 말입니다. 이렇게 미국은 자국의 이익을 지킨다는 미명 아래 국제적인 공동행동의 노력을 거부해온 겁니다.

미국을 증오하는 또 다른 이유로는 남북간의, 즉 제1세계와 제3세계 간의 격심한 빈부격차를 들 수 있습니다. 사실 세계화가 시작된 지난 17세기 이후에 이 정도로 심각한 격차는 없었어요. 오늘날 그 격차는 거의 100대 1 정도입니다. 세계를 지배하는 불평등은 이제 많은 사람들에게 분명한 사실로 밝혀졌어요. 지구 구석 외딴 곳에 사는 아주 가난한 사람도 이제 위성방송 등을 통해서 미국이나 유럽, 그리고 아시아 일부에서 지나칠 정도로 잘사는 모습을 볼 수 있거든요. 그런데 자꾸 가난해지기만 하는 이들에게 언제까지고 잘살 수 있는 권리를 유보할 수 있겠어요? 게다가 특정 지역의 부는 결국 자신들의 가난의 결과라는 불만이 고조되고 있는데요. 이런 상황에서 당사자들은 절망에 빠질 수밖에 없습니다. 이런 절망과 좌절은 결국 이들을 테러 집단의 유혹에 빠지게 만들지요. 테러가 발생할 때마다 대중이 환호하는 것을 보세요. 그게 어딘지 분명하잖아요. 가장 기뻐하는 사람들은 바로 팔레스타인 난민촌 사람들입니다. 거기 삶이 얼마나 참담합니까? 잘사는 아랍 기업가들이나 은

행가들이나 교사들이야 환영할 리 없고요.

▶ 지난 9.11 테러 이후 "문화간 투쟁"이라는, 그러니까 헌팅턴의 유명한 책 『문명의 충돌(The Clash of Civilization)』의 엉성한 번역 같은 용어가 유행하고 있는데요. 어쨌든 헌팅턴은 이미 1993년 ≪외교문제(Foreign Affairs)≫에 기고한 논문에서 8개의 문명 내지 문화권을 구분한 바 있습니다. 당신 생각에 9.11 테러야말로 그의 주장이 옳다는 증거인가요?

아니요, 결코 그렇지 않습니다. 그 주장은 현실을 호도하고 있어요. 헌팅턴의 책은 아주 암울하고 초현실적인 악몽의 시나리오입니다. 적어도 내 생각에는 이 책이 정치적으로 위험하기 짝이 없을 뿐만 아니라 이론적으로도 너무 단순하고 특히 개념적인 오류로 가득 차 있어요. 9.11 테러를 저지른 자들은 이슬람 문화의 이름으로 행동한 게 아니에요. 이들은 대부분 서방세계에 살면서 파괴를 일삼는 자들일 뿐이에요. 또 가난한 사람들도 아니고요. 다만 좌절과 절망 속에 사는 사람들의 지지를 받았던 것뿐이지요. 또 이슬람 세계 모두가 이들을 지지하는 것도 아니잖아요. 다양한 이슬람 세계가 단합해서 서구세계에 대한 성전을 벌이려고 하는 것도 결코 아니고요. 그런 전쟁을 부추기려고 했던 것이야말로 오사마 빈 라덴의 과대망상이 아닐 수 없지요. 하지만 현실은 전혀 다릅니다. 하다못해 부시조차도 이슬람 세계 국가들을 반테러전쟁에 합류시키려고 노력하잖아요.

▶ 『지하드와 맥월드』에서는 세계가 두 편으로 갈라지는데요. 당신의 책과 헌팅턴의 책의 차이는 무엇인가요?

자, 우선 지하드와 맥월드만 봅시다. 그 차이는 모든 문화권 안에, 아니 심지어 모든 개인 안에 존재합니다. 그러니까 결코 문화간의 전쟁이 아니라, 한 문화 안에 있는 다른 두 힘간의 투쟁이란 말입니다. 한 힘은 집단에 대한 소속감을 강조하고, 다른 한 힘은 지구화된 소속감을 강조하는 것이지요. 이슬람 세계가 서구를 적대시하고, 서구는 나머지 세계를 적대한다고 전제하는 사람은 현실을 아주 모르는 사람입니다. 냉전시대의 이분법적인 대립은 사라졌지만 그것을 문화간의 투쟁이 대체한 것은 결코 아닙니다. 정치 및 군사적 관점에서만 보더라도 오히려 유일한 초강대국인 미국이라는 축이 있거나, 아니면 다양한 많은 축들을 중심으로 이합 집산하는 형국이지요. 다른 한편 미국은 이제 지구화와 이민의 압력을 통해 세계경제체제의 중심에서 밀려나는 추세에 있어요. 물론 "세계경제체제와 미국은 같은 것이 아니냐"라고 논쟁할 수는 있겠지만 적어도 내 생각에는 그렇지 않아요. 왜냐하면 세계경제체제는 미국에 불리하게 작용하기도 하거든요. 그래서 미국도 다른 나라와 마찬가지로 그 속에서 여러 가지로 고통을 받기도 합니다. 이렇게 우리가 살고 있는 세상은 다양한 관점에서 복잡하게 분할되어 있는 상태에요. 그런데 헌팅턴의 문화간 투쟁이론은 그 안에서 여러 세력들이 상호 의존하면서 서로 협력하기도 하고 지원하기도 한다는 점을 간과하고 있어요.

▶ 미국 정부는 9.11 테러를 외부에서 자행된 침공으로 받아들였지요. 그래서 반테러전쟁은 문화간 전쟁은 아니지만 적어도 다른 나라에 대한 침공으로 이어졌어요. 어쨌든 이렇게 해서 일종의 테러 집단의 대리인으로 지목된 아프가니스탄이나 이라크와의 전쟁이 일어났는데, 이것은 당신이 보기에 합법적인가요?

미국은 마치 지난 19세기에 외적의 침공을 받았을 때처럼 행동했어요. 우선 테러 공격의 책임을 물을 만한 대상으로 아프가니스탄, 특히 탈레반 정권을 지목했고 실제로 공격했지요. 하지만 당연히 이것으로 테러를 근절할 수는 없었습니다. 테러 공격 배후에 이를 지원하는 국가가 있을 것이라는 논리는 사실 단견이지요. 테러 근절의 수단으로 '불량국가'와 전쟁을 하는 일은 온당하지 않아요. 왜냐하면 설사 어떤 나라가 테러리스트들을 은닉하고 지원했다고 해서 그 나라를 공격해 없애버리면 자동적으로 테러가 근절되나요? 보세요, 탈레반 정권은 무너졌지만 알 카에다는 건재하잖아요. 후세인은 축출되었지만 테러는 여전히 극성을 부린단 말입니다. 테러리스트들은 개별 국가 체제를 대표하지 않아요. 오히려 그들은 그 체제를 공격하지요. 미국이든, 아프가니스탄이든, 파키스탄이든 말이에요. 특히 미국을 내부에서부터 공격하지요. 그런데 부시는 모든 테러리스트 은닉 및 지원 국가들을 공격하려 들어요. 그런데 이런 관점에서 보면 플로리다와 뉴저지는 그러지 않았지요.

▶ 그게 무슨 뜻이지요?

부시 정부는 테러리스트들의 은신처로 지목된 아프가니스탄과 이라크에 군대를 보내 전쟁을 했지만, 그에 못지않게 테러리스트들이 은신하고 있는 영국이나 독일, 뉴저지나 플로리다, 뉴잉글랜드에는 그러지 않았잖아요. 엄밀하게 따지면 여기도 테러리스트들이 은신하고 있는 곳이니 가차 없이 보복을 해야지요. 그러니까 테러를 독립적인 주권국가들의 갈등으로 해석하는 것은 옳지 않다는 이야기입니다. 테러리즘이야말로 오늘날 국가간의 새로운 상호의존성을 부각시켜줍니다. 즉 국민국가의 체제 안이 아니라 그 경계

밖에서, 그리고 국가들 사이의 초국가적인 공간에서 활동하는 집단의 의미를 분명히 드러내주는 사안입니다. 이는 그러니까 미국정부의 다른 국가에 대한 군사공격 말고 다른 대안이 중요하다는 것을 시사(示唆)하는 것이지요. 이제 우리가 '쳐부숴야 할 악당(Fathwa)'[6]은 이른바 '악의 축'으로 지목된 나라들이 되겠죠. 북한이든, 시리아든 또는 이란이든 말이지요. 하지만 테러리스트들은 다른 나라로 이동해 버리면 그만입니다. 그렇게 되면 또 예멘이든, 인도네시아든, 수단이든 공격해야겠지요. 그 다음에는 독일, 프랑스, 에스파냐, 영국 등도 대상이 되어야 하겠지요. 여기도 테러리스트들의 은신처니까요. 결국 문제의 핵심은 테러가 민족간의 새로운 전 지구적 상호의존성의 한 부분이고, 또 이런 상호의존성을 테러가 악용한다는 점입니다. 그러니 테러 근절을 위해 독립 주권국가를 공격하는 19세기적인 행위는 테러 위협에 대한 잘못된 인식에서 출발한 아주 비효율적인 대처방안이 아닐 수 없습니다.

▶ 9.11 테러 당시 뉴욕 무역센터 건물이나 워싱턴 국방성 건물 등 미국의 경제 및 군사 권력의 상징이 테러의 표적이 되었습니다. 세번째 목표였던 대통령 여름 휴양지 캠프 데이비드에 대한 테러계획은 실패로 돌아갔고요. 그런데 정작 미국의 문화적 상징인 카네기홀이나 할리우드 등을 노리지 않고 바로 권력과 금력의 상징을 노

---

6) 본디 이슬람 세계에서 처단해야 할 반(反) 이슬람적인 공적(公敵)을 지칭할 때 쓰는 용어이다. 예를 들어 「악마의 시」라는 작품으로 공개적인 암살대상으로 지목된 인도의 작가 루시디(Rushdie) 같은 사람이 그렇다. 거꾸로 부시는 지난 2003년 공개적으로 사담 후세인을 자유세계의 공적으로 삼아 암살지령을 내린 바 있다. 여기서는 특정개인이 아니라 특정국가를 공적으로 삼고 그 파괴와 전복을 꾀하는 일을 상징적으로 표현한 말이다.

렸다는 것에 무슨 의미가 있나요?

일단 9.11 테러 공격은 미국이라는 독립 주권국가의 방어망이 얼마나 부실한지를 여실히 보여주는 사건이었죠. 그러니 무슨 로켓공격 방어망 구축이 얼마나 쓸데없는 일이겠어요. 그리고 한때 자랑이었던 독립선언은 또 무슨 시대착오적인 문서고요. 9.11 사건은 아마 지금까지의 미국의 독립과 자주적인 역사에 종언을 고한 것이라고 봐야 합니다. 미국은 이제 자신이 스스로 편안하게 돌아와 쉴 수 있는 부두가 아니라는 사실을 절감하게 되었습니다. 또 9.11 테러로 앞에서도 이야기했던 공포의 효용성에 대한 교훈을 뼈저리게 얻은 셈이지요. 즉, 국경이라든가 군사력의 한계에 대해서 말입니다. 우선 이 사건을 통해서 고도로 발달한 기술체제가 얼마나 취약한지를 알게 되었어요. 특히 테러라든가, 불관용 정신으로 조직된 세력, 범죄, 파괴행위 등에 대해서 말이에요. 이제 세상에서 일어나는 일을 도외시할 수 없게 되었지요. 미국이 모든 사물 위에 존재하는 것이 아니라, 세상의 모든 사건에 연루되어 있다는 사실도 깨닫게 되었고요. 미국 국경 밖에서 일어나는 문제들은 금세라도 국내문제가 될 수 있고, 그 반대의 경우도 마찬가지입니다. 과거에는 그러지 않았죠. 미국은 두 대양, 즉 태평양과 대서양에 둘러싸여 언제나 안전하다고 느낄 수 있었으니까요. 그런 만큼 세상 밖에 만연된 공포나 불안 같은 것은 느끼지 않아도 됐죠. 그런 문제들은 저 멀리, 밖에만 있었어요. 이런 안도감이 9.11 이후 공포와 불안감으로 바뀌었어요. 이 사건은 어떤 최신 전투기도 납치된 민간 항공기가 마샬 로켓처럼 목표를 향해 달려드는 것을 막을 수 없다는 사실을 여실히 보여 주었죠. 그러니까 이제 미국사회가 아주 사소한 조작만으로도 극도의 혼란과 대형 재난을 일으킬 수 있을 만큼 취약하다는 것이 드러난 것입니다. 서구문명은 인간다운 삶의 권리야 말로 인간의 최고의 선이라는 인권개념에 기초해 있잖아요. 그런데 어떤 사람들은 더욱 큰 선을 위해 생명을 지푸라기처럼 버릴 수 있다고 믿는 거예요. 이렇게 더 큰 가치와 더 좋은 세상을 위해 생명을 바칠 준비가 되어 있는 사람들을 볼 때 미국의 법체계는 곤혹스러울 수밖에 없지요. 미국의 형행제도 자체가 이제 막다른 골목에 몰리게 되었으니까요.

▶ 이와 관련된 미국의 군사적 보복 공격을 어떻게 평가합니까?

백악관 당국이 지금까지 보인 테러 위협에 대한 반응은, 그것이 전쟁과 같이 군사적 행동이든, 아니면 국내 안보의 강화든, 테러의 가장 효율적인 무기인 공포심만 더욱 부추겼을 뿐입니다. 테러리스트들의 상상을 초월하여 부시 정권은 더욱 끔찍한 공포의 제국을 건설하는 식의 극단적인 호전성으로 대처했습니다. 한때 세계 민주주의의 파수꾼으로 존중을 받았던 미국은 이제 반대세력을 무장해제시키고 적들뿐 아니라 친구들조차 위협하여 세계에서 두려워하는 전쟁광(戰爭狂)으로 변신하고 말았습니다.

▶ 부시는 왜 임의로 멀쩡한 주권국가들을 '악의 축'으로 지목할까요? 그것도 왜 중국이나 리비아, 쿠바는 아니고 꼭 이라크, 이란, 북한일까요?

테러조직과의 연계가 그 기준은 아니었습니다. 북한의 경우가 그렇잖아요. 또 이라크가 사우디나 파키스탄 정보부보다 더 테러조직과 긴밀하게 연계되었다는 증거도 나온 적이 없습니다. 이라크 전쟁은 미국의 안전을 위한다는 평계로 치렀지요. 미국이 자신의 안전을 지키기 위해서라면 어느 나라에도 물어보거나 허락을 받을 필요가 없다는 논리였잖아요.

▶ 이른바 예방전쟁 노선은 세계에 어떤 영향을 미칠까요?

예방전쟁 노선은 외부뿐 아니라 내부, 국내적인 함의가 많은 것입니다. 그동안 전통적으로 유지했던 방어정책 패러다임을 폐기하고 대외적으로 공격적이고 호전적인 정책 노선을 취함으로써 법치국가의 근거를 무너뜨리고 내부적으로도 더욱 공격적이고 호전적인 정책도입을 가능하게 만드니까요. 이 독트린이 처음 나왔을 때 그 대상은 확실하게 드러난 테러 집단이었어요. 그런데 그 공격목표가 테러 집단에서 다른 국가로 확대되었습니다. 여기서 다른 국가는 예방전쟁의 대상이어서는 안 된다는 기본사실을 간과한 것입니다. 왜냐하면 어떤 국가든 국제사회의 일원이기 때문에 주권을 존중하고 예방적인 공격만이 직접적인 위협을 막을 수 있는 유일한 방법일 경우를 제외하고는 전쟁이라는 수단에 호소해서는 안 된다는 원칙에 따라야 하거든요.   ,

문제는 테러행위는 가시적이지만, 테러리스트는 그렇지 않다는 데 있어요. 테러리스트들의 신원을 파악했다고 해도 그 소재지는 아직 잘 모르거든요. 도주와 은신이 전문인 이들을 추적해서 체포하기란 쉬운 일이 아닙니다. 국가적으로 조직된 것이 아닌 테러조직에 대한 주안점이 '테러 국가', 그러니까 '불량국가'로 옮겨간 것은 어느 동굴이나 아파트 구석에 은신하고 있는 테러리스트들은 어떤 지능적인 폭탄이나 고도로 훈련된 병사, 핵폭탄으로도 근절할 수 없다는 인식에서 출발한 것입니다. 미국의 군사적 우위란 상대가 같은 유형의 무기로 싸울 때, 그리고 기술적으로나 수적으로 열세일 때만 확보될 수 있거든요.

▶ 그 미국의 군사적 우위란 어느 정도인가요?

우선 국방예산의 규모만 봐도 3,500억 달러 정도로 세계 국방비 전체의 36.3%를 차지하고 있으며 이는 모든 나토 국가들의 국방예산을 합친 것보다도 많습니다. 또 이라크 전쟁개입 비용만으로도 1,000억 달러를 쏟아부었고요. 미국의 군사적 초강대국의 지위야 의심할 여지가 없다고 하겠지만, 난 묻지 않을 수 없어요. 도대체 미국이 장기적으로 보면 결코 안보를 위한 것일 수 없는 전쟁을 위해 수천 억 달러씩 퍼붓는 일이 어떻게 정당화될 수 있는지 말입니다. 반면 그 돈의 1%만 교육 분야의 구조적 개선에 투자한다면 미래의 전쟁 가능성을 훨씬 줄이는 데 크게 이바지할 텐데요.

▶ 아무튼 고도로 발달된 무기체제로 미국은 적대적인 어느 나라든 마음대로 공격하여 파괴할 힘을 가지고 있는데요. 그런데도 이마누엘 토드나 월러스틴 같은 이들은 미국의 헤게모니가 사라지고 있다고 주장합니다. 미국이 제국이라는 지위를 가짐으로써 야기되는 기회 및 문제는 무엇입니까?

미합중국이 현재 군사, 경제, 문화적인 차원에서 누구도 넘볼 수 없는 전 지구적인 헤게모니를 장악하고 있는 것은 사실입니다. 그런데 문제는 정작 자신의 경제를 통제하는 데 곤란을 겪고 있다는 것입니다. 이제 전 세계적인 네트워크의 구축으로 미국 국내법에 저촉되지 않고도 자본이나 일자리나 투자를 세계 어디로든지 이전시킬 수 있거든요.

　미국이 지금 누리고 있는 전대미문의 강력한 권력은 미국의 지위를 강화시킬 뿐 아니라, 역설적으로 약화시키는 원인이기도 합니다. 왜냐하면 워낙 강력한 권력 때문에 보호해주려는 대상의 호감을 얻기 어렵거든요. 그래서 동맹국들이 반항심을 갖게 하고, 허구한 날 군사적 개입으로 위협하는 미국에 대해 공포심과 함께 어느 정도 경멸감마저 들게 하는 것입니다. 또 그 초유의 권력 뒤에는 아킬레스건이 존재하는데, 그것은 바로 강대국의 지위를 보장하기 위해 지금 보유한 군사력을 더욱 확장해야 한다는 강박관념이고, 이를 통해 군사력은 그 자체로 과잉 포화상태입니다.

　미국은 이렇게 전 세계에 군대를 주둔시키고 여러 곳에서 동시에 전쟁을 수행할 만큼 강력한 군사력을 보유하고 있지만 그 군사력의 최고 통수본부인 국방성이나 자본주의 성지인 맨해튼을 방어할 능력은 없다는 게 현실입니다. 오늘날과 같은 상호의존성의 세계에서는 약자가 강자의 힘을 역이용하여 강자를 공격할 수 있는 기회가 있기 때문이지요.

　테러를 조직하고 운영하며 보이지 않는, 거의 비현실적이기까지 한 힘을 가진 세력들은, 국가가 아니라 다양한 장소에서 잠시, 그리고 다채로운 모습으로 움직이고 나타나기 때문에 미국의 막강한 군사력에 겁을 먹을 필요조차 없어요. 미국의 군사력으로 어떤 나라든 괴멸시킬 수 있지만 테러 집단의 세포조직은 근절시키지 못하거든요.

　결국 우리는 모든 국가 중에 가장 강력한 힘을 가진 미국이 늘 자기 혼자 독자적으로 행동하고 오로지 군사력에만 의존하려는 통에 그 안보와 자유를 위한 노력마저 실패할 운명에 놓인 그런 시대에 살고 있는 셈입니다.

▶ 예전에는 미국이 그런 도전에 어떻게 대응했나요?

지난 20세기의 양차대전 당시 미국은, 행동력을 갖춘 국제기구와 국제법의 관철 없이는 세계의 평화를 달성할 수도, 또 유지할 수도 없다고 확신했어요. 이런 의미에서 1945년에 미국의 주도로 유엔이 만들어진 것입니다. 당시만 해도 미국은 다자간 협력을 추구하고 유럽의 통합을 지지했지요. 게다가 이 모든 것을 세계평화에 대한 신념에서, 그리고 외교와 협의에 최선을 다하고 봉쇄나 위협, 그리고 전쟁은 마지막 수단으로 삼되, 그것 또한 오로지 유엔의 전권 아래 그 헌장에 따라 수행한다는 철학을 바탕으로 수행했습니다. 지난 400년 동안 우리는 아주 길고 먼 길을 걸어왔어요. 봉건 체제의 몰락과 국민국가의 전성기, 무정부주의적인 불안과 공포 체제를 거쳐 법과 질서 체제로, 즉 법으로 보장된 질서와 정치적 안정, 시민적 자유까지 왔다는 말입니다.

▶ 바로 그런 특성들이 이제 폐기 위험에 처했단 말인가요?

부시 대통령은 다른 어느 정부 수반에게서도 이래라 저래라 이야기를 듣고 싶어하지 않아요. 미국은 어떤 독재국가든 미국 편에만 서면 지원해주면서도, 자신이 정복한 적에게는 총과 함께 민주주의를 강요합니다. 하지만 민주주의란 전쟁의 잿더미에서 생겨나는 것이 아니라 정치적 투쟁의 역사를 통해 시민의 참여와 경제적 기반의 건설 위에 발전하는 것이 아니겠습니까? 그러나 미국은 지금 시장의 사유화와 고삐 풀린 마구잡이식의 소비문화 같은 것을 민주화 목표달성의 단계로 보고, 정작 미국에서는 수백 년이 걸려 이룩한 민주화를 다른 나라에서는 하루아침에 이루어질 수 있다고 믿고 있어요. 현 미국 정부는 전쟁을 시작하든, 평화를 구축하든, 독재정권을 무너뜨리든, 민주화를 지원하든 무엇을 하든지 상호의 존성과 민주주의의 본질, 그리고 그 함의에 대한 충분한 이해 없이 저지르고 있어요. 한마디로 공포의 제국은 자유나 안전을 결코 보장해줄 수 없는 또 다른 공포의 제국을 낳을 뿐입니다. 부시가 테러와의 전쟁을 벌이면서 드러내고 있는 거의 종교적이라고 할 만한 열의는 미국의 호전성을 상징하고 더 나아가서 이를 부추기는 중입니다.

▶ 그렇다면 무엇을 어떻게 해야 하나요?

나로서는 두 가지 중요한 요소를 내용으로 하는 예방적 민주주의를 주장하고 싶습니다. '국가 차원이 아닌 적대집단에 대한 예방전쟁' 정도로 공식화할 수 있는 군사적 및 정보 차원의 요소가 그하나입니다. 이 제한적인 예방전쟁은 테러리스트 개인, 테러 집단의 세포나 네트워크, 조직 등과 그 훈련장 및 무기 저장소를 찾아내어 파괴하는 것을 목적으로 하지요. 또 다른 요소는 민주주의 구조의 건설을 위한 전 지구적인 노력인데, 여기서 유의할 점은 결코 이것을 자본주의 수출이나 지구화 경제의 시장개척과 혼동해서는 안 된다는 것입니다. 국가간의 관계가 경제, 사회, 정치적인 차원에서 모두 민주적으로 조절되는 세계라면 당연히 극단적인 불평등이나 참담한 빈곤에서 초래된 위험들에 비교적 면역력을 가지게 되겠지요.
전 지구적인 상호의존성이라는 현실에 직면할 때 두 가지 선택 가능성이 있습니다. 즉, 상호의존성의 부정적인 측면인 테러에 군사력으로 대항하여 전 지구적인 평화보장을 추구하느냐, 아니면 세계의 민주화를 통해 상호의존성의 긍정적 측면을 살리는 길을 열어가느냐 하는 선택입니다.

▶ 서구 민주주의를 다른 문화권에서도 추구할 만한 가치가 있는 것으로 받아들이게 하는 기본원칙은 무엇일까요? 민주주의 정착을 위해서는 어떤 전제가 충족되어야 할까요?

민주주의는 내부에서 외부로, 그리고 밑에서부터 위로 성장합니다. 그리고 민주주의는 사람들이 이를 위해 투쟁하는 곳에서만, 그래서 시민적 전통과 제도가 건설되고 공동체에 대한 책임정신이 꽃피는 곳에서만 자라날 수 있습니다. 그 책임정신은 또한 교육에 의해서만 길러질 수 있고요. 그런 점에서 미국이 아프가니스탄이나 이라크 같은 곳에서 '국가 건설(Nation Building)' 작업을 하면 자동적으로 민주주의가 자랄 것이라고 믿는 것은 환상일 뿐입니다. 누구든 역사에 대해 조금이라도 인식을 갖춘 사람이라면 어떤 나라에서도 전쟁 같은, 그것도 아무리 자유의 이름으로 정권교체를 추구하는 전쟁이라고 하더라도, 무력을 통해 민주주의가 강요될 수 없다는 사실을 분명히 알 수 있습니다. 민주주의 체제는 자유를 추구하는 주민들이 열정적으로 자유를 위해 나서고 싸우는 곳에서 성공적으로 정착될 수 있지, 아무리 좋은 뜻을 가졌다고 하더라도 외부의 힘으로 이식되어서는 뿌리를 내릴 수 없는 것입니다. 조지 팩커가 조사했듯이 지난 100년간 미국이 나서서 민주주의 체제를 이식시킨 18개 국가 중에서 겨우 다섯 나라에서만 성공적으로 민주주의가 발전되었습니다. 민주주의를 달성하기 위한 지름길은 없으며, 오히려 이런 졸속적으로 다급하게 추진된 민주화는 목표에서 빗나가 궤도를 벗어나기 십상입니다.

▶ 그렇다면 헌팅턴의 주장, 즉 민주주의와 이슬람 세계는 서로 공존할 수 없고 대립하기 때문에 그런 점에서 이슬람 국가들의 민주화는 기대하기 어렵거나, 불가능할 것이라는 주장은 어떻게 평가합니까?

세속적인 국가가 꼭 민주주의를 보장하지 못하듯이 종교적인 국가라고 해서 반드시 민주주의를 배제하는 것은 결코 아닙니다. 민주주의로 가는 길은 다양하며, 어떤 나라도 그 방식에 대해 독점적일 수 없어요.

인도의 경제학자 센(Sen)은 아시아가 권위주의적인 가치체계에 사로잡혀 있다는 편견에 대해 날카롭게 비판한 적이 있습니다. 그는 어느 문화권이든 사람들이 토론하고 논쟁하는 전통을 갖고 있다는 점을 강조합니다. 그런 점에서 자유나 민주주의를 쟁취하기 위해서 중요한 정치적 도구들을 밖에서 수입하기보다는 내부의 기존 전통이나 제도에서 출발하는 것이 훨씬 생산적일 수 있습니다. 이전에 자유란 억압으로부터의 자유, 곧 민주주의였지만 오늘날 자유는 행동할 수 있는 자유, 경제적 자유와 동일시됩니다. 하지만 자유시장이 결코 자유는 아니죠. 오히려 그 반대죠. 민주주의를 종식시킬 수도 있으니까요. 예를 들어 이슬람 사회들은 오랫동안 압제에 시달려왔기 때문에 내재적 동력과 힘에 의해 민주적인 정치제도를 건설할 만큼 성숙하지 못한 면이 있습니다. 그런 만큼 여기서는 민주화 과정에 적어도 한두 세대 더 시간이 걸리지 않을까 싶어요. 그렇지만 생각해보면 영국이나 프랑스, 미국 등이 자신의 편협한 기독교적 단일문화를 민주화하고 또 길들이느라 허비한 시간보다 훨씬 짧은 시간 안에 성공할 수 있을 것입니다. 이들도 언젠가는 그 목표에 도달하게 되겠지만, 그것은 결코 미국이 써준 시간표대로는 되지 않겠죠.

▶ 민주주의는 얼마나 많은 유형을 포괄할 수 있을까요?

미국 독립의 선구자들은 공화국이라는 체제가 '실험적'이라는 사실에 조금도 의심을 품지 않았어요. 즉, 이는 늘 새롭게 증빙되고 고쳐가야 할 체제라는 뜻이지요. 민주주의의 가능한 유형이라, 글쎄요, 그건 아마 민주주의를 위해 투쟁하고 이를 획득하는 방식이 다양한 만큼 다양할 수 있지 않을까요. 그러니 좀더 민주적인 세계를 추구하는 사람들의 목표는 결코 단수의 '민주주의'가 아니라, 복수의 '민주주의들'을 꽃피게 하는 것이어야지요. 민주주의를 추구하고 유지하는 과제는 모든 이상을 위한 인간의 노력처럼 어려운 것입니다.

▶ 미국은 아직도 민주주의 사회의 총체로 인정됩니다. 그런데 부시 대통령이 일종의 선거조작으로 당선될 만큼 민주주의 원칙이 혼란스럽게 된 배경은 무엇입니까?

당시 민주당 대통령 후보경선에 나섰던 사람 중 한 사람인 빌 브래들리는 2001년 선거에서 지자 이렇게 이야기했어요. "하원의원이 되려면 100만 달러, 상원의원이 되려면 1,000만 달러, 대통령이 되려면 1억 달러는 있어야 한다"라고요. 그러니 모든 후보들은 당선을 위해서 스스로 아주 부자거나 아니면 돈 많은 사람들에게 의존할 수밖에 없다는 뜻이지요. 이것이야말로 현대 자본주의 사회의 민주주의 체제가 갖는 가장 큰 문제점이라고 할 수 있습니다.

더욱 큰 문제는 유권자들의 겨우 1/4 정도가 대통령 선거에 투표한다는 사실입니다. 우선 유권자의 반 이상이 투표권을 포기하고 아예 선거인 등록조차 하지 않는 탓이고, 또 등록한 사람들 중 반 정도만 투표를 하기 때문입니다. 결국 대통령 선거에 임하는 사람들은 유권자의 1/4에 불과하다는 이야기에요. 게다가 지난번처럼 그나마 과반수도 얻지 못한 후보가 당선되니 사실은 전체 유권자의 10%에서 12%의 지지를 받고 대통령이 된다는 결론이 나오죠.

▶ 그토록 저조한 투표율은 일찍이 지난 1830년대에 토크빌이 아주 깊은 인상을 받았던 시민들의 공공 사안에 대한 깊은 관심도에 비춰볼 때, 미국의 민주주의 기본원칙에 위배되는 현실이 아닌가요? 이것을 결국 민주주의 종말의 단초라고 볼 수는 없나요?

일단 대통령 선거는 미국의 민주주의 수행 과정의 일부에 지나지 않는다는 점을 강조하고 싶군요. 대통령 선거에 비해서 지역선거의 참여율은 훨씬 높습니다. 또 여기서는 광범한 지역사안과 관련된 선택을 하게 되거든요. 학교 교장부터 경찰서장까지, 판사부터 보안관까지 뽑으니까요. 사실 연방이나 주차원에서보다는 이런 지역선거와 시민사회에 대한 참여가 미국의 민주주의를 특징짓고 있다고 하겠습니다.

▶ 국민국가는 민주주의를 낳았으며 이를 지키고 키워왔습니다. 지구화도 민주화될 수 있을까요? 미국은 민주주의를 전 지구적으로 주도할 수 있을까요? 민주적 제도가 전 지구적 차원에서 정착할 가능성은 있나요?

우선 이제 막 형성되기 시작한 세계적 차원의 공공 여론의 조짐부터 지적하고 싶군요. 겨우 한 세대 전만 해도 시민들이 지역적인 그리고 국가의 경계 너머의 사안에 대해 집단적이고 탈국가적인 형태로 자발적인 주장을 펴는 것은 상상하기조차 어려웠지요. 이른바 '반(反) 세계화 운동' ─ 사실은 '민주적 지구화 운동'이라고 불러야겠지만 ─ 이를 통해서 '어택'과 같은 기구는 이제 IMF나 세계은행, 그리고 WTO와 어깨를 나란히 할 만큼 언론의 주목을 받습니다. 바로 이들의 저항과 반대시위를 통해서 정부와 정치인들은 이제 제 목소리를 내지 못하는 주변화된 사회의 경제에 국제적인 무역협정이나 은행의 결정들이 어떤 영향을 미치는지까지 좀더 비판적으로 생각할 수 있게 되었어요.

그 밖에도 법치국가와 협동의 원칙에 바탕을 둔 자유와 평화가 정착된 세계를 꿈꾸고 추구하는 국가 차원, 그리고 지구적 차원의 조직, 단체, 집단과 시민단체들이 많이 있습니다. 특히 휴먼 라이트 워치나 엠네스티 인터내셔널 같은 단체들은 인권보호를 위한 활동에 국경을 넘어선 협동이 실제로 가능하다는 것을 보여준 훌륭한 사례라고 할 수 있지요.

▶ 하지만 이 기구들은 민주적 정당성 확보에 문제가 있지 않은가요?

물론 이 집단이나 조직은 민주적인 방식으로 구성된 것은 아니지만 그 다양성, 다원성, 그리고 차별성 등으로 시민사회의 풍요로운 특성을 체화하고 있습니다. 공식적으로는 자신의 주장을 관철할 어떤 권리나 권력도 없지요. 따라서 당분간 전 지구적으로 움직이는 자본의 논리를 막거나, 공포에 의해 움직이는 미국의 예방전쟁을 멈추거나, 어린이들을 대인지뢰나 범죄나 에이즈에서 지켜줄 수는 없겠지만, 적어도 여론을 환기시키고 이를 통해 새로운 세계질서를 구성할 수 있는 계기는 제공하고 있다고 봅니다. 국경 없는 의사회라는 조직도 있지만, 이제 정말 질병에도 국경이 없고, 인터

폴뿐 아니라 부패와 매춘에도 국경이 없고, 평화를 위해 노력하는 비정부기구들의 활동영역뿐 아니라 테러리스트나 반테러 전쟁에도 국경이 없는 오늘날과 같은 세상에 필요한 것은 국가 차원에서나 전 지구적 차원에서 활동하는 국경 없는 시민의 존재입니다.

▶ 지구화라고 하면 대개 경제적 지구화를 뜻합니다. 즉 자본, 외환, 일자리, 서비스 등의 교류가 지구화되었다는 뜻에서 말입니다. 시민적인 지구화란 어떤 모습일까요?

적어도 우리가 아직 지구화를 민주화하지 못하고, 또 민주주의를 지구화하지 못하는 한, 우리는 전 지구적인 무정부 상태, 곧 전 지구적인 무질서 속에서 살 수밖에 없는 셈입니다. 지금까지 우리는 이 세계의 악습과 죄악만 지구화했어요. 범죄, 정신 및 육체적 빈곤, 마약 및 무기거래, 거기다 핵무기 거래에다 이제 끔찍하게도 테러까지 말입니다. 하지만 우리 덕성을 지구화하는 데는 아직 실패하고 있습니다. 예를 들어 관용과 민주주의, 공정성, 정의감 같은 것 말입니다. 민주주의를 지구화하려면 우리 스스로 일종의 지구화된 시민성을 갖추어야 합니다. 세계 시민성이란 그리 쉬운 과제는 아닙니다. 추상적이어서는 안 되고 전 지구적인 소속감을 전달할 수 있어야 하거든요. 어떤 사람들은 지구화된 민주주의를 위해서 법적 기구의 설치, 예를 들어 국제법정의 설치나 세계헌법의 제정을 필요로 한다고 주장하기도 합니다만, 진정한 세계시민 없는 이런 문서는 종이에 불과할 뿐입니다. 제임스 매디슨도 미국 헌법이란 한 장의 종이일 뿐이라고 말한 적이 있죠. 토머스 제퍼슨은 시민 없는 민주주의는 결코 기능할 수 없다고 했고요. 핵심은 "전 지구적인 민주주의를 가능하게 할 세계시민을 어떻게 형성할 것인가"입니다. 이건 더욱 어려운 과제지요.

▶ 새로운 세계질서에 유럽연합은 어떻게 기여할 수 있을까요?

　유럽연합이야말로 국민국가와 전 지구적 기구 사이의 중간적 위치를 갖는 지역적이면서도 탈국가적인 단위입니다. 현재 유럽연합은 경제나 통화 측면에서는 매우 성공했다고 볼 수 있고, 행정이나 관료 측면에서는 비교적 성공했다고 볼 수 있지만, 민주주의 측면에서 보면 성공하지 못했다고 할 수밖에 없어요. 아직 프랑스, 이탈리아 국민이나, 또는 바스크, 카탈로니아, 바이에른 지역민의 정체성이 강한데 유럽시민의 정체성이 비집고 들어갈 틈이 어디 있겠어요? 게다가 반 유럽주의적인 우파 정당들은 유럽연합의 관료주의와 민주주의의 결손을 비판하고 있어요. 아직 민주적인 유럽도 상상하기가 이렇게 어려운데 민주적인 세계는 더욱 어려울 수밖에 없겠지요. 민주주의의 기본전제는 시민이고, 시민의 기본전제는 구성원들의 소속감이고, 소속감의 기본전제는 우선 공동체적인 정체감 인식입니다.

▶ 전 지구적인 정체성은 고사하고, 유럽의 공동체적인 정체감은 어디서 얻을 수 있을까요?

　유럽 사람들은 이제 유럽이라는 이상을 삶으로 채울 수 있도록 협력하고 노력해야 합니다. 지금은 서로 중요한 노력은 하되, 유럽 사람으로서 하는 게 아니라 개별 국가 국민, 즉 독일인이나 프랑스인, 이탈리아인으로서 하는 수준입니다. 예를 들어 유럽 전체의 자원봉사, 시민봉사, 하다못해 유럽 전체의 병역의무나 대체복무 같

은 것도 유럽의 결속감에 도움이 될 것입니다. 아무튼 공동 작업이
야말로 서로 다른, 또 서로 분리된 정체성을 결속시키는 데 아주
성공적인 수단이요 방법입니다. 그래서 '국경 없는 의사회' 같은
비정부기구가 아주 중요해요. 이들은 함께 행동합니다. 아르메니아
의사, 이탈리아 의사, 캐나다 의사, 베네수엘라 의사들이 모두 모여
한 팀이 되어 지진 희생자를 구원하고 돕기 위한 일을 합니다. 이
래야만 유럽이나 세계시민과 같은 추상적인 이상조차 필요 없는
소속감이 생기는 것입니다. 진정한 유럽의 시민성, 활동, 특히 공동
작업이 없는 한 스스로 유럽 사람이라고 느끼고 그렇게 살아갈 사
람은 거의 없습니다. 세계시민도 마찬가지에요. 오히려 더하면 더
하겠죠. 코피 아난 정도나 되어야 세계시민이라고 주장하고 남들도
믿어주겠지요. 하지만 이런 사람이 얼마나 되겠어요. 이제 우리의
과제는 누구나 이론적으로 동일시할 수 있는 추상적인 이상을 개
발하는 것이 아니에요. 그런 식으로라면 이미 우리는 모두 세계시
민이 된 지 오래입니다. 우리가 알건 모르건 지구 온난화나 전 지
구적인 질병이나 전쟁의 영향을 모두 피부로 느낄 수 있으니까요.
이제 문제는 "우리가 스스로 세계시민이라고 느낄 수 있으려면 무
엇이 필요한가"입니다. 당장 그 가능성이 크지는 않아요. 하다못해
그 개념을 이해하는 나 같은 사람에게조차 말입니다.

▶ 세계시민성을 개발하기 위해 세계정치는 어떤 방향으로 변화해야
할까요?

이 점에서는 미국의 모델이 유용하지 않나 싶네요. 왜냐하면 미
국은 참여 민주주의 체제를 특정 요소, 예를 들어 인종, 언어, 태어
날 때의 소속 같은 것이 아니라 보편적인 이상에 기초해서 건설했

거든요. 장기적으로 볼 때 우리에게 필요한 것은 아마 일종의 전 세계적인 시민신앙 같은 것이 아닌가 합니다. 당장 우리가 미국 사회 차원에서 갖고 있는 시민신앙 같은 것 말입니다. 그 신앙은 혈연이나 정체성, 지역적 소속감 같은 것을 넘어서 공동의 원칙에 따라 뭉치고 조직하는 것을 가능하게 해줄 것입니다. 왜 인권운동이 이미 조금은 이 방향으로 나가고 있잖아요. 인권은 프랑스인이든 알바니아인이든, 터키인이든, 미국인이든 자신의 민족적 정체성을 포기하지 않고도 하나가 될 수 있게 해주지 않습니까? 앞에서도 언급했지만 국제적인 비정부 단체인 '국경없는 의사회'나 '국제 투명성 기구' 등에서는 같은 원칙에 따르는 사람들이 모여 일하고 있지요. 이들에게는 특정한 권리의 보장과 관철이 자신들의 인종적·민족적·언어적 집단의 소속감보다 중요한 것입니다.

맺으며

이제 무엇을 해야 할 것인가? 그동안 단견(短見)과 나태(懶怠)로
자초한 이토록 많은 위험들이 도사리고 있는 오늘날의 세계에서
우리는 대체 무엇을 어떻게 해야 할 것인가? 지금 세계의 위험상황
은 결코 괜한 자기암시나 기우가 아니며, 실제 경험할 수 있는 현
실이다. 모든 신문이 기상악화, 위협적인 재정위기, 환경재난, 멸종
위기에 대한 극적인 기사로 넘쳐난다. 또 테러 공격과 조직범죄, 부
정부패, 살인범죄 등은 어떤가? 회계부정과 같은 경제범죄 또한 꼬
리에 꼬리를 문다. 도산하는 기업들의 목록은 끝없이 이어진다. 경
제관련 죄악상은 우리의 상상을 초월한다. 정치인들의 서투른 짓거
리에 대한 대가는 고스란히 세금 부담으로 충당된다. 불경기가 올
때마다 고통받는 것은 늘 소주주요, 서민이다. 엔론사의 회계부정
과 같은 정경유착 범죄로 많은 사람들이 차곡차곡 모은 연금을 한
꺼번에 날리는 사이, 기업 대주주나 경영인들은 월급이나 배당, 또
는 횡령을 통해 엄청난 돈을 챙겨 카리브 해 휴양지에서 요트를 타
고 즐긴다. 간혹 몇몇이 책임을 지고 재판을 받는다 해도 사정은
크게 달라지지 않는다. 부익부 빈익빈의 악순환은 더욱 악화된다.
　무언가 해야 한다는 데는 이의가 있을 수 없다. 하지만 어떻게
해야 사람들이 변화하고 행동에 나설 수 있을까? 초(超)국가적인 차
원의 파국에 직면해서도 사람들은 아직 무지하거나 또는 모르쇠로

방패막을 일삼는다. 또는 안다고 해도 뭘 어쩔 수 있느냐며 좌절하고 절망에 빠지는 허무주의 경향마저 보인다.

국가 차원의 재난방지 체제는, 국경을 넘어 몰려오는 방사능에 오염된 구름 앞에서 무기력할 뿐이다. 지금까지 국민을 보호하고 안전과 안정을 보장했던 국가 제도로는 이런 전 지구적 과제를 감당할 수 없을 뿐더러, 여기에는 특히 점점 더 지구화되어 가는 위험과 위협에 대한 대비조차 없다. 지구 온난화 현상 앞에서 영토의 구분은 아무 의미가 없다. 에이즈나 사스 같은 질병 또한 국경에서 막을 수 없다. 전 지구적으로 암약(闇躍)하는 컴퓨터 바이러스는 국가 차원의 어떤 규제나 방어도 소용이 없다. 이런 지구화된 위험과 위협 앞에 보장이나 보험이란 없다. 국가는 그 고유 업무였던 생산 조건의 통제, 즉 이윤과 수입에 세금을 매기는 경제기반부터 조절하지 못한다. 세금수입은 감소하고 그에 따라 기업에 대한 통제는 약화되며, 기업은 기업대로 오로지 세계시장의 기회비용 기준에 따라 투자결정을 내린다. 또 지구화된 세계 노동시장의 저임금화와 노동 자체의 유연화 때문에 실업문제에 대한 국가 차원의 실업 대처방안은 그 한계가 뚜렷하다. 시장개방과 자본, 생산, 노동의 국제화를 통해 전 지구적인 경제체제가 형성되기도 했지만 동시에 경제범죄 또한 세계화됐다. 우선 이를 통제할 법적·정치적 장치가 부재한 탓이다. 오늘날에는 범죄자건, 마약상이건, 테러리스트건 누구나 자유롭게 자금을 세탁하고 주식시장에 투자할 수 있다. 민족 차원의 법치국가 체제에서 세계 차원의 무역국가 체제로 전환하고 있는 오늘날 가장 큰 문제는 무법천지와 무질서의 만연이다. 지구촌이 아직은 일찍이 17세기 중반 홉스가 서술했듯이 "폭력적인 죽음에 대한 공포와 위험이 상존(常存)하는 상태"나 인간의 삶이 "외롭고 불쌍하고, 끔찍하고, 짐승 같으며, 그래서 단명(短命)할 수밖에 없는 상태"까지는 아닐지도 모른다. 하지만 적어도 칸트가 '영구평화론'에서 제기한 계몽주의 이상이 요원한 상태인 것은 엄연한 사실이다. 세상을 그저 자의(恣意)에 맡기지 않으려면, 국가권력을 전 지구적 차원으로 이전하고 더 많은 주체들이 참여하며 책임지고 또한 규제할 수 있도록 해야 할 것이다. 아닌 게 아니라 오늘날 세계의 상황은 개별 국민국가들을 포용하면서 유엔과 같은 기구에 좀더 큰 활동의 기반을 제공할 수 있는 초국가적 정치제도를 요구한다. 많은 사람들은 여전히 유엔이야말로 국가 중심적인 이데올로기를 극복하고 전 지구적으로 적용되는 법질서와 세계정부의 법치국가적 성격을 담보할 수 있는 핵심기구라고 믿고 있다.

정의에 대한 믿음은 곧 그 정의에 입각한 새로운 국제질서를 만들 의무를 뜻한다. 하지만 근본적인 질서의 원칙과 그에 걸맞은 행동 능력을 갖춘 국제기구 없이는 좀더 정의롭고 평화로운 세계 및 경제 질서를 건설할 수가 없다. 이러한 원칙에 따른 상호협력은 비단 지구상의 남북간 모순의 극복을 위해서뿐 아니라, 그나마 잘사는 사회의 복지수준 하락에 당면해서도 절실하다. 물론 세상의 불평등을 하루아침에 극복할 수는 없으며 그 밖의 다양한 도전 또한 하루 이틀 안에 해결할 수는 없다. 그래도 지금 당장 문화적이고 개인적인 차이를 인정하며 보호하고, 민주적 토론의 장을 보장하며, 평화로운 공존을 진작하는 규정들을 전 지구적 기구 차원에서 만드는 일에 나서지 않으면 안 된다. 아직 전 지구적 차원의 법질서 및 권력구조의 정착이 요원하다고 해서 이상주의자들의 낭만적인 꿈이라고 도외시해서는 더욱 안 된다. 이것이야말로 보편적으로 인정된 지구화 시대, 자유와 안전의 유일한 보장방안이기 때문이다.

마지막으로 좀 불안한 질문을 던지지 않을 수 없다. 국가 차원을 넘어서 전 지구적 맥락에서도 민주적인 의견과 의지 수렴이 가능할까? 아직 지구화는 경제와 기술영역에서만 두드러진다. 정치적 지구화까지는 멀고도 험난한 길이 남아 있는 것이다.

　요컨대 좀더 정의로운 지구화를 위해 얼마나 많은 사람들이 나서서 집단으로 연대하고, 경제 및 정치적 사안의 결정 과정에 적극적으로 참여하느냐에 달렸다. 이제 인간이나 자연 모두가 지속가능한, 그래서 앞으로 살아갈 세대에도 충분히 살아갈 가치가 있는 세상을 남겨주려면, 지구화를 통해 대두한 위험과 부작용을 최소화해야 한다. 이것이야말로 인류의 미래를 위한 우리 세대의 과제이기 때문이다.

옮긴이 후기

지난 2002년 나는 스스로 선택한 것은 아니었지만 태어나 살던 삶터에서 엄청난 일들을 겪고 문득 떠났다. 안식년을 평계로 남들이 먹다버린 지식 나부랭이를 게걸스럽게 얻어먹던 독일에서, 이른바 타향에서 한 해를 지내게 된 것이다. 그러면서 '오래된 새 모순'과 '새로운 옛 모순'에 치어 휘청대는 우리 땅을 멀리서 눈 흘기며 눈물 꽤나 흘렸다. 그럴수록 지구화, 개인화와 같은 거대한 문명의 화두를 붙들고, '사람 사는 일이 앞날엔 어찌 될꼬?' 하며 졸음이 덜 깬 상태에서도 공부와 명상을 계속했다. 그러던 2003년 가을, 프랑크푸르트 도서전에 들렀다가 아르민 퐁스를 만났다. 인연이라면 뮌헨에서 시차를 두고 공부했다는 것뿐이지만, 우리는 대번에 '선택적 친화력'을 느끼고 가까워졌으며 많은 이야기를 나누었다. 그의 전작 『당신은 어떤 세계에 살고 있는가?』를 보고 감탄해 마지 않던 내게 그는 『우리는 어떤 세상에 살기 원하는가?』라는 책을 기획하고 있다면서 꼭 내가 번역하기 바란다고 손을 내밀었다.

그 뒤 뮌헨에서 드문드문 만나다가, 겨울이 되어 책이 나오고 출판 기념회를 겸한 전시회 및 토론회 자리에 초대받은 나는 이 책이 주는 삽상하면서도 깊은 뜻에 사로잡혔다. 지구화, 개인화 시대에 세상과 삶은 어기차게 달라지는데 사람들은 도대체 어떤 삶을 살기 원할까? 앞날을 채비하는 일인 교육을 공부하고 가르치는 나 같은 축들이, 매우 중요한데도 늘 현안에 치어 놓치고 있는 물음이기 때문이다. 2004년, 이 땅에 돌아와서 아주 천천히 조금씩 곱씹어가며 이 책을 옮기기 시작했다. 이 책에 나오는 한 사람, 한 사람의 뚜렷한 세상을 보는 눈, 삶을 그리는 매무새가 서로 다르지만 정말로 절실한 탓에 아껴가며 맛보고 싶었다. 그러다가 지난 여름방학 다시 독일로 가서 단숨에 나머지 작업을 했다. 저자와 자주 만나고, 토론하고 의논해가면서, 그의 주장에 따르면 공동작업으로 번역을 마쳤다. 오랜만에 멋진 대동굿 한판을 벌이며 맛난 음식을 누릴 수 있었던 소중한 체험이었다.

그러면서 우리는 이 책을 통해 한국독자들이 너른 세상, 그리고 그 앞날을 내다보는 다양한 시각들을 만나고, 여러 가지 생각들을 서로 비교해보며 나름대로 제 눈을 뜨고 제 뜻을 펼치기를 기대했다. 누구 말대로 꼼꼼히 뜯어보고 곰곰이 생각해보면 절망적일 만큼 어렵고 힘든 지금 여기에서, 뜨거운 가슴으로 세상을 사람답게 만들 수 있다는 믿음을 나누는 데 도움이 되기를 바란다.

늘 그렇듯이 끝내고 보니 내 무지와 단견, 그리고 무능력이 돋보이는 작업이 되고 말았다. 아르민 퐁스는 벌써 다음 책을 내놓고 나를 기다리고 있다. 우리의 다음 작업은 좀더 나은 실패가 되기를 바랄 뿐이다.

2004년 12월 22일
옮긴이 정유성

■**엮은이**

아르민 퐁스
1968년에 태어났으며 대학에서 사회학, 심리학, 정치학을 공부하였다.
현재는 뮌헨에 살면서 자유 저널리스트, 사진작가, 저술가로 활동하고
있다. 또한 자신이 편집한 책들을 주제로 한 강연회와 토론회, 전시회
를 기획하고 있다.

■**옮긴이**

정유성
독일 뮌헨대학에서 공부하고 교육학 박사학위를 받았으며 현재 서강대
학교에서 교육학을 가르치고 있다.

우리는 어떤 세상에 살기를 원하는가? 1

ⓒ 정유성, 2005

엮은이 | 아르민 퐁스
옮긴이 | 정유성
펴낸이 | 김종수
펴낸곳 | 도서출판 한울

편집책임 | 안광은
편집 | 최아림

초판 1쇄 발행 | 2005년 1월 25일
초판 2쇄 발행 | 2007년 1월 15일

주소 | 413-832 파주시 교하읍 문발리 507-2(본사)
        121-801 서울시 마포구 공덕동 105-90 서울빌딩 3층(서울 사무소)
전화 | 영업 02-326-0095, 편집 02-336-6183
팩스 | 02-333-7543
홈페이지 | www.hanulbooks.co.kr
등록 | 1980년 3월 13일, 제406-2003-051호

Printed in Korea.
ISBN 89-460-3325-8 03330

* 가격은 겉표지에 표시되어 있습니다.